全国高职高专经济管理类"十三五"规划理论与实践结合型系列教材

校企合作优秀教材

国际贸易实务

INTERNATIONAL TRADE PRACTICE

编著 陈志涛 刘倩 崔艳芳

华中科技大学出版社
http://www.hustp.com
中国·武汉

图书在版编目(CIP)数据

国际贸易实务/陈志涛,刘倩,崔艳芳编著.—武汉:华中科技大学出版社,2018.8(2023.1重印)
ISBN 978-7-5680-4521-6

Ⅰ.①国… Ⅱ.①陈… ②刘… ③崔… Ⅲ.①国际贸易-贸易实务-高等职业教育-教材 Ⅳ.①F740.4

中国版本图书馆 CIP 数据核字(2018)第 204779 号

国际贸易实务
Guoji Maoyi Shiwu

陈志涛　刘　倩　崔艳芳　编著

策划编辑：聂亚文	
责任编辑：赵巧玲	
封面设计：孢　子	
责任监印：朱　玢	
出版发行：华中科技大学出版社(中国·武汉)	电话：(027)81321913
武汉市东湖新技术开发区华工科技园	邮编：430223
录　　排：华中科技大学惠友文印中心	
印　　刷：武汉市籍缘印刷厂	
开　　本：787mm×1092mm　1/16	
印　　张：15.75	
字　　数：386 千字	
版　　次：2023 年 1 月第 1 版第 4 次印刷	
定　　价：45.00 元	

本书若有印装质量问题,请向出版社营销中心调换
全国免费服务热线：400-6679-118　竭诚为您服务
版权所有　侵权必究

前　言

国际贸易实务作为高职经济贸易类专业的核心必修课，是一门专门研究国际商品交换的具体过程的学科，是一门具有涉外活动特点，集基础性、专业性、应用性于一体，并突出实践性的综合性课程。学习该课程为学习外贸单证、外贸函电、报关原理与实务、国际金融、单证制作等后续课程知识奠定了基础。本课程的教学旨在让学生掌握外贸业务的基本理论、基本知识和基本技能，熟悉进出口交易程序和国际货物买卖合同条款的拟订方法和技巧，使学生成为按国际贸易法规和惯例办事的外贸领域实用型人才。

根据课程的特性和教学的目的，我们力图在内容编排上更好地适应高职的教学要求，本书体例要求以项目、任务代替传统的章节，突出"项目导向，任务驱动"的教学模式特色。正是基于此要求，我们组织了长期致力于经济法教研、具有丰富教学经验的一线教师，编写了本书。

本书以《国家中长期教育改革和发展规划纲要（2010—2020年）》为指导，立足高职教育教学改革，围绕高职教育培养实用型、技能型人才的目标，以培养学生的综合素质和专业职业技能为主线，以便于学生理解吸收和灵活运用所学知识为目的，充分考虑高职经济贸易类专业教学特点和规律、高职学生特点和学习规律以及经济法课程体系，着眼于学生后续学习和未来职业需要，精心设计、组织、编排四大项：国际贸易实务概览、交易磋商与国际货物买卖合同的订立、国际货物买卖合同条款的订立和国际货物买卖合同的履行。

本书在编写过程中，力求内容新颖、精练，表述规范准确，突出应用性，增强针对性，强调实践性。

本书从外贸工作的实际流程出发构建课程项目内容，收集大量实际业务资料，体现高等职业教育的特色，符合课程改革方向。

本书由陈志涛、刘倩、崔艳芳编著，陈志涛拟订编写方案和统稿。本书编写的具体分工为：项目一、项目二、项目三之子项目一、子项目七等内容由陈志涛编写；项目三之子项目二、子项目三、子项目四、子项目六等内容由刘倩编写和完成；项目三之子项目五、项目四等内容由崔艳芳编写。

本书既适用于高职高专层次贸易类专业（包括国际经济与贸易、国际商务、商务英语、国际金融、国际货运与报关等相关专业的教学），也可作为社会相关从业人员培训和自学的教材。本书在编写过程中，参考了众多著作、教材和资料，在此向相关作者致以诚挚的谢意！本书的完成和顺利出版也得到了华中科技大学出版社多位编辑的大力支持和帮助，在此一并表示衷心的感谢！

由于编写时间仓促，加上编者学识和水平有限，本书难免存在一些疏漏、错误之处，恳请专家、学者、广大读者不吝赐教，以使本书得以修正和进一步完善。

编　者

目 录

项目一　国际贸易实务概览 1
　任务1　国际贸易实务概述 1
　任务2　国际货物买卖合同、法律和国际惯例 6
　任务3　进出口业务流程 12
　小结 18
　综合训练 19

项目二　交易磋商与国际货物买卖合同的订立 21
　任务1　交易磋商 22
　任务2　合同的签订 35
　小结 49
　综合训练 49

项目三　国际货物买卖合同条款的订立 54
　子项目一　合同标的相关条款 54
　　任务1　商品名称和品质条款的拟订 55
　　任务2　数量条款的拟订 63
　　任务3　商品的包装条款的拟订 69
　　小结 77
　　综合训练 77
　子项目二　国际贸易术语 82
　　任务1　常用国际贸易惯例 83
　　任务2　常用贸易术语 85
　　任务3　其他贸易术语 98
　　任务4　贸易术语的选择 102
　　小结 105
　　综合训练 106
　子项目三　价格条款 111
　　任务1　成交价格的作价原则与作价办法 112
　　任务2　成本、价格核算 116
　　任务3　佣金和折扣的应用与核算 118
　　小结 121
　　综合训练 121
　子项目四　运输条款 125

任务1　运输方式 …………………………………………………………………… 126
　　　任务2　装运条款 …………………………………………………………………… 131
　　　任务3　运输单据 …………………………………………………………………… 134
　　　小结 ………………………………………………………………………………… 142
　　　综合训练 …………………………………………………………………………… 142
　子项目五　保险条款 …………………………………………………………………… 146
　　　任务1　货物运输保险概述 ………………………………………………………… 146
　　　任务2　海洋货物运输保险的承保范围 …………………………………………… 148
　　　任务3　我国海洋货物运输的险别 ………………………………………………… 151
　　　任务4　伦敦保险业协会海运货物保险条款 ……………………………………… 157
　　　任务5　其他运输方式下的货运保险 ……………………………………………… 159
　　　任务6　国际货物运输保险实务 …………………………………………………… 161
　　　小结 ………………………………………………………………………………… 163
　　　综合训练 …………………………………………………………………………… 163
　子项目六　国际结算条款 ……………………………………………………………… 166
　　　任务1　国际结算的工具 …………………………………………………………… 167
　　　任务2　国际结算的方式 …………………………………………………………… 176
　　　小结 ………………………………………………………………………………… 191
　　　综合训练 …………………………………………………………………………… 192
　子项目七　争议条款的拟订 …………………………………………………………… 197
　　　任务1　检验与索赔条款的拟订 …………………………………………………… 197
　　　任务2　不可抗力和仲裁条款的拟订 ……………………………………………… 210
　　　小结 ………………………………………………………………………………… 218
　　　综合训练 …………………………………………………………………………… 219

项目四　国际货物买卖合同的履行 ……………………………………………… 222
　子项目一　出口合同的履行 …………………………………………………………… 222
　　　任务1　备货和报检 ………………………………………………………………… 222
　　　任务2　催证、审证和改证 ………………………………………………………… 224
　　　任务3　运输、投保、报关 ………………………………………………………… 226
　　　任务4　制单结汇 …………………………………………………………………… 228
　　　任务5　违约及其法律救济 ………………………………………………………… 231
　　　小结 ………………………………………………………………………………… 232
　　　综合训练 …………………………………………………………………………… 232
　子项目二　进口合同的履行 …………………………………………………………… 234
　　　任务1　开立信用证 ………………………………………………………………… 234
　　　任务2　租船订舱 …………………………………………………………………… 236
　　　任务3　办理货运保险 ……………………………………………………………… 236
　　　任务4　审单付款 …………………………………………………………………… 237

任务5　报关检验 ……………………………………………………… 238
　　任务6　进口索赔 ……………………………………………………… 239
　　小结 ……………………………………………………………………… 240
　　综合训练 ………………………………………………………………… 241

参考文献 ……………………………………………………………………… 242

项目一　国际贸易实务概览

【学习目标】
　　知识目标：
　　1. 了解国际贸易实务的研究对象、教学目的和内容；
　　2. 理解国际货物买卖合同以及其适用的法律和国际惯例；
　　3. 掌握国际贸易实务基本业务流程。
　　技能目标：用合同、法律和国际惯例相关的知识分析如何处理合同纠纷。

【重点、难点】
　　重点：国际贸易实务的研究对象、教学目的和内容。
　　难点：国际货物买卖合同及其适用的法律和国际惯例。

【任务情景】
　　这学期就要开"国际贸易实务"课程了，小李很想知道：这门课程的目的和任务是什么？讲的是什么？怎样的贸易才算是国际贸易？国际贸易业务和国内贸易业务相比有什么特点？从事国际贸易业务的工作应掌握哪些法律和国际惯例等理论知识？进出口业务分别有哪些流程？
　　本模块是国际贸易实务入门概览模块，讲述国际贸易实务相关概念、研究对象和教学目的、任务和内容，讲解与国际贸易相关的法律和惯例，演示基本业务流程，剖析岗位技能、行为规范和考证要求。

任务1　国际贸易实务概述

一、国际贸易概述

（一）国际贸易的概念和分类

　　国际贸易(international trade)，是指世界各国(地区)之间商品和劳务的交换活动。从国际的角度来看，也称世界贸易(world trade)；从本国的角度来看，称为对外贸易(foreign trade)。国际贸易一般由进口和出口构成，因此也称为进出口贸易。一些海岛国家如英国、日本等，也常用海外贸易(oversea trade)表示对外贸易。
　　国际贸易是国际经济活动中的最主要和最基本的形式，可以调节国内生产要素的利用率，改善国家与国家之间的供求关系，调整经济结构，增加财政收入，是各国实现国民经济增长和世界经济发展的重要因素。随着国际分工和世界市场的不断发展，国际贸易也不断发展。
　　国际贸易活动十分广泛。现在除传统的国际贸易形式外，还包括经济和科技合作等。
　　传统的国际贸易形式，按商品移动方向划分为：
　　①进口贸易(import trade)，指将其他国家的商品或服务引进该国市场销售。

②出口贸易(export trade)，指将该国的商品或服务输出其他国家市场销售。

③过境贸易(transit trade)，指A国的商品经过C国境内运至B国市场销售，对C国而言就是过境贸易。

按生产国和消费国在贸易中的关系(是否有第三国参加)划分为：

①直接贸易(direct trade)，指商品生产国与商品消费国不通过第三国进行买卖商品的行为。贸易的出口国方面称为直接出口，进口国方面称为直接进口。

②间接贸易(indirect trade)和转口贸易(transit trade)，间接贸易指商品生产国与商品消费国通过第三国进行买卖商品的行为。间接贸易中的生产国称为间接出口国，消费国称为间接进口国，而第三国则是转口贸易国，第三国所从事的就是转口贸易。

除传统的国际贸易形式外，国际经济合作日益发展，这是国家与国家之间经济联系的一种高级形式。国际经济合作使生产领域的要素同流通领域的要素、经济要素同科学和技术要素交织在一起，进一步丰富和扩大了国际贸易活动的内容和范围。

本书研究的范围仅限于传统国际贸易中的货物贸易。探讨货物贸易问题，首先要确定该贸易业务是国际贸易还是国内贸易。

(二) 国际贸易与国内贸易

国际贸易业务不同于国内贸易(domestic trade)的最明显特征是其适用法律的不同，辨清一项贸易业务是否具有"国际性"，从而判断它是否属于国际贸易还是国内贸易，是一个很重要的问题。

1. "国际性"标准

各国法律和国际条约在判定一笔贸易是否具有国际性时，通常采用以下四个主要标准：

(1) 买卖双方当事人的营业地是否处于不同的国家，即"营业地标准"；

(2) 当事人是否具有不同的国籍；

(3) 货物是否由一国运往另一国；

(4) 订立合同的行为是否完成于不同的国家。

按照英国《1977年不公平合同条款法》，合同当事人如果营业地在不同的国家，而且符合货物由一国运往另一国、订立合同的行为完成于不同国家、货物交付第三国三个情况之一，即可认为贸易具有国际性。

1980年《联合国国际货物销售合同公约》(the United Nations Convention on Contracts for the International Sale of Goods，简称为CISG)采用单一的营业地标准判断贸易的国际性。即如果合同当事人的营业地不同(属于不同国家)，则认为贸易具有国际性。如果当事人有多处营业地，则CISG规定采用最密切联系原则(即合同签订和履行与卖方哪处营业地关系最密切)，之后再判定其国际性的问题。CISG只考虑营业地这一"国际性"的因素，不涉及当事人的国籍、合同缔约地、履行地等一系列复杂的因素，避免依照《国际私法》规则适用实体法时必须考虑的诸多存在不确定因素的连接点，简化了适用条件。鉴于CISG成员国的不断扩大，以及CISG在国际货物贸易中的广泛应用，目前世界上大多数国家已普通接受了营业地标准。

所谓营业地，是指固定的、永久性的、独立进行营业的场所。没有营业地的，则以当事人的惯常居所为其营业地。营业地不包括临时性的或谈判(洽商)的地点，如办事处等。

如果当事人有数个营业地，与合同及合同履行联系最密切的营业地为营业地，即跨国公司的营业地指与所订立合同或合同的履行关系最密切的营业地为其营业地。

代表机构所在地的处所（如外国公司在我国的常驻代表机构）就不是公约意义上的"营业地"。这些机构的法律地位实际上是代理关系中的代理人。这些机构是代表其本国公司进行活动的。我国当事人和外国公司驻我国的常驻代表签订的货物买卖合同，仍然具有公约意义上的"国际性"。

【应用案例 1-1】

> 如果美国某公司在阿根廷设立了一个分公司（即美国分公司）；阿根廷某公司与美国总公司签订了一份来料加工合同，合同规定阿根廷某公司从美国总公司购买机器设备，从在阿根廷的美国分公司购得原材料并加工为成品，由美国分公司负责将加工后的成品回购再转卖给美国总公司，由美国总公司在国际市场上销售。这项涉外经贸活动中所包括的货物贸易是否具有"国际性"？

2. 国际贸易的特点

国际贸易和国内贸易有很多共同之处：都是商品和服务（劳务）的交换活动；交易过程大同小异；交易的目的都是取得利润；价值规律都在其中自发地起作用。

由于交易环境、交易条件、贸易做法及所涉及的法律、惯例等问题，国际贸易远比国内贸易复杂，简单概括，国际贸易的特点可以用"线长、面广、风险大、法律性强"十一个字加以概括。

1) 线长

国际贸易一般交易距离长、履约时间长。首先，在国际贸易中，交易的商品从离开生产领域到消费领域所要走过的距离，或者说买卖双方之间相距的距离，一般要比国内贸易中的相应距离更加远。其次，在履行合约所需要的时间上，或者说完成一定交易所需花费的时间上，国际贸易的时间一般要比国内贸易的时间更长。这既是由于国际贸易中的交易环节比国内贸易中的要多，也是因为国际贸易中交易双方所处的距离较远。

2) 面广

国际贸易人员接触面很广，面临问题多、受制因素多。

(1) 多种语言和文字的使用。从事国际贸易时，由于交易的双方来自不同的国度，因此要用到外国的语言和文字，与多种语言文字打交道。

(2) 多种商业习惯。世界各国都具有其特异的文化、社会背景、存在不同的教育水平、经济发展水平和投入水平，从而导致和影响了各国人们不同的生活方式、购买态度、消费倾向、消费习惯，以及各地市场商业习惯不同、国际贸易中的规约与条例解释可能不一致。

(3) 多种货币的换算。迄今为止，全球统一的世界货币尚未产生。各国政府都把货币主权看成国家主权独立不可分割的一部分而严加维护，这就必然产生多种不同货币的计价、结算、产生国内贸易不会存在的多种货币的换算、兑换和汇率方面的问题。

(4) 多重交易环节（涉及各种中间商、代理商以及为国际贸易服务的商检、仓储、运输、保险、金融、车站、港口、海关等部门）；较多的手续和单证（申领出口许可证、办理商检、投保、出口报关、运输、交单收款、办理进口手续、收货复验等）；多种费用（出口税、运费、保险费、进口税等）。

(5) 多种价格表示形式。在国际贸易中，由于买卖双方货物交接地点、所负责任大小等不同,同样数量与质量的同种成交商品会有诸如 FOB(free on board,船上交货价)、CFR(cost and freight,成本加运费)、CIF(cost,insurance and freight,成本加保险费加运费)等不同的成交价格或称为价格术语。

(6) 多种制度、法制和法规的约束。国际贸易活动不仅要受本国制定的有关制度(外汇管理制度和海关制度等)、法制和法规的约束,还要受贸易对方国家制定的,或某些国际组织(如联合国,国际商会等)制定的制度、法制、法规和贸易惯例的约束。

3) 风险大

国际贸易有多方面的风险性,但同时规模大、收益大、法律性强。

(1) 风险性大。经济学中所讲的风险,主要是指未来收益的不确定性。上述国际贸易的"线长、面广"的特点,又是构成国际贸易风险大的重要原因。第一,影响国际贸易进展的多种因素,其各自发生作用的方向与力度是不尽相同的,因素之间的排列组合形式也就越多,作为其结果的国际贸易未来收益值的变化性即不确定性也就越大。面临的风险性比国内贸易面临的风险性更大。第二,国际贸易履约距离和所需要花费的时间比国内贸易的要长,从而各种不利因素发生作用的机会也就越多。这一点表现在:

①运输风险较大。买卖双方分处两国,运输里程较长使然。

②汇兑风险较大。由于双方必有一方以外币记价,若外汇汇率不断变化而信息又不灵的话,就会出现汇兑风险。

③价格风险较大。国际贸易多是大宗交易,签约后国际国内市场变化、货价升跌造成的价格风险较大。

④信用风险较大。国际贸易中,自买卖双方接洽开始,要经过报价、还价、确认而后订约,直到履约,周期较长,期间双方的财务经营可能会发生变化,有时危及履约,出现信用风险。

⑤商业风险较大。因货样不符、交货期晚、单证不符等进口商往往拒收货物。

⑥政治风险较大。一些国家因政治变动、贸易政策法令不断修改,常常使经营贸易的厂商承担很多政治风险。

(2) 规模大、收益大。国际贸易的规模大,是指就单笔交易来看,国际贸易的交易量大,交易金额高。这一方面是因为国际市场容量比国内市场容量要大,另一方面是因为在同等成交数量的条件下,由于国际贸易的环节多,费用开支大,这些费用理应计入成本通过销售价格加以回收。因此,国际贸易的成交价格金额要比国内贸易的大。国际贸易之所以会具有收益性大的特点,主要是因为收益性往往与风险性和规模性等具有同方向变动的内在联系。经济学中通常把这种关系描述为高规模、高风险、高收益。

4) 法律性强

在国际货物买卖业务中,往往要涉及本国和外国的法律规定,许多地方还会涉及国际惯例,如果发生纠纷,还会涉及国际私法的问题。因此,国际货物买卖业务的法律性是比较强的。

国际贸易的上述特点表明:从事国际贸易工作要求高,难度大。国际市场十分广阔,法律和国际惯例复杂,从业机构和人员情况复杂,故易产生争议和纠纷,甚至可能会因此蒙受严重的经济损失。这就要求从事国际经贸的工作人员,不仅必须掌握国际贸易的基本原理、基本知识和基本技能与方法,而且还应具备开拓创新的能力、驾驭市场的能力和善于应战与随机应变等能力。

【趣味阅读 1-1】

外贸与内贸的比较

1. 出口企业要有外贸资格，或者委托外贸公司代理出口。进出口权的办理一般是先在当地的工商部门增加进出口的经营范围，然后到商务局办理对外贸易经营者备案，备案后再凭"对外贸易经营者备案表"到当地海关办理进出口收发货人注册登记，具体注册所需的资料请上当地海关相关网站查询，备齐资料，海关部门受理后一般 20 个工作日办结。有效期为 3 年。没有进出口权的公司不能用自己的名义进口，但可以委托别的有进出口的公司名义进口。
2. 外贸找客户的主要途径是互联网和进出口商品交易会。
3. 外贸出口要遵守国际贸易惯例和公约，某些出口产品要接受检验，某些产品限制出口。
4. 货物运输出国境，要向出境管理机构（海关）进行申报。
5. 货物交付国外客户，一般采用远洋轮船运输。
6. 出口货物要制作一套单据。
7. 出口收取的货款是外汇，一般是美金，外汇收支须受外汇管理局的监督。
8. 出口可以享受出口退税。

……

二、国际贸易实务研究的目的和任务、对象和内容

国际贸易作为一个专业学科来看，包括国际贸易理论、国际贸易实务和对外贸易经营管理三大体系。正式的学科名称为"国际经济与贸易专业"，属于经济学学科范畴。主要以经济学理论（微观经济学、宏观经济学、国际经济学、计量经济学、世界经济学概论、政治经济学等）为依托，还需要掌握相应的基础知识，比如，会计学原理、统计学、财政学、货币银行学、经济法、国际商法、证券投资、财务管理、管理学原理等，最核心的知识是国际贸易专业知识：国际贸易概论（理论）、国际金融、国际贸易结算、国贸英文函电、外贸口语、外贸写作、外贸谈判技巧、国际经济合作、跨国公司理论与实务等。当然最重要的课程为"国际贸易实务"。

在国际贸易上述学科体系中，国际贸易理论课是先修课程，是一门理论学科，其研究目的和任务是揭示国际贸易在产生、发展和贸易利益分配中的一般规律；为各国对外贸易提供基本的理论、政策的支持。国际贸易实务研究的对象是商品、服务和生产要素国际流动的原因、方向和结果，包括这些结果对各国生产、消费、商品价格和社会各集团利益的影响。国际贸易实务研究的内容为：①国际贸易发展史；②国际贸易理论，包括国际贸易纯理论、国际贸易政策、国际贸易格局、国际贸易组织。国际贸易实务是在研究国际贸易理论和政策之后，解决国际贸易具体实践问题的学科，是一个实践性、专业性很强的综合性应用基础主干学科。其学科特点包括以下内容。

（一）国际贸易实务研究的目的和任务

国际贸易实务研究的目的是掌握国际通行的贸易规则和做法，为对外贸易实际工作提供基本的方法的支持。

该课程的主要任务是使学生具备从事进出口业务工作所必需的基本业务知识及操作技能,了解进出口业务程序,熟悉相关的国际国内法律规定和国际贸易惯例,具备较强的进出口合同和单证的缮制、审核能力,具备一定的综合运用能力,顺利考取专业资格证书,基本达到从事进出口人员应具备的素质、能力要求。

(二)国际贸易实务研究的对象

国际贸易实务研究的对象是国际货物贸易中的具体贸易环节(以国际货物买卖合同为中心展开研究),即国家与国家之间商品交换的具体运作过程,包括国际货物买卖相关原理,实际业务流程所涉及的各个环节、操作方法和技能,以及应遵循的法律和惯例等行为规范。

(三)国际贸易实务研究的内容

国际贸易实务研究的内容是国际货物贸易基本程序、各个环节的操作方法和技能以及有关的法律、法规和国际惯例。

比如在拟订合同环节中,针对商品的品质有两大类、十余种具体的规定方法,而每种方法的选用要针对商品的不同属性等因素进行,其间体现了相当的技能。再比如,在选用贸易术语和履行合同的过程中,涉及很多法律和国际惯例的规则,稍有疏忽,就可能引发争议,产生经济损失。不同国家的法律和国际贸易惯例等行为规范同样是国际贸易实务课程的重要讲授内容。通过对不同法系的比较、不同类型的国际贸易惯例的比较,使外经贸从业人员能够充分了解和掌握相应的行为规范,防范风险,保证收益。

任务2 国际货物买卖合同、法律和国际惯例

国际货物买卖首先要订立国际贸易合同,然后涉及合同履行和争议处理等环节,遵循相关的法律和惯例。了解国际贸易合同的含义和特点、熟悉国际货物贸易相关的法律和国际惯例,包括各国与国际贸易有关的法律、国际条约或公约、国际贸易惯例等,是本课程的主要目标和任务之一。

国际贸易合同包括国际货物买卖合同、成套设备进出口合同、包销合同、委托代理合同、寄售合同、对销贸易合同、补偿贸易合同等形式。这里主要讨论国际货物买卖合同。

【拓展阅读1-1】

国际贸易的方式

国际贸易的方式是指国际贸易中采用的各种方法。随着国际贸易的发展,贸易方式亦日趋多样化。除采用逐笔售定这一主要方式外,还有包销、代理、寄售、拍卖、招标与投标、期货交易、易货贸易、补偿贸易、对外加工装配业务等。

逐笔售定(unilateral import / unilateral export):又称单边进(出)口或一般贸易,是指我国境内有进出口经营权的企业单边进口或单边出口的货物。即买卖双方以函电或口头就某商品的品种、规格、数量、价格、付款、交货等主要条件进行具体的磋商,通过发盘相接受,在达成协议的基础上,签订具体的出口(进口)合同,然后由买卖双方根据合同条件分别履行发货和付款的义务。其特点是一方出口,一方进口,进口、出口分别成交,逐笔售定。它是国际贸易中最常见、最基本的一种交易做法。

包销(exclusive sales):是指出口人(委托人)通过协议把某一种商品或某一类商品在某一个地区和期限内的经营权给予国外某个客户或公司的贸易做法。是国际贸易中习惯采用的方式之一。尽管包销也是售定,但包销同通常的单边逐笔出口不同。它除了当事人双方签有买卖合同外,还须在事先签有包销协议。采用包销方式,买卖双方的权利与义务是同包销协议所确定的。两者签订的买卖合同也必须符合包销协议的规定。

代理(agency):是指代理人(agent)按照本人(principal)的授权(authorization)代本人同第三者订立合同或做其他法律行为。由此而产生的权利与义务直接对本人发生效力。国际贸易中的销售代理,是指委托人授权代理人代表他向第三者招揽生产、签订合同或办理与交易有关的各项事宜,由此而产生的权利与义务直接对委托人发生效力。代理同包销的性质不同。包销商同出口商之间的关系是买卖关系,在包销方式下,由包销商自筹资金、自担风险和自负盈亏。而销售代理商同出口商之间的关系,因不是买卖关系,故销售代理商不垫资金、不担风险和不负盈亏,他只获取佣金。

寄售(consignment):是一种委托代售的贸易方式。在我国进出口业务中,寄售方式运用并不普遍,但在某些商品的交易中,为促进成交,扩大出口的需要,也可灵活适当运用寄售方式。寄售有别于代理销售,它是指委托的(货主)先将货物运往寄售地,委托国外一个代销人(受委托人),按照寄售协议规定的条件,由代销人代替货主进行,货物出售后,由代销人向货主结算货款的一种贸易做法。

招标/投标(invitation to tender/ to Submit tender):招标是指招标人在时间、地点、发出招标公告或招标单,提出准备买进商品的品种、数量和有关买卖条件,邀请卖方投标的行为。投标是指投标人应招标人的邀请,根据招标公告或招标单的规定条件,在规定的时间内向招标人递盘的行为。

拍卖(auction):是由专营拍卖行接受货主的委托,在一定的地点和时间,按照一定的章程和规则,以公开叫价竞购的方法,最后由拍卖人把货物卖给出价最高的买主的一种现货交易方式。通过拍卖进行交易的商品大都是品质的易标准化的,或是难以久存的,或是习惯上采用拍卖方式进行的商品。如茶叶、烟叶、兔毛、皮毛、木材等。某些商品,如水貂皮、澳洲羊毛,大部分的交易是通过国际拍卖方式进行的。拍卖一般是由从事拍卖业务的专门组织,在一定的拍卖中心市场、在一定的时间内按照当地特有法律和规章程序进行的。拍卖程序不同于一般的出口交易,其交易过程大致要经过准备、看货、出价成交和付款交货等四个阶段。

期货交易(futures trade):是众多的买主和卖主在商品交易所内按照一定的规则,用喊叫并借助手势进行讨价还价,通过激烈竞争达成交易的一种贸易方式。期货交易有别于现货交易,在现货交易的情况下,买卖双方可以以任何方式,在任何地点和时间达成实物交易。卖方必须交付实际货物,买方必须支付货款。而期货交易则是在一定的时间在特定的期货市上,即在商品交易所内,按照交易所预先制订的"标准期货合同"进行的期货买卖。

> 易货贸易(barter trade)：是指不通过货币媒介而直接用出口货物交换进口货物的贸易。简单来说就是物物交换，即政府或民间团体之间达成的、把进出口结合起来的贸易，交易双方根据对等的原则各自保持收支平衡。
>
> 补偿贸易(compensation trade)：是指在信贷基础上进口设备，然后以回销产品或劳务所得价款，分期偿还进口设备的价款及利息。
>
> 对外加工装配业务(processing and assembling trade)：也称加工装配贸易，是我国企业开展来料加工和来件装配业务的总称，它是指由外商提供一定的原材料、零部件、元器件，由我方的工厂按对方的要求进行加工装配，成品交给对方处置，我方按约定收取工缴费作为报酬。

一、国际货物买卖合同

(一) 国际货物买卖合同的概念

国际货物买卖合同，又称外贸合同，进出口合同，是买卖双方经过磋商，就一笔货物的进出口交易达成的协议。在 CISG 中，国际货物买卖合同是指营业地分处不同国家的当事人之间订立的货物买卖合同。

(二) 国际货物买卖合同的基本特征

1. 具有国际性，或称"涉外因素"

CISG 规定的"国际性"以当事人的营业地分属不同国家为标准。

2. 国际货物买卖合同的客体是跨越国境流通的货物

按照法学解释，"货物"一般仅指有形动产，而不包括股票、债券、投资证券、流通票据或其他权利财产，也不包括不动产和提供劳务的交易。国际货物买卖合同的标的物必须事实上从一国运到另一国，是被跨国界运输的，而不动产不具备这个条件，因此不包括在国际货物买卖的标的物之内。CISG 中排除了电力的适用，而某些其他无形物，如天然气，同样适用 CISG。

3. 调整国际货物买卖合同关系的法律复杂，风险大

它涉及 CISG 不同国家的法律选择，或国际贸易条约、惯例的适用规则，当事人可以选择支配他们合同关系的法律。法律关系的相对复杂性，可能导致争议和纠纷较多并难以处理，风险较大。

二、与国际贸易相关的法律

(一) 各国与国际贸易有关的法律

各国与国际贸易有关的法律是指国家制定或认可并在本国主权管辖范围内生效的与国际贸易相关的法律，即相关的国内法。

国际货物买卖合同必须符合国内法，即符合国家制定或认可的法律。比如按照《中华人民共和国合同法》规定，订立合同必须遵守中华人民共和国法律，即使依照法律规定适用外国法律或国际惯例的也不得违反中华人民共和国的社会公共利益。《中华人民共和国民法通则》第 150 条规定："……适用外国法律或者国际惯例的，不得违背中华人民共和国的社会公共利益。"

由于合同双方当事人所在国的法律制度不同，对同一问题可能出现不同的法律规定，为解决这种法律冲突，一般都在国内法中规定冲突规范的办法。根据此类法律规定，双方当事人可以协商并约定处理合同争议所适用的准据法。若未能就此进行约定，则可以由受理合同争议的法院或仲裁机构依据与合同有最密切联系的国家的法律来处理合同项下的争议。

（二）国际公约

国际贸易条约与协定（international commercial treaties and agreements）是缔约国为确定相互经济贸易关系所缔结的书面协议，是国家与国家之间经济贸易往来基本的法律依据。

有关国际贸易的国际条约主要是属于统一实体法规则的国际条约，如1980年CISG、《1978年联合国海上货物运输公约》《联合国国际汇票和国际本票公约》等，其中CISG是迄今为止关于国际货物买卖的一个最重要的国际公约。该公约共分为四个部分：①适用范围；②合同的成立；③货物买卖；④最后条款。CISG于1980年4月在维也纳召开的外交会议上获得通过，并于1988年1月1日起生效。

我国是CISG最早的成员国之一。我国曾派遣代表参加了1980年维也纳会议，并于1986年12月向联合国秘书长递交了关于该公约的核准书，成为该公约的缔约国。值得注意的是，我国在核准该公约时，曾根据该公约第95条和第96条的规定，对该公约提出了关于公约适用范围和关于采用书面形式的保留。2013年年初，中国政府向联合国秘书长正式交存有关撤销其在CISG项下"书面形式"声明的申请，目前已正式生效。

我国在加入CISG时就声明对CISG第一章"适用范围"的第一条第一款的（b）项"如果国际私法规则导致适用某一缔约国的法律。"（即不管合同当事人是否是缔约国，只要国际私法规则导致该合同适用某一缔约国的法律，就适用CISG）做出保留。这表明我国公司与非缔约国当事人订立的合同将不适用CISG。此举的目的是限制该公约的适用范围，从而扩大中国国内法适用的机会。根据这一保留，中国当事人与来自非CISG缔约国当事人之间订立的国际货物销售合同争议，没有就法律适用问题达成协议的，法院将根据冲突法的指引决定适用中国的法律时，只能适用中国国内法，而不是CISG。这一声明属于法律上的强制规范。

《中华人民共和国民法通则》第142条第2款规定："中华人民共和国缔结或者参加的国际条约同中华人民共和国的民事法律有不同规定的，适用国际条约的规定，但中华人民共和国声明保留的条款除外。"该条款实际上把国际条约置于优先于国内法的地位。也即是说，如果双方当事人没有通过明示排除国际条约的适用，那么CISG对营业地均属于缔约国的双方当事人的合同不仅适用，而且其适用优于国内法。

值得注意的是，CISG的适用不是强制性的。合同当事人可以通过选择其他法律来排除CISG的适用（即如果选择某国法做准据法就自动排除CISG的适用）。因此，哪怕合同双方当事人的营业地处于不同国家，且两国都是CISG的缔约国，但如果双方当事人通过明示排除CISG对该合同的适用，那么CISG也不起作用。

CISG的非强制性（也称任意性）有两个要点：(1)缔约国当事人可以通过选择一个国家的法律来排除公约的适用，但是这种选择必须明示；(2)当事人可以在买卖合同中约定部分适用CISG，或对CISG的内容进行改变。但如果当事人营业地所在国在加入CISG时已提出保留的内容，当事人必须遵守，而不得排除或改变，因为这种保留属于法律上的强制规范。

【课堂练习 1-1】

单选题:
美国甲公司与中国乙公司签订国际货物买卖合同,对该合同适用的法律,下列说法错误的是(   )。
A. 双方可以约定排除 CISG 的适用
B. 若双方在合同中没有约定适用的法律,则该合同应适用 CISG
C. 当事人不可仅部分适用 CISG
D. 当事人可在买卖合同中对 CISG 的内容进行一定的改变

三、国际贸易惯例

(一) 国际贸易惯例的概念、性质和作用

1. 国际贸易惯例的概念

国际贸易惯例(international trade practice)或称国际商业惯例(international commercial practice)是指在长期的国际贸易实践中逐渐形成的,并由国际组织或其他权威机构加以编纂和解释的国际贸易中的习惯做法,是一种成文的原则、准则和规则。广义的国际贸易惯例有成文和不成文(如契约自由原则、有约必守原则、通过仲裁方式解决争议、国家主权原则等)两种,这里是狭义的概念。

国际贸易惯例是国际组织或权威机构为了减少贸易争端,规范贸易行为,在长期、大量的贸易实践的基础上制定出来的。由此可见,国际贸易惯例与习惯做法是有区别的。国际贸易业务中反复实践的习惯做法经过权威机构加以编纂与解释后才被看作国际贸易惯例,对贸易双方起约束作用。

目前,在国际贸易中影响较大的国际贸易惯例包括:国际商会制定的《国际贸易术语解释通则(2010 年修订本)》(INCOTERMS®2010)、《跟单信用证统一惯例(2007 年修订本)》(UCP600)、1995 年修订公布并于 1996 年 1 月 1 日生效的《托收统一规则》(URC522)、《国际备用信用证惯例》、国际法协会 1932 年制定的《华沙-牛津规则》、《美国对外贸易定义(1941 年修正本)》等。

2. 国际贸易惯例的性质和作用

国际贸易惯例本身并不是法律,但在国际贸易中扮演着重要的角色。这是由于其独特的性质决定的。国际贸易惯例有以下两个性质。

1) 不具有强制性

因为只有法律才具有强制性。国际贸易惯例的法律效力是以当事人的意思自治为基础的,贸易双方当事人有权在合同中达成不同于惯例规定的贸易条件,只要合同有效成立,双方均要履行合同规定的义务,一旦发生争议,法院和仲裁机构也要维护合同的有效性。换言之,如果合同的规定与惯例矛盾了,则法院或仲裁机构以合同的规定为准。

2) 具有指导性

指导性表现在以下两个方面。

(1) 它通常能被大多数国家的贸易界人士所熟知并接受,被广泛采用和经常遵守,在实践中,无论是对合同的制定,还是履行提供强有力的共同的"游戏规则",应避免争议的发生,促进国际贸易的发展,发挥着重要的指导作用。

(2) 它是许多国际贸易法律制定的基础,是国际贸易法律的重要渊源之一。它在一定条件下可以具有强制性,并且可以作为判决或裁决的依据。

国际贸易惯例日益受到各国政府、法律界和贸易界的重视。在国际立法和许多国家的立法中,明文规定了国际贸易惯例的效力,特别是在 CISG 中,国际惯例的约束力得到了充分的肯定。国际贸易惯例具有约束力的情形有以下两点。

① 当事人在合同中明确表示选用某项国际贸易惯例。

② 当事人没有排除对其已知道或应该知道的某项惯例的适用,而该惯例在国际贸易中为同类合同的当事人所广泛知道并经常遵守,则应视为当事人已默示地同意采用该项惯例,而作为判决或裁决的依据。

CISG 中充分肯定了惯例的作用。CISG 规定:当事人在合同中没有排除适用的惯例,或双方当事人已经知道或理应知道的惯例,以及在国际贸易中被人们广泛采用和经常遵守的惯例,即使当事人未明确同意采用,也可作为当事人默示同意惯例,因而该惯例对双方当事人具有约束力。《中华人民共和国民法通则》第 142 条第 3 款规定:"中国人民共和国法律和中华人民共和国缔结或参加的国际条约没有规定的,可以适用国际惯例。"

由此可见,虽然国际贸易惯例本身不具有法律的强制约束力,但它对国际贸易实践的指导作用却是不容忽视的。不少国际贸易惯例被广泛采纳、沿用,说明它们是行之有效的。为了合理地商订和履行合同以及正确运用国际贸易惯例,国际贸易从业人员必须了解国际上各种通行的有关贸易术语的国际贸易惯例,以便在实际业务中对其做出适当的抉择和正确的解释,顺利开展业务,避免或减少贸易争端。

四、合同、法律和惯例的关系

(一) 凡在依法成立的合同中有明确规定的事项,应按照合同的规定办理

国际贸易惯例不具有强制性。贸易双方当事人有权在合同中达成不同于惯例规定的贸易条件,只要合同有效成立,双方均要履行合同规定的义务,若发生争议,法院和仲裁机构也要维护合同的有效性;但是,法律具有强制性,是合同签订的必要依据。合同必须从主体、客体、内容和形式等各方面都符合法律要求才具备法律效力,受到法律的承认和保护。

(二) 对合同没有明确规定的事项,应按照有关法律或国际条约、CISG 的规定来处理

对合同约定不明的事项,除了当事人协商补救外,还可以寻求法律补救。如果合同没有明示选择哪国法律作为准据法,则:第一,由受理合同争议的法院或仲裁机构依据与合同有最密切联系的国家的法律来处理合同项下的争议;第二,如果没有明示排除 CISG 的适用,双方营业地又都为 CISG 缔约国,则 CISG 自动适用于该合同,并且其适用优于法院、仲裁机构依据的准据法,即公约条文与此准据法相冲突时,以 CISG 规定为准。

(三) 对合同和法律都没有规定的事项,则应按有关的国际贸易惯例的规定来处理

在合同和法律都缺乏规定,无法对合同的某项没有明确规定的事项进行补救时,国际

贸易惯例可以依照 CISG 或国内法的规定，作为补救的依据。即当事人没有排除对其已知道或应该知道的某项惯例的适用，而该惯例在国际贸易中为同类合同的当事人所广泛知道并经常遵守，则应视为当事人已默示地同意采用该项惯例，而作为判决或裁决的依据。

当然，无论是采用 CISG、某国国内法，还是采用国际贸易惯例来进行补救，都以不能违背国家的社会公共利益（也称公序良俗）为前提。

【课堂讨论 1-1】

卖方：我方已按规定将货物装船交货了，你方该付款了。
买方：船都沉了，我方又没收到货物，为什么还要付款？
卖方：合同规定适用《贸易术语国际解释通则》，《贸易术语国际解释通则》规定卖方不负担运输途中的风险。
买方：但合同中已规定"货物到达目的港时付款"。到不了目的港就不存在付款的问题。
卖方：应按惯例规定。
买方：应按合同规定。
请问：你会做何判断？

【课堂练习 1-2】

多选题：
下列有关国际贸易惯例的说法不正确的是（　　）。
A. 国际贸易惯例不是法律，对交易双方无强制约束力
B. 国际贸易惯例一旦被列入某国法律文件中，则该惯例对该国的相关内容有严格约束力
C. 即使双方在合同中规定适用某一惯例，该惯例对双方仍不具备强制约束力
D. 交易双方不能在合同中规定与某惯例相矛盾的内容
E. 当国际贸易惯例与合同发生矛盾时，以惯例为准

任务 3　进出口业务流程

一、进出口业务流程概述

国际贸易实务的研究对象是国际货物贸易中的具体贸易环节。每个业务环节均由具体的工作组成。这些业务环节组成了一条完整的进出口业务的程序链，我们称之为"进出口业务流程"。

一般认为，不管是出口还是进口，都由业务准备、交易磋商和合同签订、合同履行三个环节构成。

（一）业务准备（出口前和进口前的准备）

出口：编制出口计划、组织出口货源、开展国际市场调研、设计出口商品经营方案、建

立业务关系、开展广告宣传以及办理商标注册等工作。

进口：编制进口计划、国外市场与客户的调研、选择适当的采购市场和供货对象、制订进口商品经营方案或价格方案。

（二）交易磋商和合同签订

交易磋商是指买卖双方通过直接洽谈或函电的形式，就某项交易的达成进行协商，以求完成交易的过程。签订合同的步骤一般分为合同文件的起草、定稿打印、签字交换三部分。

（三）合同履行

出口：在合同履行环节中，出口方要备货、办理信用证相关事宜（催证、审证和改证）、申办出口许可证、租船订舱、报检报关、办理保险、制单结汇以及处理善后事宜。

进口：合同履行过程中，进口方要负责申办进口许可证、开立信用证、租船订舱、办理保险、报检报关、拨交结算以及处理善后事宜。

二、出口业务流程（CIF合同）

出口贸易流程图如图1-1所示。

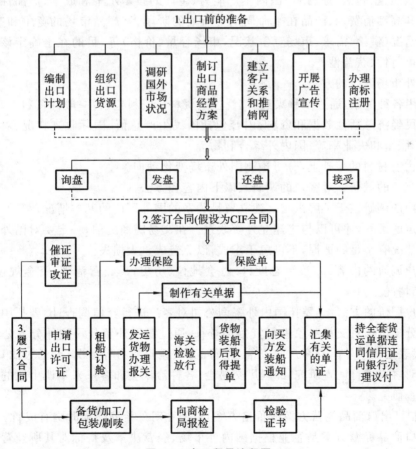

图1-1　出口贸易流程图

(一) 交易前的准备

(1) 编制出口计划。出口计划是指根据企业的出口战略而制订出口营销计划,是执行企业出口战略的详细指南,它通过分析企业的长处(竞争优势)、弱点(如资金匮乏)、市场机会和危机,设定营销目标,指明关键问题所在,列出应采取的行动,确定完成目标的期限,提供每个步骤的详细预算。初期制订出来的出口计划一般都应该是简单的几页。因为重要的市场数据和计划基本要素还是未知的。通过初始的出口探索,逐渐获得更多的市场信息。洞察和分析这些市场信息,可以在随后形成更详尽的出口计划文件。

(2) 落实货源和做好备货工作。

(3) 对国外市场与客户的调查研究,以选择适销的目标市场和资信好的客户。

① 对国外市场的调研。对国外市场的调研有以下内容和方法。

对国外市场调研的内容:

a. 对进口国别地区的调研。了解其总体经济状况、对外政策、对我国的态度、进出口商品结构、数量、金额等,对经济大环境有一个总体的了解,预估可能的风险和效益情况。对外贸易总是要尽量与总体环境好的国家和地区开展。

b. 对商品市场的调研。主要是针对某一具体选定的商品,调查该商品和相关商品的品种、花式、质量、包装、原材料、国内生产能力、生产的技术水平和成本、产品性能、特点、消费阶层和高潮消费期、产品在生命周期中所处的阶段、该产品市场的竞争和垄断程度、市场供求情况(供给、需求、市场竞争状况、市场容量、价格)等,目的在于确定该商品贸易是否具有可行性、获益性。

对国外市场调研的方法:

a. 利用各种关系,通过多种渠道,广泛搜集资料。资料包括:一般性资料,如一国官方公布的国民经济总括性数据和资料,内容包括国民生产总值、国际收支状况、对外贸易总量、通货膨胀率和失业率等;国内外综合刊物等。

b. 在占有材料的基础上,分析预测国外市场变化动向。

② 对客户的调研。对客户的调研有以下内容和方法。

对客户的调研在于了解欲与之建立贸易关系的国外厂商的基本情况。只有对国外厂商有了一定的了解,才可以与之建立外贸联系。在交易磋商之前,一定要对国外客户的资金和信誉状况有十足的把握,不可急于求成,以免造成重大损失。

对客户调研的内容:a. 政治态度;b. 社会地位、历史;c. 经营范围、资金规模、经营能力;d. 资信情况。

对客户调研的方法:a. 委托国内外咨询公司对客户进行资信调查;b. 委托中国银行及其驻外分支机构对交易对象进行资信调查;c. 通过我国外贸公司驻外分支公司和商务参赞处、代表处在国外调查客户的资信、经营范围、经营能力等情况;d. 通过出口代表团、推销小组对客户进行调查研究;e. 利用交易会、各种洽谈会和客户来华谈生意的机会对客户进行调查研究。

(4) 制订出口商品经营方案或价格方案,以便在对外洽商交易时胸有成竹。

进出口商品经营方案是企业根据国内外市场、经营决策及目标对其所经营的进出口商品所做的一种业务计划安排。它可使企业交易有计划、有目的地顺利进行,是企业同客户洽商交易的依据。进出口商品经营方案内容一般包括:商品和货源情况,包括商品的特点、品质、规格、包装,国内生产数量、可供出口数量、当前库存及国内需要量等;国外市场情况,包括国外商品生产、消费、贸易情况,主要进出口国家的交易情况,今后发展变化的趋势,国外主要市场经营该商品的基本做法、销售渠道等;经营历史情况,包括进出口商品在国际市场上所占的地位,主要进出口地区及销售情况,国内外客户的具体反映,经营该商品的经验、教训等;经营计划安排,主要包括进出口商品的数量、金额,对某国或某地区出口或进口的数量、进度等。

进出口企业一般只在经营大宗或重点进出口商品时才逐个制订商品进出口方案;对其他商品可只按商品大类制订,对中小商品可制订内容简单的价格方案,仅对市场和价格提出分析意见,规定对各个地区的进出口价格以及掌握调整进出口价格的原则和幅度。

(5) 开展多种形式的广告宣传和促销活动。

(6) 办理商标注册。

(二) 交易磋商与合同签订

在做好上述准备工作之后,即通过函电联系或当面洽谈等方式,同国外客户磋商交易,当一方的发盘被另一方接受后,交易即告达成,合同就算订立。双方在磋商过程中的往来函电是合同的依据。但根据国际贸易的习惯,买卖双方一般都要订立书面文件,以规定双方的权利和义务,双方均受其约束。签订合同的步骤一般分为合同文件的起草、定稿打印、签字交换三部分。

(三) 出口合同的履行

这是费时最长、工作内容最多、涉及面最广、风险发生可能性最大的阶段。

出口合同订立后,交易双方就要根据重合同、守信用的原则,履行各自承担的义务。如按 CIF 条件和信用证付款方式达成的交易,就卖方履行出口合同而言,主要包括下列各环节的工作。

1. 备货

这是指卖方根据合同的规定按时、按质、按量地准备好约定的标的物,以便及时出运或交付给买方。

2. 落实信用证,做好催证、审证、改证工作

此项工作有时在交易货物的制造过程之前进行,有时与制造过程同时进行,有时在制造完成后进行。该项工作进行得越早,对出口商越有利。对出口商来说,接到信用证后,要依照合同的有关规定对信用证的有关条款内容进行认真仔细的审核,经审核相符后才可接受信用证。否则,应按来证的渠道,及时退回信用证,要求有关当事人对信用证进行修改,修改相符后才可以接受,如果进口商未按合同的规定按时委托有关银行开来信用证,出口商还要及时做好催证工作。

3. 进出口签证

世界各国都对出入境货物实施一定的管理或限制。因此,进出口商在进出口货物之前,应依法取得进出口许可证或有关进出口许可的其他批准文件。出口商品检验:出口商准备好出口货物后,应按照合同,或商检法,或信用证的规定,向指定的检验机构申请报验,办理出口商品的检验手续,取得合法的检验证书。租船订舱:这是指办理国际货物运输手续;办理国际货物运输的保险手续。出口报关:货物在实际装船之前,必须要向出口国的海关进行申报。货物装船:这是指出口商在指定的港口将货物交给船方,进行装船作业。货物装船完毕,由船长或大副签发"大副收据",载明收到货物的详细情况,出口商凭

此收据向外轮代理公司换取正式的提单;货物装船后,出口商应及时向进口商发出"装船通知",以便对方准备办理付款赎单和提货手续。

4. 出口结汇

出口商办妥装船手续后,按信用证的要求,缮制好全套单据,连同信用证一起,在规定的有效期内交付有关银行,办理议付(押汇)手续,取得出口货款,并向指定的银行结售外汇。如果此后一切正常,对于出口商来说,该项交易到此便圆满完成。

三、进口业务流程(FOB合同)

进口贸易流程图如图1-2所示。

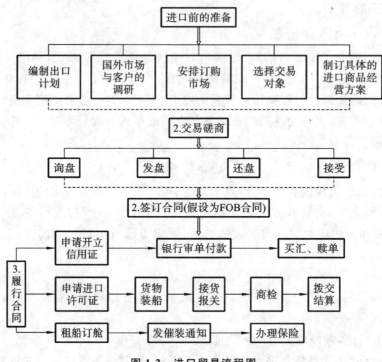

图1-2 进口贸易流程图

(一)交易前的准备

交易前有以下几项准备工作。

(1)编制进口计划。与进口业务相类似。

(2)国外市场与客户的调研。与进口业务相类似。

(3)在对国外市场和外商资信情况调查研究的基础上,经过货比三家,选择适当的采购市场和供货对象。

(4)制订进口商品经营方案或价格方案。以便在对外洽商交易和采购商品时,做到心中有数,避免盲目行事。

(二)商订进口合同

商订进口合同与商订出口合同的程序与做法基本相同,但应强调指出的是,如属购买高新技术、成套设备或大宗交易,更应注意选配好洽谈人员,组织一个包括有各种专长的专业人员的精明能干的谈判班子,并切实做好比价工作。

（三）进口合同的履行

履行进口合同与履行出口合同的程序相反，工作侧重点也不一样。如按 FOB 条件和信用证付款方式成交，买方履行合同的程序，一般包括下列事项。

（1）按合同规定向银行申请开立信用证。以便出口商能依照有关约定办理货物的装船交货手续。

（2）及时派船到对方口岸接运货物。进口商一旦办妥租船订舱的手续，应该在规定的期限内将订好的船期和船名通知出口商，以便其做好装船准备，并催促卖方备货装船。

（3）办理货运保险。出口方必须于装船完毕时以最快的方式（电报、电传等）通知进口方，以便其及时投保。

（4）付款赎单。审核有关单据，在单证相符时，进口商从指定的银行购买外汇，交付开证行，换取有关的货物单据，以便货到目的港后，及时报关提货。

（5）办理进口报关手续，并验收货物。这是指货物运抵目的港后，进口商亲自或委托报关行向海关办理进口货物的申报手续。如果需要，要向海关提供有关的进口许可证或其他进口许可的批准文件，交纳进口关税。经海关查验无误放行后，方可提货。

（6）进口商检。这是指进口商应在规定的期限内，向指定的检验机构提出进口商品的报验申请，对进口货物进行检验或复验。若经检验合格，进口商便可领受货物。到此，该项交易才算是真正完成了。如果出口货物经检验发现有残损短少，或与合同规定的不符，那么，进口商就应凭商检机构出具的检验证书，分清对象，及时进行对外索赔工作。

【趣味阅读 1-2】

做外贸业务需要什么条件？懂英文？不一定非得要四级那么厉害……看得懂数字、年、月、日、长、短、好、坏，以及你好、谢谢、再见等的三五百个单词，加上跟你做的产品相关的一些名词，再借助一本汉英字典和金山词霸软件来帮忙，就可以开始做外贸了。当然，英文越好，做生意越方便，所以要注意积累，平时没事的时候，也应抽空学英文。应有一台能上网的电脑，用电脑在网上收集信息，收发邮件，这比打电话、发传真、写信方便、经济。

出口外贸的整个过程是怎样的？谈生意—交货—拿钱—向有关部门报告交易情况。

为什么要报告交易情况呢？因为国际上对外贸管理都比较严格，货物出国前常常要检验，取得批文；拿到的钱款要申报。此外，国家鼓励出口，报告交易情况就可以享受优惠政策。报告交易状况不是最后进行的，而是贯穿整个外贸过程中。这个过程主要涉及四个部门：国家出入境检验检疫局[①]，交货前请该局验货，并出具品质证书，这个过程叫"商检"；海关，商检以后，向海关申报出口，然后运出去，这个过程叫"报关"；国家外汇管理局，收到钱以后向国家外汇管理局报告，这个过程叫"核销"；国家税务总局，出口以后申报，取得退返税款等优惠，这个过程叫"退税"。外贸和国内做生意在本质上并没有太多的差异，只是需要在外贸操作中跟几个政府部门打交道。

[①] 国家出入境检验检疫管理职责和队伍现统一划入海关总署。

> 总结:我们已经了解了常见的出口外贸的全过程:谈生意—备货—请国家出入境检验检疫局检验货物—向国家海关申报出口—把货物运输出国交给客户—从客户那里取得货款—向国家外汇管理局申报—向国家税务总局申报—数数挣了多少钱。
>
> 实际上,并不是每个环节都要你自己去做。市面上有很多专业公司,它们可以帮助你做其中的一项或几项工作。比如,货物运输代理公司可以帮你"报关"和"运输",银行可以帮你取得货款,出口代理公司可以帮你"商检",以及向国家外汇管理局和国家税务总局申报等。
>
> 外贸生意场上也有各种骗子和陷阱,光知道流程还不够,有必要了解具体的做法,掌握清晰的操作流程,这样就不会出太大的问题。

小　　结

国际贸易是指世界各国(地区)之间商品和劳务的交换活动,是国际经济活动中的最主要和最基本形式。国际贸易活动十分广泛,除传统的国际贸易形式外,还包括经济和科技合作等。CISG 采用单一的营业地标准判断贸易的国际性。国际贸易的特点可以用"线长、面广、风险大、法律性强"加以概括。

国际贸易实务研究的目的是掌握国际通行的贸易规则和做法,为对外贸易实际工作提供基本的方法。其研究对象是国际货物贸易中的具体贸易环节,包括国际货物买卖相关原理,实际业务流程所涉及的各个环节、操作方法和技能,以及应遵循的法律和惯例等行为规范。其研究内容是国际货物贸易基本程序、各个环节的操作方法和技能,以及有关的法律、法规和国际贸易惯例。

国际货物买卖合同,在 CISG 里,是指营业地分处不同国家的当事人之间订立的货物买卖合同。国际贸易条约与协定是缔约国为确定相互经济贸易关系所缔结的书面协议,是国家与国家之间经济贸易往来的基本法律依据。其中,CISG 是迄今为止关于国际货物买卖的一个最重要的国际公约。国际贸易惯例是指在长期的国际贸易实践中逐渐形成的,并由国际组织或其他权威机构加以编纂和解释的国际贸易中的习惯做法,是一种成文的原则、准则和规则。目前,在国际贸易中影响较大的贸易惯例包括:国际商会制定的《国际贸易术语解释通则(2010 年修订本)》、《跟单信用证统一惯例(2007 年修订本)》、《托收统一规则》等。国际贸易惯例本身不具有强制性,但具有指导性,对国际贸易实践的指导作用却是不容忽视的。

合同、法律和惯例的关系如下:(1)凡在依法成立的合同中有明确规定的事项,应按照合同的规定办理;(2)对合同没有明确规定的事项,应按照有关法律或 CISG 的规定来处理;(3)对合同和法律都没有规定的事项,则应按有关的国际贸易惯例的规定来处理。

进出口业务流程由具体贸易业务环节组成。不管是出口还是进口,都由业务准备、交易磋商和合同签订、合同履行三个环节构成。

综合训练

一、不定项选择题

1. CISG 确定货物交易"国际性"的标准是(　　)。
   A. 买卖双方当事人营业地处于不同国家
   B. 买卖双方当事人具有不同国籍
   C. 订立合同的行为完成于不同的国家
   D. 货物必须由一国运往另一国

2. 在进出口贸易实际中,对当事人行为无强制性约束的规范是(　　)。
   A. 国内法　　　　　　　　　　B. 国际法
   C. 国际贸易惯例　　　　　　　D. 国际条约

3. 与我国进行进出口贸易关系最大,也是最重要的一项国际条约是(　　)。
   A. CISG　　　　　　　　　　　B.《国际贸易术语解释通则》
   C.《跟单信用证统一惯例》　　　D.《托收统一规则》

4. 不属于国际货物买卖特点的是(　　)。
   A. 一种涉外经济活动　　　　　B. 交易的目的是取得利润
   C. 交易过程较复杂　　　　　　D. 法律性强

5. 进出口贸易实务课程研究的最基本内容是(　　)。
   A. 贸易术语　　　　　　　　　B. 合同条款
   C. 合同制订　　　　　　　　　D. 合同履行

6. 进出口贸易实务课程研究的对象是(　　)。
   A. 国家与国家之间货物买卖的有关原理　　B. 国际贸易中的各个贸易环节
   C. 国际贸易政策　　　　　　　D. 国际分工原则

7. 美国甲公司与中国乙公司签订国际货物买卖合同,对该合同适用的法律,下列说法错误的是(　　)。
   A. 若合同中没有约定适用的法律,则该合同应当适用 CISG
   B. 双方可以约定排除 CISG 的适用
   C. 当事人不可以仅部分适用 CISG
   D. 当事人可以在合同中对 CISG 的内容进行一定的改变

8. 在国际贸易惯例的使用中,当买卖双方发生争议时,以下处理正确的是(　　)。
   A. 合同的规定与惯例矛盾,则法院或仲裁机构以合同的规定为准
   B. 合同的规定与惯例不抵触,则法院或仲裁机构以合同的规定为准
   C. 合同的规定与惯例矛盾,则法院或仲裁机构以国际惯例的规定为准
   D. 合同的规定与惯例不抵触,则法院或仲裁机构以国际惯例的规定为准
   E. 合同中明确规定采用某种惯例,则这种惯例就有其强制性

二、判断题(正确打"√",错误打"×")

1. 国际贸易的货物必须从一国运往另一国。(　　)
2. 进出口贸易实务是一门综合性的应用学科。(　　)
3. 由于国际贸易是涉外经济活动,调节国际贸易法律关系的主要应是国际贸易惯

例。（　）
4．在合同中做出的规定必须与惯例的解释相符，否则无效。（　）
5．当事人如果明确规定采纳有关惯例时，该惯例具有约束力。（　）
6．当合同中对某一问题未做出规定时，应参照有关贸易惯例。（　）
7．《贸易术语国际解释通则》是与国际货物贸易关系最大、最重要的一项国际公约。（　）
8．CISG的缔约国必须履行其全部内容。（　）

三、案例分析题

如果美国某公司在阿根廷设立了一个分公司（即美国分公司）；阿根廷某公司与美国总公司签订了一份来料加工合同，合同规定阿根廷某公司从美国总公司购买机器设备，从在阿根廷的美国分公司购得原材料并加工为成品，由美国分公司负责将加工后的成品回购再转卖给美国总公司，由美国总公司在国际市场销售。这项涉外经贸活动中所包括的货物贸易是否具有国际性？

四、拓展训练题

北京长城工贸有限责任公司与荷兰某有限责任公司设在中国上海的独资公司——佛来芒有限责任公司（上海）签订了一份货物买卖合同，北京长城工贸有限责任公司购买佛来芒有限责任公司（上海）通信设备一套。交货地点在北京长城工贸有限责任公司在延庆的仓库。合同还约定，如果因为合同的执行发生争议，首先通过双方协商。协商不成，请双方都信任的某公司调解。如果调解也不成的话，就提交中国国际经济贸易仲裁委员会上海分会仲裁，适用的法律为CISG。问：对该合同，当事人选择适用的法律规定，是否有问题？

项目二　交易磋商与国际货物买卖合同的订立

【学习目标】
知识目标：
1. 了解订立国际贸易合同的法律步骤和内容、书面合同的意义；
2. 熟悉合同的形式及基本内容；
3. 掌握发盘、接受的要件及有关法律规定，合同成立的时间与合同生效的要件。

技能目标： 应用相关法律知识分析处理交易磋商中遇到的实际问题。

【重点、难点】
重点： 合同订立过程中的两大关键环节及相关法律规定。
难点： 发盘、接受的要件；合同成立的时间与生效的要件。

【任务情景】
以下是一家公司对外开展交易磋商和订立合同的实际过程。

南京思科纺织服装有限公司（以下简称思科公司）成立于1992年，是经中华人民共和国对外经贸经济合作部批准的具有进出口经营权的贸易公司，从事纺织服装等产品进出口业务。公司拥有多家下属工厂，产品主要销往欧洲地区，以及美国、加拿大、日本等国家。加拿大客户F.F.公司与思科公司是合作多年的业务伙伴。

2000年12月2日，F.F.公司传真一份制作女式全棉上衣的指示书给思科公司，并邮寄面料、色样及一件成衣样品给思科公司，要求思科公司于2001年3月25日前交货，并回寄面料、色样及两件不同型号的成衣样品确认。2000年12月8日上午，思科公司收到该样件后，立即联络无锡百合纺织有限公司（面料、辅料工厂，以下简称百合纺织），根据F.F.公司提供的样件打品质样和色卡，然后用DHL邮寄给F.F.公司确认。2000年12月12日，F.F.公司收到思科公司寄去的样件，回复确认合格，要求思科公司再寄两件不同型号的成衣样品供其确认。接此通知，思科公司立即联络无锡季节制衣有限公司（服装加工厂，以下简称季节制衣）赶制成衣样品。12月17日下午，服装加工厂将两件不同型号的成衣样品送到思科公司。当天，思科公司又将该成衣样品用DHL邮寄给F.F.公司确认。

12月22日，F.F.公司收到思科公司寄去的成衣样品，确认合格，要求思科公司报价。当天，思科公司根据指示书要求，以百合纺织和季节制衣的报价、公司利润等为基础向F.F.公司报价。

经过多次磋商，12月26日，双方最终确定以每件USD12.80的报价成交。F.F.公司要求思科公司根据该份报价单制作合同传真其会签，同时传真形式发票供其开具信用证。合同签订后，双方就成衣细节进行修改和最终确认。

本模块是国际贸易实务十分重要的基础模块，将讲述国际贸易合同签订的法律步骤和相关法律规定，以及国际贸易合同的有效要件、形式和内容等重要内容。国际贸易实务的业务内容就是以合同为中心展开的,了解合同的相关知识和法律规定对国际贸易业务的开展至关重要。

任务1 交易磋商

进出口商在做好进出口交易前的各项准备、与客户建立业务关系之后,可以着手与贸易对手(客户)进行交易磋商。

所谓交易磋商,是指交易双方当事人就贸易合同的各项条件进行协商,以期达成一致意见的过程。它是签订合同不可缺少的前期基础性工作,而签订合同则是交易磋商的主要目的和圆满结果。

在国际贸易中,交易磋商是买卖双方为达成进出口交易合同就买卖商品的条件进行的磋商。交易磋商的好坏直接关系将来买卖双方之间的权利、义务和经济利益,是买卖合同签订的基础和做好交易的关键所在。为此要求磋商谈判人员不仅要有认真负责的工作态度,熟悉掌握国际贸易合同条款内容、订立方法,而且还要熟悉掌握交易磋商谈判的策略技巧,熟悉掌握国际贸易方面的政策、法规和惯例。

一、交易磋商的形式

(一)口头磋商

口头磋商主要是指在谈判桌上面对面的谈判,如参加各种交易会、洽谈会,以及贸易小组出访、邀请客户来华洽谈交易等。此外,还包括双方通过国际长途电话进行的交易磋商。口头磋商方式由于是面对面的直接交流,便于了解对方的诚意和态度、采取相应的对策,并根据进展情况及时调整策略,达到预期的目的。口头磋商比较适合谈判内容复杂、涉及问题较多的业务,如大型成套设备交易谈判。

(二)书面磋商

书面磋商是指通过信件、电报、电传等方式来洽谈交易。目前,多数企业使用传真进行洽谈;有的已开始使用电子邮件磋商交易。随着现代通信技术的发展,书面洽谈越来越简便易行,成本费用低廉。在国际贸易中,买卖双方通常采用书面方式磋商交易。

采用书面方式磋商时,写作往来函件一般需要注意遵循以下三个原则。

1. 简明

商务函电讲究实效,无须许多客套和拐弯抹角的内容,而应以简单明了的语言直接说明要点。

2. 清晰

商务函电的目的是达成交易,函件内容必须清晰、正确。

3. 礼貌

我们的目的是与客户建立长远的业务联系,采用正式而礼貌的用语是必要的,尤其是在向对方索赔或申诉时。如何掌握好分寸,既能着眼今后的业务合作,又能达到目的,是一门很大的学问。

【应用实例 2-1】

> 8 月 8 日 T. K. 公司对长城公司的询盘
> From: T. K. Trading Co., Ltd.
> Aug. 8, 2004
> To: Great Wall Company
> Attn: Julia
> Please quote alarm clocks art No. 102N & 103N 2000 pcs respectively shipment Nov.

二、交易磋商的内容

交易磋商的内容涉及拟签订的买卖合同的各项条款,包括品名、品质、数量、包装、价格、装运、支付、保险,以及商品检验、索赔、仲裁和不可抗力等。其中以前七项为主要内容或主要交易条件(特殊情况可以例外,例如签订一份一万吨小麦的合同,检验方法对双方都很重要,它就有可能上升为主要交易条款)。买卖双方欲达成交易、订立合同,必须至少就这七项交易条件进行磋商并取得一致意见。至于其他交易条件,特别是检验、索赔、不可抗力和仲裁,它们虽非成立合同不可缺少的内容,但是为了提高合同质量,防止和减少争议的发生以及便于解决可能发生的争议,买卖双方在交易磋商时也不容忽视。

三、交易磋商的程序

交易磋商的程序一般分为询盘、发盘、还盘、接受四个环节。其中,发盘和接受是达成交易的基本环节,是合同成立的要件。国际贸易中,买卖双方无论是采取口头方式磋商,还是采取书面方式磋商,均需要通过发盘和接受达成交易。

(一) 询盘(enquiry)

1. 询盘的概念

询盘,也称发盘邀请,是指交易的一方有意购买或出售某一种商品,向对方询问买卖该商品的有关交易条件,是准备购买或出售商品的人向潜在的供货人或买主探询该商品的成交条件或交易的可能性的业务行为。

发盘邀请是一种事实行为,不具有法律上的约束力,也不是每笔交易必经的程序。

从实践上来看,询盘的内容可以只询问价格,也可以询问其他一项或几项交易条件,也可以索取样品。其中多数是询问成交价格,因此,在实际业务中,也有人把询盘称作询价。询盘可由买方发出,也可由卖方发出,可采用口头方式,亦可采用书面方式。在商业活动中,有些公司经常向交易对方寄送报价单(quotation)、价目表(price list)及商品目录(catalogue)等,其内容可能包括价格、品质、规格、数量等,这些都属于询盘,其目的是吸引对方向自己提出订货单。另外,如果发出询盘的一方只是想探询价格,并希望对方开出估价单,则对方根据询价要求所开出的估价单只是参考价格,并不是正式的报价,因而也不具备发盘的要件(即不是发盘),仍然属于发盘邀请。

询盘的内容可以涉及某种商品的品质、规格、数量、包装、价格和装运等成交条件。

2. 询盘策略

询盘对询盘人和被询盘人均无法律约束力。国际贸易中,询盘常被交易一方用来试探对方对交易的诚意或试探国际市场价格。作为被询盘的一方,在收到对方的询盘后,必须认真对其进行分析,针对不同的询盘目的或背景,做出不同的处理和答复。

3. 注意问题

询盘不是交易磋商的必经步骤,但往往是一笔交易的起点。询盘中,当事人一般需要注意以下问题。

(1) 询盘不一定要有"询盘"(enquiry)字样,凡含有询问、探询交易条件或价格方面的意思表示均可做询盘处理。

(2) 业务中询盘虽无法律约束力,但当事人在考虑询盘时应尽量避免只是询价而不购买或不售货,以免失掉信誉。

(3) 询价时,询价人不应只考虑如何询问商品的价格,也应注意询问其他交易条件,争取获得比较全面的交易信息或条件。

(4) 要尊重对方询价,对对方询价,无论是否出售或购买,均应及时处理与答复。

(5) 询盘可以向一个或几个交易对象发出,但不应在同时期集中做出,以免暴露我方销售或购买意图。

【应用实例 2-2】

询盘的撰写

We are one of the leading importers of TV sets in the city and are willing to establish business relations with your corporation. For the time being, we are interested in your TV sets, details as per our Enquiry Note No. 5678 attached, and will be glad to receive your lowest quotation as soon as possible. We would like to say that if your price is attractive and delivery date acceptable, we will place a large order with you immediately.

(我方为本城最大的电视机进口商之一,欲与贵公司建立业务联系,目前对电视机感兴趣,详见随函附上的第 5678 号询价单,请尽快答复。如价格合理、装运期可以接受,我方会下大订单。)

(一) 发盘(offer)

【应用实例 2-3】

8月10日长城公司对 T.K. 公司的发盘

From: Great Wall Company
Aug. 10, 2000
To: T. K. Trading Co., Ltd.
Attn: Mr. Lee
Offer alarm clock art No. 102N & 103N 2000 pcs respectively 50 pcs to a carton USD4.00/pc CIF Hamburg shipment Nov. sight L/C reply 15th here.

1. 发盘的概念

发盘也称发价,法律上称为要约,是一方当事人(发盘人)向另一方当事人(受盘人)提出各项交易条件,并且愿意按这些条件与受盘人达成交易、订立合同的意思表示,有法律约束力。实际业务中,发盘通常由交易一方在收到另一方的询盘后提出,也可在没有对方询盘情况下直接主动提出。发盘可以由买方提出,也可以由卖方提出;可以是书面的,也可是口头的。有人还把发盘分为实盘和虚盘。实盘(firm offer)就是通常所说的发盘,是一项有效发盘,即内容明确、完整且无保留条件的发盘,是一项能够使合同成立的发盘。只要受盘人接受发盘中的主要交易条件,发盘人不能拒绝签约。虚盘(non-firm offer)是指内容欠明确、完整,或是带有保留条件的发盘,实质上是一种发盘邀请。发盘人有某种保留,而且并无肯定订立合同的意图。虚盘对发盘人和受盘人都无约束力,发盘人可随时撤回、撤销和修改内容,而受盘人对虚盘表示接受,需要经发盘人的确认。通常虚盘的最后都标有"以我方最后确认为准(subject to our final confirmation)"或"以我方货未售出为准(subject to goods being unsold)"等字样。

按照法律规定,一项发盘必须具备以下条件(即构成发盘的要件)。

1) 发盘应向一个或一个以上特定的人(specific person)提出

向特定的人提出,即指向有名有姓的公司或个人提出。提出此项要求的目的在于把发盘同普通的商业广告公众散发的商品价目单等行为区别开来。对发盘问题,各国法律规定不一。CISG 对此问题持折中的态度。CISG 规定:非向一个或一个以上特定的人提出建议,仅应视为邀请提出发盘,除非提出建议的人明确表示相反的意向。根据此项规定,商业广告本身并不是一项发盘,通常只能视为邀请对方提出发盘。但是如果商业广告的内容符合发盘的条件,则此广告也可作为一项发盘。由此可见,这并不是说法律要严格禁止要约向不特定的人发出。一方面,法律在某些特定情况下允许向不特定的人发出要约,如商业广告。另一方面,要约人愿意向不特定的人发出要约,并自愿承担由此产生的后果,在法律上也允许的。但向不特定人发出要约,必须具备两个要件:其一,必须明确表示其做出的建议是一项要约而非要约邀请;其二,必须明确承担向多人发出要约的责任。

2) 发盘内容必须十分确定(sufficiently definite)

根据 CISG 的规定,发盘的内容必须十分确定。所谓十分确定,即指在提出订约建议中至少应包括下列三个基本要素。

(1) 应标明货物的名称。

(2) 应明示或默示地规定货物的数量或规定的方法。

(3) 应明示或默示地规定货物的价格或规定确定价格的方法。

凡包含上述三项基本因素的订约建议即可构成一项发盘。如该发盘被对方接受,买卖合同即告成立。

关于构成一项发盘究竟应包括哪些内容的问题,各国法律规定不尽相同,有些国家的法律要求对合同的主要的条件,如品名、品质、数量、包装、价格、交货时间与地点以及支付的办法等,都要有完整、明确、肯定的规定,并不得附有任何保留的条件,以便受盘人一旦接受即可签订一项对买卖双方均有约束力的合同。CISG 关于发盘内容的上述规定,只是对构成发盘的起码要求。在实际业务中,如发盘的交易条件太少或过于简单,会给合同的履行带来困难,甚至容易引起争议。因此,我们在对外发盘时,最好将品名、品质、数量、包装、价格、交货时间、地点和支付办法等主要交易条件一一列明。

3）发盘人须有一旦发盘被接受即受约束的意思

此要件也称为"有订立合同的意旨"。发盘是订立合同的建议，这个意思应体现在发盘之中，例如：使用表示发盘的术语，如"发盘""不可撤销发盘""递盘""不可撤销递盘""实盘""订购""订货"等；或明确规定有效期"限××日复到有效"。

若发盘人只是就某些交易条件建议双方进行磋商，而根本没有受其建议约束的意思，则此项建议就不能被认为一项发盘。例如：发盘人在其提出的订约建议中加注诸如"仅供参考""须以发盘人的最后确认为准"或其他保留条件，这样订约的建议不是发盘。

4）发盘人须送达受盘人

对以书面形式做出的发盘的生效时间各国法律都有不同观点，英国、美国、法国采用投邮主义或发信主义，称为"投邮生效"，即接受通知一经投出或交给电报局，就立即生效；大陆法采用到达主义或受信主义，称为"到达生效"；CISG 和我国合同法采用到达主义。

到达，是指到达受要约人所能控制的地方，比如要约信件、电报送到受要约公司的传达室。至于受要约人的法定代表人或负责人是否看到要约，不影响要约的生效。道理很清楚，如果受要约人的法定代表人或负责人看到要约，要约才生效，要约的有效期会无限制地延长，受要约人事实上会控制要约的有效期，这样就会使要约人处于非常不利的地位。

数据电文是一种书面形式。"采用数据电文形式订立合同，收件人指定特定系统接收数据电文的，该数据电文进入指定特定系统的时间，视为到达时间；未指定特定系统的，该数据电文进入收件人的任何系统的首次时间，视为到达时间"（《中华人民共和国合同法》第 16 条第 2 款）。

【应用案例 2-1】

> 1. 广告 A：甲公司 7 月 1 日通过报纸发布广告，称其有某型号的电脑出售，每台售价 8000 元，"随到随购，数量不限"，广告有效期至 7 月 30 日。广告 B：甲公司 7 月 1 日通过报纸发布广告，称其有某型号的电脑出售，每台售价 8000 元，"欲购从速，数量有限"，广告有效期至 7 月 30 日。请分析上述两个广告是发盘还是询盘？
>
> 2. 某公司在一份报纸上刊登了一则广告，意思是如果有人能够解决该公司的一个技术问题，将提供 10 万美元奖金。该公司的这则广告是否构成发盘？
>
> 3. 甲公司向乙公司发出了一份报价单。报价单上载明了货物的价格、数量和规格等。乙公司随即向甲公司寄回了订单。这时，甲公司与乙公司达成了合同关系了吗？

2. 发盘撰写

发盘因撰写情况或背景不同，在内容、要求上也有所不同。但从总的情况来看，其结构一般包括下列内容。

（1）感谢对方来函，明确答复对方来函询问事项。如：Thank you for your enquiry for…

（2）阐明交易的条件（品名、规格、数量、包装、价格、装运、支付、保险等）。如：For the Butterfly Brand sewing machine, the best price is USD 79.00 per set FOB Tianjin.

（3）声明发盘有效期或约束条件。如：In reply we would like to offer, subject to

【以……为条件,以……为准】your reply reaching us before…
(4) 鼓励对方订货。如:We hope that you place a trial order with us.

【应用实例 2-4】

> **发盘的撰写**
>
> We thank you for your enquiry of July 10th, asking us to make you a firm offer for black tea. We have sent a letter this morning, offering you 50 metric tons of black tea, at USD ××× net per metric ton CFR Shanghai for shipment during November/December subject to your order reaching here by July 30th.
>
> (感谢7月10日的询价。今晨已经去函,报50公吨红茶每公吨×××美元CFR上海净价,装运期为11月和12月,以7月30日前复到为准)。

3. 注意问题

1) 发盘约束力

发盘具有法律约束力。发盘人发出发盘后不能随意反悔,一旦受盘人接受发盘,发盘人就必须按发盘条件与对方达成交易并履行合同(发盘)义务。因此,同询盘相比,发盘更容易得到受发盘人的重视,有利于双方迅速达成交易。但它也因此缺乏必要的灵活性。发盘时如果市场情况估计有误,发盘内容不当,发盘人就会陷入被动。发盘人在做出发盘前必须弄清上述问题。如果发盘,必须对发盘价格、条件进行认真的核算、分析,确保发盘内容的准确,以免陷于被动。

2) 发盘生效时间

CISG 规定发盘在"到达受盘人时生效"。CISG 的这一规定,对发盘人来讲具有非常重要的意义。这种意义主要表现在发盘的撤回和撤销上。

(1) 发盘的撤回。发盘的撤回是指发盘人在发出发盘之后,在其尚未到达受盘人之前,即在发盘尚未生效之前,将发盘收回,使其不发生效力。由于发盘没有生效,因此发盘原则上可以撤回。对此,CISG 规定:一项发盘,即使一项不可撤销的发盘都可以撤回,只要撤回的通知在发盘到达受盘人之前或与其同时到达受盘人。业务中如果我们发现发出的发盘有误即可按 CISG 的精神采取措施以更快的通信联络方式将发盘撤回(发盘尚未到达受盘人)。如:以信函方式所做发盘,在信函到达之前,即可用电报或传真方式将其撤回。

(2) 发盘的撤销。发盘的撤销指发盘人在其发盘已经到达受盘人之后,即在发盘已经生效的情况下,将发盘取消,废除发盘的效力。在发盘撤销这个问题上,英美法系国家和大陆法系国家存在着原则上的分歧。CISG 为协调解决两大法系在这一问题上的矛盾,一方面规定发盘可以撤销,一方面对撤销发盘进行了限制。CISG 第 16 条第 1 款规定:在未订立合同之前,发盘可以撤销,但撤销通知必须于受盘人做出接受之前送达受盘人。CISG 第 16 条第 2 款则规定,下列两种情况下,发盘不得撤销:

①发盘中已经载明了接受的期限,或以其他方式表示发盘是不可撤销的。

②受盘人有理由信赖该发盘是不可撤销的,并已经本着对该项发盘的信赖行事。

CISG 的这些规定主要是为了维护受盘人的利益、保障交易的安全。我国是 CISG 的缔约国,我国企业在同营业地处于其他缔约国企业进行交易,一般均适用 CISG。因此,我们必须对 CISG 的上述规定予以特别的重视和了解。

【应用案例 2-2】

1. 英国 A 商于 5 月 3 日向联邦德国 B 商发出一项要约（发盘），供售某商品一批，B 商于收到该要约的次日（5 月 6 日）上午答复 A 商，表示完全同意要约内容。但 A 商在发出要约后发现该商品行情趋涨，遂于 5 月 7 日下午致电 B 商，要求撤销其要约。A 商收到 B 商承诺（接受）通知的时间是 5 月 8 日上午。

试问（简要回答）：

(1) 若按英国法律，A 商提出撤销要约的要求是否合法？

(2) 若此案适用 CISG，A、B 双方是否存在合同关系？

2. 我国某对外工程承包公司于 5 月 3 日以电传请意大利某供应商发盘出售一批钢材。我国某对外工程承包公司在电传中声明：要求这一发盘是为了计算一项承造一幢大楼的标价和确定是否参加投标之用；我国某对外工程承包公司必须于 5 月 15 日向招标人送交投标书，而开标日期为 5 月 31 日。意大利某供应商于 5 月 5 日用电传就上述钢材向我发盘。我国某对外工程承包公司据以计算标价，并于 5 月 15 日向招标人递交投标书。5 月 20 日意大利某供应商因钢材市价上涨，发来电传通知撤销他 5 月 5 日的发盘。我国某对外工程承包公司当即复电表示不同意撤销。于是，双方为能否撤销发盘发生争执。至 5 月 31 日招标人开标，我国某对外工程承包公司中标，随即电传通知意大利某供应商我国某对外工程承包公司接受其 5 月 5 日的发盘。但意大利某商坚持该发盘已于 5 月 20 日撤销，合同不能成立。而我国某对外工程承包公司则认为合同已经成立。对此，双方争执不下，遂协议提交仲裁。试问，如果你为仲裁员，将如何裁决？说明理由。

3) 发盘有效期（time of validity 或 duration of offer）

发盘有效期是发盘人受其发盘约束的期限。

【引导案例 2-1】

一法国商人于某日上午走访我国某外贸企业洽购某商品。我国某外贸企业口头发盘后，对方未置可否。当日下午法国商人再次来访，表示无条件接受我国某外贸企业上午的发盘，那时，我国某外贸企业已获知该项商品的国际市场价格有趋涨的迹象。对此，你认为我国某外贸企业应如何处理为好，为什么？

国际贸易中，发盘有效期有两种表现形式。

(1) 明确规定有效期限。

如：The offer holds good until 5 o'clock p.m. June 23, 2000, Beijing time（报价有效期到 2000 年 6 月 23 日下午 5 点，北京时间）。Offer subject reply reaching here ninth our time（发盘限 9 日复到，以我方时间为准）。

明确规定有效期时，有效期的长短是一重要问题，有效期太短，对方无暇考虑，有效期太长，发盘人承受风险也就大。适度把握有效期长短对交易双方都很重要。当事人必须根据货物、市场情况、双方距离以及通信方式的不同来合理确定。一般来说，发盘有效期以 3～5 天和明确有效期的起止日期和到期地点最为适宜。如：Our offer is for 3 days/

Our offer is valid within 3 days.(我们的报盘三天有效)。采取此类规定方法关于期限的计算,按 CISG 第 20 条的规定,若发盘人是以电传或传真方式发出的,有效期从发盘送达受盘人时计算。若发盘人是以电报或信件方式发出的,则有效期应从电报交发时刻或信上载明的发信日期起算,如信上未载明发信日期,则以信封上所载日期起算。发盘人以电话、电传或其他快速通信方法规定的接受期间,从发盘送达受盘人时起算。如果由于时限的最后一天在发盘人营业地是正式假日或非营业日,则应延至下一个营业日。此外,当发盘规定有效期时,还应考虑交易双方营业地点不同产生时差的问题。

(2) 采用合理期限。

明确规定有效期限不但很少发生争议而且还可促进成交,这种发盘有效期限使用较多,但不能撤销;如未规定有效期,则必须在"依照常情可期待得到承诺的期间内"(大陆法系)或在"合理的时间内"(英美法系)接受,容易产生争议,但在对方没有接受前可以撤销。采用何者,应视情况而定。

CISG 第 18 条第 2 款规定为"合理的时间",但是"合理的时间"应该是多长,公约并未做出进一步的具体规定。一般这种"合理的时间"长短的确定应考虑"交易的情况"而定。比如,发盘人使用较快速的通信方式发盘,货物又属于时令性很强的或鲜活商品,且这种商品的国际市场价格波动很大,则此时接受的"合理的时间"就应短些。如来盘使用"电复(cable reply)""急复(reply urgently)"等字样,一般宜在 24 小时内做出答复。

根据 CISG 的规定,采用口头发盘时,除发盘人发盘时另有声明外,受盘人只能当场表示接受为有效。

4) 发盘的终止

发盘终止是指发盘失去效力。发盘终止有四种情况:

(1) 受盘人拒绝或还盘。
(2) 发盘人撤销自己的发盘。
(3) 发盘中规定的有效期已届满或"合理期限"已过。
(4) 发生了不可抗力事故,如政府禁令或战争等。
(5) 发盘人失去行为能力或死亡或破产等。

【应用实例 2-5】

T.K. 公司和长城公司的相互还盘

From:T. K. Trading Co.,Ltd.
　　　Aug. 12,2002
To:Great Wall Company
Attn:Julia
　　Referring your offer 10th please allow 4% commission & 2% discount.
From:Great Wall Company
　　　Aug. 14,2002
To:T. K. Trading Co.,Ltd.
Attn:Mr. Lee
　　Referring your counter offer 12th 3000 pcs respectively 3% commission USD4.1/pc reply immediately.

交易中,不论哪种原因导致发盘终止,此后发盘人均不再受其发盘的约束。

【应用案例 2-3】

> 某进出口公司向国外某商人发出询盘,询购某商品,不久,某进出口公司收到对方 8 月 15 日的发盘,发盘有效期至 8 月 22 日。某进出口公司于 8 月 20 日向对方复电:"若价格能降至 56 美元/件,我方可以接受。"对方未做答复。8 月 21 日某进出口公司得知国际市场价格上涨,于当日又向对方去电表示完全接受对方 8 月 15 日的发盘。问:某进出口公司的接受能否使合同成立? 为什么?

(三) 还盘(counter offer)

1. 还盘的概念

还盘又称还价,指受盘人在接到发盘后,不同意或不完全同意发盘人在发盘中提出的条件,为进一步磋商交易对发盘提出修改意见。还盘可以用口头方式也可用书面方式。

2. 还盘的法律意义

还盘在法律上称为反发盘,是对发盘的一种拒绝,还盘一经做出,原发盘即失去效力,发盘人不再受其约束。一项还盘等于受盘人向原发盘人提出的一项新的发盘。还盘做出后,还盘的一方与原发盘人在地位上发生改变。还盘人由原来的受盘人变成新发盘的发盘人,而原发盘人则变成了新发盘的受盘人。新受盘人有权针对还盘内容进行考虑,接受、拒绝或者再还盘。

对发盘内容做了实质性变更,则构成还盘。CISG 和我国合同法均对实质性变更发盘内容的情形做了规定。

此外,对发盘表示有条件的接受,也是还盘的一种形式。例如,受盘人在答复发盘人时附加有"以最后确认为准""未售有效"等规定或类似的附加条件,这种答复,就只能视为还盘或邀请发盘还盘的内容,凡不具备发盘条件就是"邀请发盘"。

贸易谈判中,一方在发盘中提出的条件与对方能够接受的条件不完全吻合的情况经常发生,特别是在大宗交易中,很少有一方一发盘即被对方无条件全部接受的情况。因此,虽然从法律上来讲,还盘并非交易磋商的必经环节,但在实际业务中,还盘的情况还是很多。有时一项交易须经过还盘、再还盘等多次讨价还价,才能做成。

3. 还盘注意的问题

(1) 还盘可以明确使用"还盘"字样,也可不使用,只是在内容中表示对发盘的修改。

(2) 还盘可以针对价格,也可以针对交易商品的品质、数量、装运、支付或者价格。

(3) 还价时,一般只针对原发价提出不同意见和需要修改的部分,已同意的内容在发价中可以省略。

(4) 接到还价(盘)后要与原发价(盘)进行核对,找出还价(价)中提出的新内容,结合市场变化情况和我方销售意图认真对待和考虑。

4. 对买方还盘的答复

国际贸易中,最常见的还盘是买方对卖方发盘价格的还盘。遇到此种还盘时,卖方一般可按以下方法予以处理和答复。

(1) 感谢来函或肯定自己的产品质量等,但不能接受其还价。如:Thank you for your fax of June 5. We regret to say that we cannot accept your counter offer.

(2) 强调原价格的合理性并陈述理由。如：Although we are desirous of meeting your requirements, we regret being unable to comply with your request for price reduction. The price we quoted is accurately calculated. We have cut our profit to the minimum.

【应用实例 2-6】

还盘的撰写

We are in receipt of your letter of April 20 offering us 100 sets of the captioned goods at USD ××× per set. While appreciating the quality of your computers, we find your price is too high. Some computers of similar quality from other countries have been sold here at a level about 30% lower than yours. Should you be ready to reduce your limit by, say 10%? We might come to terms. It is hoped that you would seriously take this matter into consideration and let us have your reply soon.

（已经收到你方 4 月 20 日来信，报 100 台标题货物每台×××美元。计算机质量不错，但是价格太高。其他国家的类似质量的产品有些低于你方价格的 30%，如果可以降价，比如 10%，我们就可以成交。希望你能认真考虑这件事，请尽速答复。）

（四）接受（acceptance）

【应用实例 2-7】

长城公司对 T.K. 公司的接受

From: Great Wall Company
　　　　Aug. 15, 2002
To: T. K. Trading Co., Ltd.
Attn: Mr. Lee
　　Referring your counter offer yesterday accepted. Please sign confirmation and send back.

1. 接受的含义

接受在法律上称"承诺"，是买方和卖方同意对方在发盘中提出的各项交易条件，并愿意按这些条件与对方达成交易、订立合同的一种肯定的表示。承诺是合同成立的标志，它对双方均有法律约束力。

按法律和惯例，一方的发盘经另一方接受，交易即告达成，合同即告成立，双方就应分别履行其所承担的合同义务。

【引导案例 2-2】

香港某中间商 A，就某商品以电传方式邀请我方发盘，我方于 6 月 8 日向 A 方发盘并限 6 月 15 日复到有效。12 日我方收到美国 B 商人按我方发盘条件开来的信用证，同时收到中间商 A 的来电称："你 8 日发盘已转美国 B 商"。经查

> 该商品的国际市场价格猛涨,于是我将信用证退回开证银行,再按新价直接向美国 B 商人发盘,而美国 B 商人以信用证于发盘有效期内到达为由,拒绝接受新价并要求我方按原价发货,否则将追究我方的责任。问对方的要求是否合理?为什么?

一项有效的接受一般须具备以下条件。

1)接受必须由受盘人做出

由于发盘是向特定的人提出的,因此,只有特定的人才能对发盘做出接受,由第三者做出接受,不能视为有效接受,只能作为一项新的发盘。

2)接受以声明或行为方式表示

接受是一种肯定的表示,这种表示可以是做出声明,也可以是做出某种行为。例如,卖方用发运货物,买方用支付价款等来表示。再如,发盘中要求预付 20% 的货款,受盘人在收到该发盘后就支付了这 20% 的预付款,以此表示对发盘的接受。

沉默或不行为本身并不等于接受,如盘人收到发盘后,不采取任何行动对发盘人做出反应,而只是保持缄默,这就不能认为是对发盘表示接受。因为从法律责任来看,受盘人一般并不承担对发盘必须进行答复的义务,但是,如沉默或不行为与其他因素结合在一起,足以为使对方确信沉默或不行为是同意的一种表示即可构成接受。假定交易双方有协议或按业已确认的惯例与习惯做法,受盘人的缄默也可变成接受。比如:交易双方均为老客户,根据原协定协议、惯例或习惯做法,几年来卖方一直按定期的订货单发货,并不需要另行通知对方表示接受其订货单,若有卖方收到买方订货单后,既不发货也不通知买方表示拒绝其订货单,在此情况下卖方的缄默不行为就等于接受,买方就可以控告卖方违约。

3)接受的内容必须与发盘相符

根据 CISG 的规定,一项有效的接受必须是同意发盘所提出的交易条件。只能接受发盘部分内容,或对发盘条件提出实质性的修改,或提出有条件接受,均不能构成接受,而只视作还盘。但是若受盘人表示接受时对发盘内容提出某些非实质性的添加、限制和更改,比如要求增加重量单、装箱单、原产地证明或某些单据的份数等,除非发盘人在不过分迟延期间内以口头或书面通知反对其间的差异外,仍构成接受,从而使合同成立。在此情况下,合同的条件就以该发盘条件以及接受中所提出的某些更改为准。

从原则上来讲,接受应是无条件的,有条件的接受,不能视为有效的接受,而是一项反发盘。对有条件的接受,CISG 做出以下规定:

CISG 第 19 条第 1 款:对发盘表示接受但载有添加、限制或其他更改的答复,应视为对发盘的拒绝并构成还盘。

CISG 第 19 条第 2 款:对发盘表示接受但载有添加或不同条件的答复,如所载的添加或不同条件在实质上并不变更该项发盘的条件,则除发盘人在不过分延迟的期间内以口头或书面通知反对其间的差异外,仍构成接受,合同仍可有效成立。

CISG 第 19 条第 3 款:凡在接受中对下列事项做了添加或变更,均认为在实质上变更了发价的条件:①货物的价格;②付款;③货物的质量与数量;④交货的时间与地点;⑤当事人的赔偿责任范围;⑥解决争议的方法。

根据 CISG 的规定,发盘人在收到受盘人发来的有条件的接受后,须首先断定其添加或修改的性质。如果这种添加或修改是"实质性"的,则应将其按还盘处理,即使发盘人没有提出异议,合同也不成立;但如果这种添加或修改是"非实质性"的,且发盘人不及时提出反对,则对方的接受有效,双方合同成立。

《中华人民共和国合同法》(以下简称《合同法》)对哪些属于实质性变更做了规定:承诺的内容应当与要约的内容一致。受要约人对要约的内容做出实质性变更的,为新要约。有关合同标的、数量、质量、价款或者报酬、履行期限、履行地点和方式、违约责任和解决争议方法等的变更,是对要约内容的实质性变更。

【应用案例2-4】

> 1. 甲公司给乙公司发出要约,要卖给乙公司50吨枣庄小枣。要约中条款齐全,乙公司表示接受,同时提出,甲公司发货时应附有产地证明书。请问:合同成立了吗?
> 2. 我国某出口公司于2月1日向美商报出某农产品,在发盘中除列明各项必要条件外,还表示"Packing in sound bags"。在发盘有效期内美商复电称"Refer to your telex first accepted, packing in new bags"。我国某出口公司收到上述复电后,即着手备货。数日后,该农产品国际市场价格猛跌,美商来电称:"我方对包装条件做了变更,你方未确认,合同并未成立。"而我国某出口公司则坚持合同已经成立,于是双方对此发生争执。你认为,此案应如何处理?试简述理由。

4) 接受必须在发盘有效期内送达发盘人

当发盘规定了接受的时限时,受盘人必须在发盘规定的时限内做出接受方能有效;如发盘没有规定接受时限,则受盘人应在合理的时间内做出接受。何谓"合理的时间"往往有不同的理解。为了避免争议,最好在发盘中明确规定接受的具体时限。

以书面形式做出的接受的生效时间与发盘生效的规定一致,英美法系采用投邮生效,大陆法采用到达生效,CISG和我国合同法采用到达生效。

此外,接受还可以在受盘人采取某种行为时生效。按CISG规定,如根据发盘或依照当事人业已确定的习惯做法或惯例,受盘人可以做出某种行为来表示接受,而无须向发盘人发出接受通知。例如发盘人在发盘中要求"立即装运",则受盘人就可做出立即发运货物的行为对发盘表示同意,而且这种以行为表示的接受在装运货物时立即生效,合同即告成立,发盘人就应受其约束。

5) 接受的传递方应符合发盘的要求

发盘人在发盘时,有的具体规定了接受传递的方式,也有未做规定的,如发盘没有规定传递方式,则受盘人可按发盘所采用的或采用比较快的传递的方式将接受通知送达发盘人。

2. 接受的撤回

CISG规定:接受可以撤回,只要撤回的通知能于该项接受生效之前或与其同时到达发盘人。根据CISG这一规定,如果交易磋商的一方,在交易磋商中做出错误接受表示,该方可以在该接受送达对方之前,采取措施阻止接受生效,即明确地向发盘人发出撤回通知且使该通知于接受生效之前或与其同时到达发盘人。

3. 逾期接受

按照各国的法律,逾期接受不能认为是有效的接受,而只是一项新的发价。CISG 也认为逾期的接受原则上无效。但为了有利于双方合同的成立,CISG 对逾期的接受也采取了一系列灵活的处理方法。

CISG 第 21 条第 1 款规定:逾期接受仍具有接受的效力,只要发盘人毫不迟延地以口头或书面的方式将此种意见通知发盘人。

CISG 第 21 条第 2 款规定:如果载有逾期接受的信件或其他书面文件表明,依照它寄发时的情况,只要邮递正常,本来应能够及时送达发盘人(但事实却由于传递的延误而迟到),则此项逾期接受应认为具有接受的效力,除非发盘人毫不迟延地用口头和书面的方式通知受盘人,表示他的发盘已因接受预期而失效。

根据 CISG 这两条规定,发盘人收到受盘人送来的逾期接受时,应认真查明造成接受逾期的原因,然后根据造成接受逾期的不同原因,进行不同的处理。如果这种逾期是受盘人本人原因造成的,则这种逾期接受无效,不能导致合同成立;但如果这种逾期不是受盘人本人原因而是邮递原因造成的,则该逾期接受是否有效主要应看发盘人的态度,即看其是否及时向对方表明其发盘已经失效。如果发盘人向对方表明了这一点,则对方接受无效合同不成立;但如果发盘人没有向对方表明其发盘已经失效,则对方接受仍然有效,合同成立。对这一点,我们也应灵活运用与把握。

【应用案例 2-5】

1. 我国某进出口公司向国外某客商询售某商品,不久我国某进出口公司接到外商发盘,有效期至 7 月 22 日。我国某进出口公司于 7 月 24 日用电传表示接受对方发盘,对方一直没有音讯。因该商品供求关系发生变化,市价上涨,8 月 26 日对方突然来电要求我国某进出口公司必须在 8 月 28 日前将货发出,否则,我国某进出口公司将要承担违约的法律责任。问:我国某进出口公司是否应该发货?为什么?

2. 我国某出口企业根据某法商询盘,发盘销售某货物,限对方 5 日复到有效。法商于 4 日发电报表示接受。由于电报局投递延误,该电报通知于 6 日上午始送达我国某出口企业。此时,我国某出口企业鉴于市价上升,当即回电拒绝。但法商认为接受通知迟到不是他的责任,坚持合同有效成立,而我国某出口企业则不同意达成交易,于是诉讼法院。你认为法官应如何判决?假如我国某出口企业在接电后未予拒绝,法官应如何判决?说明理由。

3. 接受应注意的问题

国际贸易中,表示接受的可以是买方,也可以是卖方。

如果是我方表示接受,一般应注意以下几个问题。

①接受时应慎重对洽商的函电或谈判记录进行认真核对,经核对认为对方提出的各项交易条件确已明确、肯定、无保留条件时,再予接受。

②接受可以简单表示,如"你 10 日电接受",也可详细表示,即将洽商的主要交易条件再重述一下,表示接受。一般来讲,对一般交易的接受,可采用简单形式表示,但接受电报、电传或信函中须注明对方来电、信函的日期或文号;对大宗交易或交易洽商过程比较复杂的,为慎重起见,在表示接受时,应采用详细叙述主要交易条件的形式。

③表示接受应在对方报价规定的有效期之内进行,并严格遵守有关时间的计算规定。

④表示接受前,详细分析对方报价,准确识别对方函件性质是发盘还是询盘,以免使自己被动或失去成交的机会。

由国外客户表示接受时,应注意的问题:

①收到国外客户接受后,要认真分析客户接受的有效性,根据客户接受情况及我方经营意图,正确处理把握合同成立与不成立的法律技巧。

②注意贯彻"重合同、守信用"的原则,只要对方接受有效,即使情况变化对我方不利,我们仍应同客户达成交易、订立合同,维护我方信誉。

【应用实例 2-8】

> **接受的撰写**
>
> Thank you for your fax today.
>
> After due consideration, we decide to accept your price. Now we confirm supplying the working boots on the following terms and conditions:……
>
> We will send you our sales confirmation for your signature.
>
> Thank you for your cooperation.
>
> (首先感谢您今日的传真。经过再三考虑,我方决定接受您的价格。现确认工作靴按下列条款和条件供应:……我们将会寄给您我们的销售确认书,请签字。感谢您的合作。)

任务 2 合同的签订

国际贸易中,当交易一方提出发盘,交易另一方做出有效接受之后,买卖双方之间即达成买卖合同关系。买卖双方在交易磋商过程中的往来函电即为双方买卖合同的书面证明。但在实际业务中,买卖双方达成协议后,通常还要制作书面合同或成交确认书将各自权利与义务用书面方式加以明文确定,这就是合同的签订。

【引导案例 2-3】

> 我国某公司就某商品的进口事宜与国外某客户进行洽谈,经过双方多次的往来函电,最终使交易达成,但未签订正式的书面合同。根据双方的往来函电表明,对方应于 2001 年 12 月前向我方提供该商品,而直至 2002 年 1 月,对方仍未向我方提供该商品。我方曾多次要求对方履行合约,对方却以未签订正式书面合同为由否认合同已达成。问:双方的交易是否已达成?为什么?

一、合同的成立

(一)合同成立的时间

根据 CISG 的规定,受盘人接受发盘并在发盘有效期内将接受送达发盘人,合同即告成立。我国合同法做了与 CISG 一致的规定:接受生效的时间,就是合同成立的时间。

但在实际业务中,当事人完成要约和承诺程序即订立合同的方式是多样化的。因此,

对合同成立时间的确定也有所不同,对此,我国合同法规定了以下"合同特别成立要件":

(1) 当事人采用合同书形式订立合同的,自双方当事人签字或者盖章时合同成立(《合同法》第 32 条)。签字或盖章不在同一时间的,最后签字或者盖章时合同成立。

(2) 当事人采用信件、数据电文等形式订立合同的,可在合同成立之前要求签订确认书,签订确认书时合同成立(《合同法》第 33 条)。签字或盖章不在同一时间的,最后签字或者盖章时合同成立。

(3) 法定或约定采用书面合同的,当事人未采用书面合同形式但一方已经履行了主要义务,且对方接受的,自接受时该合同成立(《合同法》第 36 条)。

(4) 采用合同书形式订立合同,在签字或者盖章之前,当事人一方已经履行主要义务,对方接受的,该合同成立(《合同法》第 37 条)。

(二) 签订书面合同的意义

1. 作为合同成立的证据

根据法律的要求,凡是合同必须能得到证明,提供证据,包括人证和物证。在用信件、电报或电传磋商时,往来函电就是证明。口头合同成立后,如不用一定的书面形式加以确定,那么它将由于可能不能被证明而不能得到法律的保障,甚至在法律上成为无效。

2. 作为履行合同的依据

国际货物买卖合同的履行涉及很多部门,如以分散的函电为依据,将给履行合同造成很多不便。所以买卖双方不论是通过口头磋商,还是通过信件、电报磋商,在达成交易后,应将谈定的完整的交易条件全面清楚地列明在一个书面文件上,这对进一步明确双方的权利和义务,以及为合同的履行提供更好的依据,具有重要意义。

3. 有时作为合同生效的条件

一般情况下,合同的成立是以接受的生效为条件的。但在有些情况下,签订书面合同却成为合同生效的条件。《合同法》第 10 条第 2 款规定:"法律、行政法规规定采用书面形式的,应当采用书面形式。当事人约定采用书面形式的,应当采用书面形式。"

(三) 书面合同签订注意事项

国际贸易中,买卖双方达成交易后,交易一方即要根据磋商情况填写制作货物买卖合同或确认书。在填写制作货物买卖合同或确认书时,当事人必须注意以下问题:

(1) 合同的内容必须贯彻我国对外贸易的方针、政策,体现平等互利的原则;
(2) 合同条款的内容必须和磋商达成的协议内容相一致;
(3) 合同条款要具体、明确、完善。各条款之间应协调一致,防止互相矛盾;
(4) 文字要简练、严密,避免使用含糊不清或模棱两可的词句。

(四) 签约函

进出口业务中,买卖合同一般由我方制作。合同制作好后,我方应及时将其寄给对方让其签署。寄合同时,我方一般要在合同外附上一封简短的书信——签约函。签约函的内容一般包括:

(1) 对成交表示高兴,希望合同顺利进行。常用的表达方式如:

We are pleased to have concluded business with you in the captioned goods.

(2) 告知对方合同已寄出,希望其予以会签。如:

We are sending you our Sales Confirmation No. 765401 in duplicate. Please sign and return one copy for our file.

（3）催促对方尽早开立信用证。如：

It is understood that a letter of credit in our favour covering the abovementioned goods will be established promptly.

【应用实例 2-9】

签约函的撰写

With reference to our exchanged faxes, we are pleased to come to a deal on working boots of 50 000 pairs at the price of USD19.00 per pair CIFC3% New York for shipment in May. Enclosed you will find our Sales Confirmation No. 06JCMA1234 in duplicate of which please countersign and return one copy to us for our file. We trust you will open the relative L/C at an early date.

（很高兴我们双方在往来传真基础上，达成了 50 000 双工作靴的交易；单价为 19.00 美元/双 CIFC3% 纽约，五月装运。我们已附销售合同 No. 06JCMA1234 一式两份，请签署并回传一份留作存档。相信贵方会尽早开出相应信用证。）

二、合同有效成立的条件

买卖双方就各项交易条件达成协议后，并不意味着此项合同一定有效。根据各国合同法的规定，一项合同，除买卖双方就交易条件通过发盘和接受达成协议外，还需要具备下列有效条件，才是一项有法律约束力的合同。

（一）当事人必须具有签订合同的行为能力和权利能力

合同是平等主体的自然人、法人、其他组织之间设立、变更、终止民事权利义务关系的协议。所谓法人就是具有民事权利能力和民事行为能力，依法独立享有民事权利和承担民事义务的组织。法人需要具备下列几个条件：①依法成立；②有必要的财产或者经费；③有自己的名称、组织机构和场所；④能够独立承担民事责任。而其他组织是指合法成立、有一定的组织机构和财产，但又不具备法人资格的组织，包括：①依法登记领取营业执照的私营独资企业、合伙组织；②依法登记领取营业执照的合伙型联营企业；③依法登记领取我国营业执照的中外合作经营企业、外资企业；④经民政部门核准登记领取社会团体登记证的社会团体；⑤法人依法设立并领取营业执照的分支机构；⑥中国人民银行、各专业银行设在各地的分支机构；⑦中国人民保险公司设在各地的分支机构；⑧经核准登记领取营业执照的乡镇、街道、村办企业；⑨符合本条规定条件的其他组织。

各国的法律都规定，具有行为能力的自然人和法人都有签订合同的能力。但是什么样的自然人才算有行为能力的人，各国规定不同。一般都规定，神智正常的成年人具有行为能力，可以签订合同。但是，各国对成年人年龄的规定各不相同。日本和瑞士规定年满 20 岁的人为成年人；墨西哥规定年满 23 岁的人为成年人。法人的订约能力就是法人的行为能力。法人的行为能力系由法人所具有国籍的国家的公司来决定的。因为法人是按照有关国家的法律正式批准并登记注册的公司或组织，它们经营的业务和进行的法律行为必须符合法人章程的规定。法人行为能力的行使必须由其法定代表或授权代表进行。如公司董事长、总经理或其他代表。因此,在签订进出口贸易合同时就有要求审查法人的行为能力和代表资格,看它有否超越了它的业务范围和章程,它的代表人是否为法定代表人或合法代理人,有否超越了他的代理权限。

我国对进出口合同的签约主体做了一定的限定,例如,规定只有取得对外贸易经营权的企业或其他经济组织,才能签订对外贸易合同,没有取得对外贸易经营权的企业或组织,如果签订对外贸易合同,必须委托有对外贸易经营权的企业代理进行。

【小资料 2-1】

> 新修订的《中华人民共和国对外贸易法》2004年7月1日起正式实施。中华人民共和国商务部制定的《对外贸易经营者备案登记办法》,规定自2004年7月1日起,取消对所有外贸经营主体外贸经营权的审批,改为备案登记制,个人履行法定程序后也可从事经营。长期以来,我国一直实行外贸经营权审批制,而根据加入WTO承诺,我国应于2004年全面放开外贸经营权。外贸经营由审批改为备案登记制,既放开了经营权,促进了经营主体多元化,又可保证对外贸秩序的有效监管和维护。这种备案登记制是一种自动登记的方式,不再是行政审批,不对外贸经营者取得经营权的获得构成任何障碍,只为政府的监管提供一定的信息基础。

(二) 合同必须有对价(consideration)或约因(cause)

对价是指当事人为了取得合同利益所付出的代价,就是一方当事人的允诺、给予或忍耐以交换另一方当事人的允诺、给予或忍耐。例如,某甲对某乙说,如果你能把草地上的草除掉,我就给你钱。这里,钱和除草就存在一种对价,这是英美法系的概念。约因是指当事人签订合同所追求的直接目的。例如:在贸易合同中,卖方交货的最接近和最直接的目的是换取金钱;同样,买方的付款是为了取得货物。因此,在这样的双方合同中,存在着两个约因,即买方付款是卖方交货的约因,而卖方交货又是买方付款的约因。双方当事人之间也是相对给付的关系。这是法国法律的概念。按照英美法系和法国法律的规定,合同只有在有对价或约因时,才是法律上有效的合同,无对价或无约因的合同是得不到法律保障的。按照英美法系的理解,合同是一种允诺,一方的允诺只有在另一方提供相对应利益即代价时才能强制执行。如果没有对价,合同无法强制执行,那么经济活动将无法进行。

【趣味阅读 2-1】

> 被告系某船船长,在伦敦雇了几个海员。在某次航行过程中,因两个海员开小差,被告许诺其他船员如果把船开回目的港,就将开小差船员的工资分给他们。船到达目的地后,船长反悔,辩称这些船员没有向他的许诺提供对价。船员遂起诉。法官认为,两个海员开小差并没有给原告增加新的义务,因此,被告的许诺没有对价,而原告本就负有尽力把船安全开回目的港的合同义务,故驳回原告的诉求。此案例除了说明合同必须有对价或约因外,还说明当事人的合同义务不能构成新的对价。另外,法定义务也不能构成对价。如维护治安是警察的

> 法定义务,故警察不能以其保护了当事人的利益而要求当事人给付报酬。再如,乙常在甲的院子里打小松鼠。甲对乙允诺说:"如果你不再在我的院子里打小松鼠,我就给你钱。"乙按甲的允诺做了但甲没有给乙钱,乙便向法院起诉,要求甲履行自己的诺言。法官认为,乙不在甲院子里打小松鼠的不作为行为本身就是法律上存在的义务,所以乙尽管克制了自己的行为,其不作为行为也不能作为甲允诺给钱的对价。

(三)合同的内容必须合法

许多国家的合同内容都要求必须合法。从广义上来解释,其中包括不得违反法律,不得违反公共秩序或公共政策,以及不得违反善良风俗或道德三个方面。我国合同法规定,违反中华人民共和国法律或社会公共利益的合同无效。但是,合同中违反我国的法律或社会公共利益和条款,如经当事人协商同意予以取消或改正后,则不影响合同的效力。

(四)合同必须符合法律规定的形式

世界大多数国家,只对少数合同才要求必须按法律规定的特定形式订立,而对大多数合同,一般不在法律上规定应当采取的形式,即基本上都采取"不要式原则"。CISG和我国合同法都采取了这一原则。

《合同法》规定:"当事人订立合同,有书面形式、口头形式和其他形式。"(第10条),"承诺生效时合同成立。"(第25条)。

(五)合同当事人的意思表示必须真实

各国法律都认为,合同当事人意思必须是真实的意思,能成为一项有约束力的合同,否则这种合同无效或可以撤销。

《合同法》第52条规定,一方以欺诈、胁迫的手段订立合同,损害国家利益,为无效合同。第54条规定,一方以欺诈、胁迫或者乘人之危,使对方在违背真实意思的情况下订立的合同,受损害方有权请求人民法院或者仲裁机构变更或者撤销。根据以上规定,是否损害国家利益,是一方以欺诈胁迫手段订立的合同无效或者可变更可撤销的重要因素。

三、书面合同的形式、结构和内容

(一)书面合同的形式

国际贸易中,买卖双方使用的货物买卖合同的形式及名称,没有特定限制。只要双方当事人同意,可采用正式的合同、确认书,也可采用协议、备忘录等各种形式。我国对外贸易中,主要使用合同和确认书。

1. 合同

买卖合同是交易中一种非常正式的货物买卖协议。它的内容比较全面、详细,除了交易的主要条件,如品名、品质、数量、包装、价格、交货、支付外,还有保险、商品检验、索赔、不可抗力、仲裁等条件。交易中,由卖方根据磋商结果草拟的称"销售合同",由买方根据协商条件拟订的称"购货合同"。

2. 确认书

确认书是一种内容比较简单的贸易合同。它与前面所说的合同相比,仅是包括买卖交易的主要条件,而不包括买卖交易的一般条件。其中,卖方出具的称"销售确认书",买方出具的称"购货确认书"。

以上两种形式的合同,虽然在格式、条款项目和内容的繁简上有所不同,但在法律上具有同等效力。在我国对外贸易业务中,对大宗商品或成交金额比较大的交易,一般采用合同形式,对金额不大,批数较多的小土特产品和轻工业品一般采用确认书形式。货物买卖合同或确认书,一般由我方根据双方磋商的条件缮制正本一式两份,我方签字后寄交给对方,经对方查核签字后,留存一份,另一份寄还我方,双方各执一份,作为合同订立的证据和履行合同的依据。

(二)书面合同的结构

一份完整的国际货物买卖合同一般由三个部分组成:

1. 约首

约首即合同的首部,通常包括合同的名称、合同的编号、合同签订的日期和地点、订约双方当事人的名称和地址等。

2. 本文

本文是合同的主体部分,一般以合同条款的形式具体列明交易的各项条件规定双方的权利义务。本文部分一般包括下列合同条款:品名、数量、包装、价格、支付、运输、保险等。此外,出口合同或确认书中通常还在一般交易条件或备注栏中列明有关预防及处理有关争议的条款。

3. 约尾

约尾即合同的尾部,主要说明合同的份数、附件及其效力、使用的文字、合同生效的时间、合同适用的法律以及缔约双方当事人(法人代表或其授权人)的签字。

(三)书面合同的内容

书面合同内容涵盖了买卖合同的各项条款,包括特别交易条件和一般交易条件两大类。特别交易条件,又称特别交易条款,需要在合同正面特别填写。根据不同交易内容制定不同合同条款。通常是合同的主要条件,如品名、品质、数量、价格、装运、包装、支付、保险等。一般交易条件是指由出口商为出售或进口商为购买货物而拟订的对每笔交易都适用的一套共性的交易条件。它们在交易双方建立贸易关系之初就订立,对今后具体的每笔交易都适用,可印制在标准合同格式上,以节省交易措施时间和费用。因商品种类、交易惯例、进口商(国)等不同,一般交易条件有所差异,通常是指商检、索赔、不可抗力、仲裁、法律选择等条件。我国出口企业所拟订的一般交易条件包括的内容:①有关预防和处理争议的条件;②有关主要交易条件的补充说明;③个别的主要交易条件。

一般交易条件大都印在进口商或出口商自行设计和印刷的销售合同或购货合同格式的背面或格式正面的下部。只有在实际交易前,事先得到对方对由我方提出的一般交易条件的确认,才能对双方日后订立的合同具有约束力。在磋商具体交易时,买卖双方完全可以根据交易的具体需要,提出与一般交易条件不同的条件。

在合同正面所规定的各项条款是重要的,但作为合同不可分割部分的一般交易条件同样是重要的。在国外,无论是出口商还是进口商都非常重视一般交易条件。此外,一般交易条件还应随情况的变化及时做必要的修订。

由于一般交易条件是由当事人的其中一方事先单方面制定后印制在合同上的,属于典型的格式条款。对格式条款的要求《合同法》第 39 条第 1 款规定:"采用格式条款订立合同的,提供格式条款的一方应遵循公平原则确定当事人之间的权利和义务,并采取合理的方式提请对方注意免除或者限制其责任的条款,按照对方的要求,对该条款予以说明。"只有提请对方注意并确认,且内容符合公平原则,一般交易条件才有效。

1. 标的物条款(subject matter clause)

标的物条款又称为商品条款,订明货物名称、品质、数量、包装等。

1) 货物的品名和品质条款

品名又称商品名称,是合同中所约定的商品的名称。货物的品质是指商品所具有的内在质量与外观形态。品名和品质是构成商品说明的重要组成部分、交接货物的基本依据,也是决定价格的主要依据。在合同中要求具体明确。

2) 货物的数量条款

数量是指用一定的度量衡制度表示出的商品的重量、个数、长度、面积、容积等的量。数量条款的主要内容是交货数量、计量单位与计量方法。在合同中要求具有明确计量单位和度量衡制度,在数量方面可以采用"溢短装条款"(more or less clause)。

3) 货物的包装条款

包装是指为了有效地保护商品的数量完整和质量要求,把货物装进适当的容器。包装条款的主要内容有包装方式、规格、包装材料和运输标志。

2. 价格条款(price clause)

规定货物的单价和总价、计价货币等。通常用国际通用的价格术语表达。价格条款的主要内容有每一计量单位的价格金额、计价货币、指定交货地点、贸易术语与商品的作价方法等。

3. 装运条款(transportation clause)

根据价格条件订明运输方式、装运地(港)与目的地(港)、装卸时间、装卸费用的计算和负担等。

4. 保险条款(insurance clause)

订明由买方或卖方负责投保。如为卖方投保,具体订明险别和保险加成。保险条款的主要内容包括:确定投保人及支付保险费,投保险别和保险金额。

5. 支付条款(payment clause)

订明付款时间、付款方式、付款所使用的货币或票据。支付条款的主要内容包括支付手段、支付方式、支付时间和地点。支付手段有货币和汇票,主要是汇票。支付方式有两种:①双方不由银行提供信用,但通过银行代为办理,如直接付款和托收;②在银行提供信用,从银行得到信用保证和资金周转的便利,如信用证。交付时间(预付款、即期付款与延期付款)与地点(付款人或其指定银行所在地)。

6. 商检条款(Inspection clause)

订明进出口货物检验的时间、地点、方法和标准,以及检验机构。声明商检机构签发的品质证明和数量证明是结算货款的重要依据,并在商检条款中写明以买方或卖方的商检证书为最后依据。

7. 免责条款(exemption clause)

免责条款又称不可抗力条款(force majeure clause)。为避免日后发生不必要的纠纷,合同中应订明不可抗力的范围及后果的处理。不可抗力条款可分为概括式、列举式或综合式(同时采用概括和列举方式)。

8. 索赔条款(claim clause)

在国际贸易中经常发生货物的品质、规格、数量、重量、包装、运输、保险与合同规定不符的情况,从而导致索赔和理赔的问题。因此合同中应订明索赔的依据、期限、赔偿方法和金额等。

9. 法律适用条款(applicable law clause)

法律适用条款也叫准据法条款。根据国际私法通行的"意思自治"原则,合同双方当事人可以选择合同所适用的法律。我国对外贸易企业在拟订合同时,多采用中国法律。

10. 仲裁条款(arbitration clause)

规定仲裁地点、机构、仲裁程序、裁决的效力以及仲裁费用等方面的内容。一般来说,裁决是一次性的、终局的,对双方都有约束力,订有仲裁协议的双方,不得向法院起诉。但在下列情况下,裁决可由法院宣布无效:①双方没有达成仲裁协议;②不属于提交仲裁的事项;③仲裁庭组成不当;④仲裁员无资格;⑤裁决做出后发现了新的事实和证据;⑥裁决是根据伪证做出的等。

11. 备注(remarks)

以上条款只是国际货物买卖合同的基本内容,条款的多寡繁简,当事人可根据货物的性质,交易量的大小等因素自由协商而定。

【应用实例2-10】

参考合同范本:

购货合同
Purchase Contract of Goods

合同编号(Contract No.):

签订日期(Date)　　　签订地点(Signed at)

买方:The Buyer:

地址:Address:

电话(Tel):　　传真(Fax):　　电子邮箱(E-mail):

卖方:The Seller:

地址:Address:

电话(Tel):　　传真(Fax):　　电子邮箱(E-mail):

买卖双方同意按照下列条款签订本合同:

The Seller and the Buyer agree to conclude this Contract subject to the terms and conditions stated below:

1. 货物名称、规格和质量(Name, Specifications and Quality of Commodity):

2. 数量(Quantity):

允许_____的溢短装(_____% more or less allowed)

3. 单价(Unit Price):

4. 总值(Total Amount):

5. 交货条件(Terms of Delivery) FOB/CFR/CIF_____

6. 原产地国与制造商(Country of Origin and Manufacturers):

7. 包装及标准(Packing):

货物的包装应防潮、防锈蚀、防震,并适合于远洋运输,由于货物包装不良而造成的货物残损、灭失应由卖方负责。卖方应在每个包装箱上用不褪色的颜色标明尺码、包装箱号码、毛重、净重及"不要堆放""防潮""小心轻放"等标记。

The packing of the goods shall be preventive from dampness, rust, shock, and shall be suitable for ocean transportation/multiple transportation. The Seller shall be liable for any damage and loss of the goods attributable to the inadequate or improper packing. The measurement, gross weight, net weight and the cautions such as "Do not stack up side down" "Keep away from moisture" "Handle with care", shall be stenciled on the surface of each package with fadeless pigment.

8. 唛头(Shipping Marks):

9. 装运期限(Time of Shipment):

10. 装运口岸(Port of Loading):

11. 目的口岸(Port of Destination):

12. 保险(Insurance):

由_____按发票金额110%投保_____险和_____附加险。

Insurance shall be covered by the _____ for 110% of the invoice value against _____ Risks and _____ Additional Risks.

13. 付款条件(Terms of Payment):

(1) 信用证方式:买方应在装运期前/合同生效后_____日,开出以卖方为受益人的不可撤销的议付信用证,信用证在装船完毕后_____日内到期。

Letter of Credit: The Buyer shall, _____ days prior to the time of shipment/after this Contract comes into effect, open an irrevocable Letter of Credit in favor of the Seller. The Letter of Credit shall expire _____ days after the completion of loading of the shipment as stipulated.

(2) 付款交单:货物发运后,卖方出具以买方为付款人的付款跟单汇票,按即期付款交单(D/P)方式,通过卖方银行及_____银行向买方转交单证,换取货物。

Documents against payment: After shipment, the Seller shall draw a sight bill of exchange on the Buyer and deliver the documents through Sellers bank and _____ Bank to the Buyer against payment, i.e. D/P. The Buyer shall effect the payment immediately upon the first presentation of the bill(s) of exchange.

(3) 承兑交单:货物发运后,卖方出具以买方为付款人的付款跟单汇票,付款期限为_____后_____日,按即期承兑交单(D/A_____日)方式,通过卖方银行及_____银行,经买方承兑后,向买方转交单证,买方在汇票期限到期时支付货款。

Documents against Acceptance: After shipment, the Seller shall draw a sight bill of exchange, payable _____ days after the Buyers delivers the document through Seller's bank and _____ Bank to the Buyer against acceptance(D/A _____ days). The Buyer shall make the payment on date of the bill of exchange.

(4) 货到付款：买方在收到货物后_____天内将全部货款支付卖方（不适用于 FOB、CRF、CIF 术语）。

Cash on delivery(COD): The Buyer shall pay to the Seller total amount within _____ days after the receipt of the goods(This clause is not applied to the terms of FOB, CFR, CIF).

(5) Beneficiary Bank(收款银行)：

Beneficiary's Account Number(收款人账号)：

Beneficiary's Account Name(收款人姓名)：

14. 单据(Documents Required)：

卖方应将下列单据提交银行议付/托收：

The Seller shall present the following documents required to the bank for negotiation/collection：

(1) 标明通知收货人/受货代理人的全套清洁的、已装船的、空白抬头、空白背书并注明运费已付/到付的海运/联运/陆运提单。

Full set of clean on board Ocean/Combined Transportation/Land Bills of Lading and blank endorsed marked freight prepaid/ to collect.

(2) 标有合同编号、信用证号（信用证支付条件下）及装运唛头的商业发票一式_____份。

Signed commercial invoice in _____ copies indicating Contract No., L/C No. (Terms of L/C) and shipping marks.

(3) 由_____出具的装箱或重量单一式_____份。

Packing list/weight memo in _____ copies issued by _____.

(4) 由_____出具的质量证明书一式_____份。

Certificate of Quality in _____ copies issued by _____.

(5) 由_____出具的数量证明书一式_____份。

Certificate of Quantity in _____ copies issued by _____.

(6) 保险单正本一式_____份（CIF 交货条件）。

Insurance policy/certificate in _____ copies(Terms of CIF).

(7) _____签发的产地证一式_____份。

Certificate of Origin in _____ copies issued by _____.

(8) 装运通知(Shipping Advice)：

卖方应在交运后_____小时内以特快专递方式邮寄给买方上述第_____项单据副本一式一套。

The Seller shall, within _____ hours after shipment effected, send by courier each copy of the above-mentioned documents No. _____.

15. 装运条款(Terms of Shipment):

(1) FOB 交货方式

卖方应在合同规定的装运日期前30天,以_____方式通知买方合同号、品名、数量、金额、包装件、毛重、尺码及装运港可装日期,以便买方安排租船/订舱。装运船只按期到达装运港后,如卖方不能按时装船,发生的空船费或滞期费由卖方负担。在货物越过船舷并脱离吊钩以前一切费用和风险由卖方负担。

The Seller shall, 30 days before the shipment date specified in the Contract, advise the Buyer by _____ of the Contract No. , commodity, quantity, amount, packages, gross weight, measurement, and the date of shipment in order that the Buyer can charter a vessel/book shipping space. In the event of the Seller's failure to effect loading when the vessel arrives duly at the loading port, all expenses including dead freight and/or demurrage charges thus incurred shall be for the Seller's account.

(2) CIF 或 CFR 交货方式

卖方须按时在装运期限内将货物由装运港装船至目的港。在CFR术语下,卖方应在装船前2天以_____方式通知买方合同号、品名、发票价值及开船日期,以便买方安排保险。

The Seller shall ship the goods duly within the shipping duration from the port of loading to the port of destination. Under CFR terms, the Seller shall advise the Buyer by _____ of the Contract No. , commodity, invoice value and the date of dispatch two days before the shipment for the Buyer to arrange insurance in time.

16. 装运通知(Shipping Advice):

一旦装载完毕,卖方应在_____小时内以_____方式通知买方合同编号、品名、已发运数量、发票总金额、毛重、船名/车/机号及启程日期等。

The Seller shall, immediately upon the completion of the loading of the goods, advise the Buyer of the Contract No. , names of commodity, loading quantity, invoice values, gross weight, name of vessel and shipment date by _____ within _____ hours.

17. 质量保证(Quality Guarantee):

货物品质规格必须符合本合同及质量保证书之规定,品质保证期为货到目的港_____个月内。在保证期限内,因制造厂商在设计制造过程中的缺陷造成的货物损害应由卖方负责赔偿。

The Seller shall guarantee that the commodity must be in conformity with the quatity, specifications and quantity specified in this Contract and Letter of Quality Guarantee. The guarantee period shall be _____ months after the arrival of the goods at the port of destination, and during the period the Seller shall be responsible for the damage due to the defects in designing and manufacturing of the manufacturer.

18. 检验(Inspection)(以下两项任选一项)：

(1) 卖方须在装运前_____日委托_____检验机构对本合同之货物进行检验并出具检验证书，货到目的港后，由买方委托_____检验机构进行检验。

The Seller shall have the goods inspected by _____ days before the shipment and have the Inspection Certificate issued by _____. The Buyer may have the goods reinspected by _____ after the goods arrive at the destination.

(2) 发货前，制造厂应对货物的质量、规格、性能和数量/重量做精密全面的检验，出具检验证明书，并说明检验的技术数据和结论。货到目的港后，买方将申请出入境检验检疫局对货物的规格和数量/重量进行检验，如发现货物残损或规格、数量与合同规定不符，除保险公司或轮船公司的责任外，买方得在货物到达目的港后_____日内凭商检局出具的检验证书向卖方索赔或拒收该货。在保证期内，如货物由于设计或制造上的缺陷而发生损坏或品质和性能与合同规定不符时，买方将委托中国商检局进行检验。

The manufacturers shall, before delivery, make a precise and comprehensive inspection of the goods with regard to its quality, specifications, performance and quantity/weight, and issue inspection certificates certifying the technical data and conclusion of the inspection. After arrival of the goods at the port of destination, the Buyer shall apply to Entry-Exit Inspection and Quarantime for a further inspection as to the specifications and quantity/weight of the goods. If damages of the goods are found, or the specifications and/or quantity are not in conformity with the stipulations in this Contract, except when the responsibilities lies with Insurance Company or Shipping Company, the Buyer shall, within _____ days after arrival of the goods at the port of destination, claim against the Seller, or reject the goods according to the inspection certificate issued by Entry-Exit Inspection and Quarantime. In case of damage of the goods incurred due to the design or manufacture defects and/or in case the quality and performance are not in conformity with the Contract, the Buyer shall, during the guarantee period, request Entry-Exit Inspection and Quarantime to make a survey.

19. 索赔(Claim)：

买方凭其委托的检验机构出具的检验证明书向卖方提出索赔(包括换货)，由此引起的全部费用应由卖方负担。若卖方收到上述索赔后_____天未予答复，则认为卖方已接受买方的索赔。

The buyer shall make a claim against the Seller (including replacement of the goods) by the further inspection certificate and all the expenses incurred therefrom shall be borne by the Seller. The claims mentioned above shall be regarded as being accepted if the Seller fail to reply within _____ days after the Seller received the Buyer's claim.

20. 迟交货与罚款(Late Delivery and Penalty)：

除本合同第21条不可抗力原因外，如卖方不能按合同规定的时间交货，买方应同意在卖方支付罚款的条件下延期交货。罚款可由议付银行在议付货款时扣除，罚款率按每_____天收_____%，不足_____天时以_____天计算。但罚款不得超过迟交货物总价的_____%。如卖方延期交货超过合同规定_____天时，买方有权撤销合同，此时，卖方仍应不迟延地按上述规定向买方支付罚款。

买方有权对因此遭受的其他损失向卖方提出索赔。

Should the Seller fail to make delivery on time as stipulated in the Contract, with the exception of Force Majeure causes specified in Clause 21 of this Contract, the Buyer shall agree to postpone the delivery on the condition that the Seller agree to pay a penalty which shall be deducted by the paying bank from the payment under negotiation. The rate of penalty is charged at _____% for every _____ days, odd days less than _____ days should be counted as _____ days. But the penalty, however, shall not exceed _____% of the total value of the goods involved in the delayed delivery. In case the Seller fail to make delivery _____ days later than the time of shipment stipulated in the Contract, the Buyer shall have the right to cancel the Contract and the Seller, in spite of the cancellation, shall nevertheless pay the aforesaid penalty to the Buyer without delay.

The buyer shall have the right to lodge a claim against the Seller for the losses sustained if any.

21. 不可抗力(Force Majeure)：

凡在制造或装船运输过程中，因不可抗力致使卖方不能或推迟交货时，卖方不负责任。在发生上述情况时，卖方应立即通知买方，并在_____天内，给买方特快专递一份由当地民间商会签发的事故证明书。在此情况下，卖方仍有责任采取一切必要措施加快交货。如事故延续_____天以上，买方有权撤销合同。

The Seller shall not be responsible for the delay of shipment or non-delivery of the goods due to Force Majeure, which might occur during the process of manufacturing or in the course of loading or transit. The Seller shall advise the Buyer immediately of the occurrence mentioned above and within _____ days thereafter the Seller shall send a notice by courier to the Buyer for their acceptance of a certificate of the accident issued by the local chamber of commerce under whose jurisdiction the accident occurs as evidence thereof. Under such circumstances the Seller, however, are still under the obligation to take all necessary measures to hasten the delivery of the goods. In case the accident lasts for more than _____ days the Buyer shall have the right to cancel the Contract.

22. 争议的解决(Arbitration):

凡因本合同引起的或与本合同有关的任何争议应协商解决。若协商不成，应提交中国国际经济贸易仲裁委员会深圳分会，按照申请仲裁时该会现行有效的仲裁规则进行仲裁。仲裁裁决是终局的，对双方均有约束力。

Any dispute arising from or in connection with the Contract shall be settled through friendly negotiation. In case no settlement is reached, the dispute shall be submitted to China International Economic and Trade Arbitration Commission, Shenzhen Commission for arbitration in accordance with its rules in effect at the time of applying for arbitration. The arbitral award is final and binding upon both parties.

23. 通知(Notices):

所有通知用_____文写成，并按照如下地址用传真/电子邮件/快件送达给各方。如果地址有变更，一方应在变更后_____日内书面通知另一方。

All notice shall be written in _____ and served to both parties by fax/courier according to the following addresses. If any changes of the addresses occur, one party shall inform the other party of the change of address within _____ days after the change.

24. 本合同使用的 FOB、CFR、CIF 术语系根据国际商会《2010 年国际贸易术语解释通则》。

The terms FOB, CFR, CIF in the Contract are based on *INCOTERMS 2010 of the International Chamber of Commerce*.

25. 附加条款(Additional Clause):

本合同上述条款与本附加条款抵触时，以本附加条款为准。

Conflicts between Contract clause hereabove and this additional clause, if any, it is subject to this additional clause.

26. 本合同用中英文两种文字写成，两种文字具有同等效力。本合同共_____份，自双方代表签字(盖章)之日起生效。

This Contract is executed in two counterparts each in Chinese and English, each of which shall deemed equally authentic. This Contract is in _____ copies, effective since being signed/sealed by both parties.

买方代表(签字): 卖方代表(签字):
Representative of the Buyer Representative of the Seller
(Authorized signature): (Authorized signature):

小　　结

　　交易磋商是指交易双方当事人就贸易合同的各项条件进行协商,以期达成一致意见的过程。在形式上可分为口头和书面两种。其内容涉及拟签订的买卖合同的各项条款,包括品名、品质、数量、包装、价格、装运、支付、保险,以及商品检验、索赔、仲裁和不可抗力等。

　　交易磋商的程序一般分为询盘、发盘、还盘、接受四个环节。其中,发盘和接受是达成交易的基本环节,是合同成立的要件。构成发盘的要件包括:①发盘应向一个或一个以上特定的人提出;②发盘内容必须十分确定;③发盘人须有一旦发盘被接受即受约束的意思;④发盘人须送达受盘人。构成接受的要件包括:①接受必须由受盘人做出;②接受以声明或行为方式表示;③接受的内容必须与发盘相符;④接受必须在发盘有效期内送达发盘人;⑤接受的传递方应符合发盘的要求。

　　根据CISG的规定,受盘人接受发盘并在发盘有效期内将接受送达发盘人,合同即告成立。我国合同法做了与公约一致的规定:接受生效的时间,就是合同成立的时间。合同成立并不意味着此项合同一定有效。一项合同,除买卖双方就交易条件通过发盘和接受达成协议外,还需要具备下列有效条件,才是一项有法律约束力的合同:①当事人必须具有签订合同的行为能力和权利能力;②合同必须有对价或约因;③合同的内容必须合法;④合同必须符合法律规定的形式;⑤合同当事人的意思表示必须真实。

　　国际贸易一般都签订书面合同,书面合同的意义是:作为合同成立的证据、作为履行合同的依据和有时作为合同生效的条件。我国对外贸易中,书面合同主要使用合同和确认书的形式。一份完整的国际货物买卖合同一般由约首、本文和约尾三个部分组成,其内容涵盖了买卖合同的各项条款,包括特别交易条件和一般交易条件两大类。特别交易条款需要在合同正面特别填写,不同交易内容通常都是不同的合同条款,通常是合同的主要条件,如品名、品质、数量、价格、装运、包装、支付、保险等。一般交易条件是指由出口商为出售或进口商为购买货物而拟订的对每笔交易都适用的一套共性的交易条件,通常是指商检、索赔、不可抗力、仲裁、法律选择等条件。

综 合 训 练

一、单项选择题

1. 交易磋商的两个基本环节是(　　)。
   A. 询盘、接受　　　　　　　　　　B. 发盘、签合同
   C. 接受、签合同　　　　　　　　　D. 发盘、接受
2. 某发盘人在其订约建议中加有"仅供参考"字样,则这一订约建议为(　　)。
   A. 发盘　　　　B. 递盘　　　　C. 邀请发盘　　　　D. 还盘
3. 根据CISG的规定,合同成立的时间是(　　)。
   A. 接受生效的时间　　　　　　　　B. 交易双方签订书面合同的时间
   C. 在合同获得国家批准时　　　　　D. 当发盘到达受盘人时
4. 根据CISG的规定,下列哪些为一项发盘必须具备的基本要素(　　)。

A. 货名、品质、数量 B. 货名、数量、价格
C. 货名、价格、支付方式 D. 货名、品质、价格

5. 在下列条件中,( )不是构成发盘的必备条件。
A. 发盘的内容必须十分确定 B. 主要交易条件必须齐全
C. 向一个或一个以上特定的人发盘 D. 表明发盘人承受约束的意旨

6. 以下关于发盘的撤回与撤销的说法正确的是( )。
A. 前者发生在发盘生效后,后者发生在发盘生效前
B. 前者发生在发盘生效前,后者发生在发盘生效后
C. 两者均发生在发盘生效前
D. 两者均发生在发盘生效后

7. 指出下列哪个是有效的( )。
A. 请改报装运期10日复到有效 B. 15日电每公吨30英镑20日复到
C. 15日电可供100件参考价每件8美元 D. 15日电接受但以D/P替代L/C

8. 下列哪一项内容的修改不属于实质性变更发盘的内容( )。
A. 解决争端的办法 B. 数量、支付方式
C. 交货时间和地点 D. 要求分两批装运

9. 我国有权签订对外贸易合同的为( )。
A. 自然人 B. 法人
C. 法人与自然人 D. 自然人或法人且需要取得外贸经营权

10. 根据CISG的规定,发盘和接受的生效采取( )。
A. 投邮生效原则 B. 签订书面合约原则
C. 口头协商原则 D. 到达生效原则

二、多项选择题

1. 构成一项发盘应具备的条件有( )。
A. 向一个或一个以上的特定人发 B. 表明发盘人受该发盘的约束
C. 发盘的内容必须十分确定 D. 发盘必须规定有效期

2. CISG规定,一项已生效的发盘不能撤销的条件是( )。
A. 发盘规定了有效期 B. 发盘未规定有效期
C. 发盘中明确规定该发盘不可撤销 D. 发盘中未表明可否撤销
E. 受盘人有理由相信该发盘不可撤销并采取了行动

3. 构成一项有效接受必须具备的条件是( )。
A. 接受必须由合法的受盘人做出 B. 接受必须是无条件地接受
C. 接受必须在发盘有效期内做出 D. 接受的传递方式应符合发盘的要求

4. "你10日电我方接受,但支付条件由D/P改为L/C即期"该电文是( )。
A. 有效接受 B. 还盘
C. 对原始发盘的拒绝 D. 对发盘表示有条件地接受
E. 实质性变更发盘条件

5. 在实际进出口业务中,接受的形式用( )表示。
A. 行动 B. 缄默
C. 广告 D. 口头书面的形式

6. 根据《合同法》第 11 条的规定,书面形式是指合同书、信件和数据电文等可以有形地表现所载内容的形式,其中数据电文包括( )。
   A. 电报、电传   B. 传真
   C. 电子数据交换   D. 电子邮件
7. 我国外贸企业所使用的买卖合同包括( )。
   A. 正式书面合同   B. 确认书
   C. 协议书   D. 口头协议
   E. 商品目录
8. 签订书面合同是为了( )。
   A. 作为合同成立的证据   B. 作为合同生效的条件
   C. 作为合同履行的依据   D. 符合有关法律的规定
9. 促使发盘终止的原因主要有( )。
   A. 发盘的有效期届满
   B. 发盘被发盘人依法撤回或撤销
   C. 受盘人对发盘的拒绝或还盘
   D. 发盘人发盘后发生了不可抗力事故或当事人丧失行为能力
10. 在国际贸易中,合同成立的有效条件是( )。
   A. 当事人必须具有签订合同的行为能力
   B. 合同必须有对价或约因
   C. 合同的形式和内容必须符合法律的要求
   D. 合同当事人的意思表示必须真实

三、判断题(对的打"√",错的打"×")

1. 询盘、发盘和接受是洽商交易不可缺少的步骤。( )
2. 在交易磋商过程中,发盘是卖方做出的行为,接受是买方做出的行为。( )
3. 询盘又称询价,即一方向交易的另一方询问价格。( )
4. 一项发盘表明是不可撤销的发盘,则意味着发盘人无权撤回该发盘。( )
5. 发盘在其生效前是可以修改或撤回的。( )
6. 接受和发盘一样也是可以撤销的。( )
7. 只要对发盘无条件地接受,则此项接受肯定为有效接受。( )
8. 一项发盘必须写明有效期。( )
9. 一项有效的发盘,一旦被受盘人无条件地全部接受后,合同即告成立。( )
10. 从法律效力上来看,合同和确认书这两种形式的书面合同没有区别。( )

四、案例分析

1. 我方某公司与美国 A 公司磋商进口电脑配件。经往来传真磋商,已就合同主要交易条件达成一致意见,但我方在最后给美方发出的表示接受的传真中列有"以签署确认书为准"的文字。之后,美商起草合同书寄给我方确认,我方在审核该合同时,发现有一些条款的措辞需要进一步商榷,因此未及时给予签字确认。此时该商品的市场价格趋疲,美商来电催促我方按合同书的规定开立信用证,但我方拒绝开证。试分析我方拒绝开证是否合理? 为什么?
2. 我方某进出口公司向国外商人询购某商品,不久,我方收到对方 8 月 15 日的发

盘,发盘有效期至 8 月 22 日。我方于 8 月 20 向对方复电:"若价格能降至 56 美元/件,我方可以接受。"对方未做答复。8 月 21 日我方得知国际市场行情有变,于当日又向对方去电表示完全接受对方 8 月 15 的发盘。请解释我方的接受能否使合同成立。

3. 1990 年 6 月 27 日,我国甲公司应荷兰乙商号的请求,报出 C514 某产品 200 吨,每吨 CIF 鹿特丹人民币 1950 元,即期装运的实盘,但对方接到中方报盘,未做还盘,而是一再请求中国增加数量,降低价格,并延长还盘有效期。中方曾将数量增至 300 吨,价格每吨 CIF 鹿特丹减至人民币 1900 元,有效期经两次延长,最后期限为 7 月 25 日,荷兰乙商号于 7 月 22 日来电,接受该盘,并提出"不可撤销,即期信用证付款,即期装船,按装船量计算。除提供通常装船单据外,需供卫生检疫证书、产地证、磅码单,及良好合适海洋运输的袋装"。但中方接到该电报时已发现该产品的国际市场价格猛涨,于是我国甲公司拒绝成交,并复电称:"由于世界市场的变化,货物在收到电报前已售出。"可是荷兰乙商号不同意中方的说法,认为他是在发盘有效期内接受发盘,坚持要按发盘的条件执行合同,否则要中方赔偿差价损失人民币 23 万元,接受仲裁裁决。问题:

(1) 中方甲公司 6 月 27 日的发盘是实盘是虚盘?

(2) 中方在荷兰未做还盘但一再请求增加数量和降低价格,延长有效期的情况下,于 7 月 17 日复电称:将 C514 增加至 300 吨,每吨 CIF 鹿特丹价格人民币 1900 元,有效期延至 7 月 25 日的报盘是实盘还是虚盘?

(3) 荷方于 7 月 22 日来电内容,是否可以作为承诺的意思来表示认可?为什么?

(4) 中方在接到荷方 7 月 22 日来电后,于 7 月 24 日发出拒绝成交的复电,是否符合国际贸易规则和惯例?为什么?

(5) 本案应如何解决?

五、实操题

根据双方接受的内容,把货物的品名、规格、数量、价格、支付方式、装运条件等填入合同中,拟订一份正式的出口销售确认书。

进口方:上海服装进出口公司。

出口方:美国 AAA 贸易有限公司。

10 月 5 号去电:本公司可供丝绸服装 3000 打,每打 240 美元,CIF 洛杉矶。

10 月 9 号来电:有兴趣你方报价,衬衫 3000 打,每打 230 美元,11 月前装运。

10 月 12 号去电:丝绸衬衫 3000 打,纸箱装,每 100 打装一箱,每打 240 美元,CIF 洛杉矶。11 月/12 月装。即期信用证,限 6 日复到我方有效。

10 月 15 号来电:你方 12 号报价歉难接受,报每打 235 美元,请速复。

10 月 17 号去电:我方 12 日来电,限 10 日内确认。

10 月 19 来电:你方 17 日电,D/P 即期,数量 4000 打,请速复。

10 月 22 号去电:你方 19 日电,丝绸衬衫 4000 打,纸箱装,每 100 打装一箱,每打 235 美元,CIF 洛杉矶。2007 年 12 月装运,即期信用证,11 月月底前开到。10 月 27 号复到我方。

10 月 25 号来电:即期信用证已由 ABC 银行开出。

上海服装进出口公司
销售确认书
SALES CONFIRMATION

TO: S/C NO.: _____

                                                      DATE: _____

兹确认售于你方下列货物,其条款如下:We hereby confirm having sold to you the following goods on terms and conditions as stated bellow:

(1)货物名称、规格、包装 Name of Commodity, Specifications, Packing	(2)数量 Quantity	(3)单价 Unite Price	(4)总值 Amount

(5)装运(Shipment):

(6)保险(Insurance):

(7)付款(Payment):

备注(Remarks):
请签署并退回一份以供存档 Please sign and return one copy for our file
(买方 Buyer)   (卖方 Seller)

项目三　国际货物买卖合同条款的订立

子项目一　合同标的相关条款

【学习目标】

知识目标：

1. 了解各种计量单位、中性包装、跟单信用证统一惯例关于数量"大约"的规定等基础知识；

2. 熟悉样品种类、计算重量的方法、品质表示方法、包装种类、包装标志种类；

3. 掌握品质机动幅度和公差、溢短装条款、国际贸易中商品品质、数量、包装条款的基本内容，规定商品品质、数量、包装条款时的注意事项。

技能目标：

1. 能用《跟单信用证统一惯例》的相关规定，分析判断能否溢短装等问题；

2. 初步掌握合同中有关商品品质、数量、包装条款的拟订技巧；

3. 能设计制作运输标志。

【重点、难点】

重点：掌握规定商品品质、数量、包装条款时的注意事项。

难点：品质、数量和包装条款拟订和运输标志设计制作。

【任务情景】

小李在一家外贸公司实习，经理拿来一份空白合同和有关某出口商品的资料，要他填制表格中的运输标志、货物描述及包装、数量、单价等最基本的几个项目。小李一看很头疼，给的基本上是工厂送来的零散的中文资料，而填写合同表格必须全部用规范的英文，还要求必须符合项目的书写内容和格式的规范，比如品名品质如何完整表达，包装条款如何拟订，数量怎么填写，特别是其中的数量单位怎么确定等；他知道运输标志是有一定规格的，但如何选择、计算和确定运输标志里面的项目，心中很没底。

本模块讲述合同标的条款。国际贸易是标的物所有权的转移的过程，标的物不仅表现了其繁多的种类和对应的具体名称，并表现为一定的质量，每笔交易的标的物都有一定的数量且大都需要有一定的包装。买卖双方洽商交易和订立合同时，必须谈妥合同的标的物及其质量、数量与包装这些标的物条件，并在买卖合同中做出明确具体的规定。这是合同最基本的内容，是单证制作的基础，其正确与否，事关重要大，稍有疏忽，都会导致很多单证问题和贸易纠纷的出现，从上述例子可以得到证明。因此，需要打好相关知识基础，并掌握和运用相关法律和国际惯例规定去分析处理条款制定和履行中的问题，避免产生不必要的损失。

任务1 商品名称和品质条款的拟订

【引导案例 3-1-1】

> 我国某公司同日本公司签订出口羊绒衫合同,共计 10 000 件,价值 100 万美元。合同规定羊绒含量为 100%,商标上也标明"100% 羊绒"。当对方检验后,发现羊绒含量不符合合同规定而提出索赔,要求赔偿 200 万美元。最后我方公司赔偿数十万美元结案。

一、品名条款

(一)品名的概念和意义

商品的名称或称"品名"(name of commodity)是指能使某种商品区别于其他商品的一种称呼。商品的名称在一定程度上表明了商品的自然属性、用途以及主要的性能特征。

正确拟订合同标的物条款,具有重要的法律和实践意义。

1. 从法律的角度来看

在合同中规定标的物的品名条款,是国际贸易的买卖合同中主要条款之一,是买卖双方的一项基本权利和义务,是货物交收的基本依据。按照有关的法律和惯例,对交易标的物的描述,是构成商品说明(description of commodity)的一个主要组成部分,是买卖双方交接货物和支付货款的一项基本依据,它关系到买卖双方的权利和义务。若卖方交付的货物不符合约定的品名或说明,买方有权提出损害赔偿要求,直至拒收货物或撤销合同。

2. 从商贸的角度来看

列明成交商品的具体名称是交易赖以进行的物质基础和前提,买卖双方在此前提下进行价格磋商并决定包装方式、运输方式和投保险别等。在国际贸易中,看货成交,一手交钱、一手接货的情况极少,交易双方在洽商交易和签订买卖合同时,通常很少见到具体商品,一般只是凭借对拟买卖的商品做必要的描述来确定交易的标的物,货交到对方手里也需要较长时间,货款的支付一般全以单据内容正确为依据。

3. 从实务的角度来看

品名条款是商业统计、外贸统计的依据,也是报关、报检、托运、投保、索赔、仲裁等实务中收费的依据。

(二)品名条款的基本内容和格式

如何在合同中规定品名条款,首先取决于成交商品的品种和特点,有些商品只要列明该商品的通用名称即可,如原油、小麦等。但有的商品往往具有不同的品种、等级和型号,因此,为了明确起见,就要把有关的具体品种、等级、型号或产地等描述也包括进去,作为进一步的限定,如"长白山人参""特级中国绿茶"等。此外,有时还要明确商品的品牌、品质规格等,如"长虹 29 寸平面直角彩色电视机",这实际是把品名条款与品质条款合并在一起。合同中的品名条款主要有以下三种格式:

(1) 不加标题。只在合同的开头部分列明交易双方同意买卖某种商品的文句。

(2) 加标题。通常将与客户往来的发盘、还盘函中使用的品名列明在"商品名称"和

"品名"(NAME OF COMMODITY)的标题下。如：

Name of Commodity	Description of Commodity	Quantity
Chinese Tung Oil	L200－400	…

3. 把有关具体品种、等级和型号的概括性描述包括进去，变为品名条款与品质条款的合并。如：NAME OF COMMODITY AND SPECIFICATION：25′GREAT WALL BRAND COLOR TELEVISION SETS MODEL TJ9818；三道眉葵花籽、一等玉米、45 cm×45 cm 的羊剪绒坐垫、含绒 90％鸭鸭牌羽绒服。

Art. No.	Name of Commodity & Specifications	Quantity	Unit Price	Amount
			CIF TORONTO	
8065	COFFEE POT 900 ML	240 PCS	US＄23.95	US＄5748.00
116602	TEA KETTLE 600 ML	480 PCS	US＄28.00	US＄13 440.00
119303	S/S CUP 300 ML	400 PCS	US＄6.50	US＄2600.00
				US＄21 788.00

Total Amount in Words：SAY US DOLLARS TWENTY ONE THOUSAND SEVEN HUNDRED AND EIGHTY EIGHT ONLY

（三）规定品名条款的注意事项

（1）商品品名必须切实反映商品的实际情况；必须做到内容明确、具体，避免空泛、笼统的规定。

例如：品名为"大豆"，就不够具体，应标明"东北大豆"，或其他产地的大豆；品名为"优质绿茶"，大家对优质的理解各不相同，就不宜使用。

（2）针对商品实际做出实事求是的规定。

条款中规定的品名，必须是卖方能够供应而买方所需要的商品，凡做不到或不必要的描述性词句，都不应列入，以免给履约带来困难，如避免使用"××一次净""××一扫光"等名称。

（3）商品品名要尽可能使用国际上通行、习惯的名称。

若使用地方性的名称，交易双方应事先就其含义取得共识。对某些新商品的定名及其译名，应力求准确、易懂，并符合国际上的习惯称呼。一些药品，如我们常称病毒唑，而国际通用名称为利巴韦林。

（4）确定品名时应恰当选择商品的不同名称。

有些商品具有不同的名称，因而存在着同一商品因名称不同而交付关税和班轮运费不一的现象，且其所受的进出口限制也不同。为了减少关税支出、方便进出口和节省运费开支，在确定合同的品名时，应当选用对我方有利的名称。例如，一家公司出口苹果酒，品名写为"CIDER"，结果遭到拒付。原因是这个词除了苹果酒的意思之外，还有苹果汁的意思，海关无从收税（苹果汁和苹果酒关税相差很大）。正确的写法应为"APPLE WINE"。又如"××人参液""参茸××"，这些商品以贵重原材料的名称命名，在运输时要付出较高的运费（特别是海运时）。再如"虎骨××酒""象牙××餐具"等商品可能会被海关扣押罚没,因为国际上有些国家为保护某些动物,对虎骨、象牙等商品禁止贸易。

【趣味阅读 3-1-1】

商品命名的方法

1. 以主要用途命名。这种方法在于突出其主要用途,便于买方按其需要购物,如文具盒、旅游鞋、显示器、空调等。

2. 以使用的主要原料命名。这种方法通过突出所使用的主要原料来反映出商品的品质,如涤棉布、羊绒衫、塑钢型材、冰糖燕窝等。

3. 以主要成分命名。以商品所含的主要成分命名,可使消费者了解商品的效能,有利于提高商品的身价。一般适用于大众所熟知的名贵原材料制造的商品,如西洋参含片、钻戒、檀香皂等。

4. 以外观造型命名。这种方法有利于消费者从字义上了解该商品的特征,如折叠伞、蝙蝠衫等。

5. 以人物名字命名。以著名的历史人物或传说中的或现实中的人物命名,以引起消费者的注意和兴趣,如阿诗玛香烟、孔乙己茴香豆、李宁运动服等。

6. 以制作工艺命名。这种命名方式的目的在于增强消费者对该商品的了解,以提高商品的威望,如九制陈皮、精制色拉油等。

二、品质条款

(一) 品质的概念和意义

商品的品质(quality of goods)是指商品的内在素质和外在形态的综合。前者包括商品的物理性能、机械性能、化学成分(如气味、滋味)和生物的物性(如组织结构)等自然属性,后者包括商品的外形、色泽、款式、花色、造型、透明度等。

提高商品的品质具有十分重要的现实意义和法律意义。

我国虽然已跻身于世界贸易大国,但还远远不是贸易强国,根本原因在于产品质量竞争力不强,缺乏科技含量高、附加值高、国际知名度高的品牌。由于国外技术贸易壁垒不断强化进出口,发达国家为保护本国产业而制定苛刻的技术标准,以限制某类产品的进口,例如:我国出口到日本的家禽,其卫生标准要求竟高出国际卫生标准 500 倍;我国一家企业生产的蘑菇罐头,由于有不符合检疫的嫌疑,致使我国几百家生产厂出口到美国的所有罐头全部遭到卡关、查封,损失巨大。

商品质量的重要意义在于品质的优劣直接影响商品的价值,它是决定商品使用效能和影响商品市场价格的重要因素。出口商品质量的改进和提高是非价格竞争的重要手段,关系到商品的竞争力和企业效益,也进而影响着商业声誉、消费者的利益甚至国家形象。进口商品质量直接关系到引进先进技术设备器材的国内生产、科学研究的正常进行、人们的消费质量和利益等。

合同中的品质条件是构成商品说明的重要组成部分,是买卖双方交接货物的依据,是国际货物买卖合同的重要条款。商品品质问题是买卖双方产生争议的主要原因。《英国1893 年货物买卖法案》(1979 年修订)把品质条件作为合同的要件(condition);CISG 规定,卖方交付货物,必须符合约定的质量。如卖方交货不符合约定的品质条件,买方有权要求损害赔偿,也可要求修理或交付替代货物,甚至拒收货物和撤销合同。

(二) 货物品质的表示方法

针对不同商品本身的特点、制造加工情况、市场交易习惯等,应该规定不同的品质表示方法。国际贸易中采用以实物表示商品品质和以说明表示商品品质两类方法。

1. 以实物表示商品品质

1) 看货买卖(sale after checking goods)

看货买卖,也称凭成交商品的实际品质(actual quality)成交。通常是先由买方或其代理人在卖方货物存放地点验看货物,品质以检视时的状态为准。达成交易后,卖方即应按验看过的商品交付货物。只要交付的是验看过的商品,买方就不得对品质提出异议。通常只适用于卖方掌握现货,并且货物数量不太大,买方能够亲临现场的条件下的一些如珠宝、首饰、字画及特定工艺制品等贵重货物以及其他现货交易。多用于寄售、拍卖和展卖业务中。

2) 凭样品买卖(sale by sample)

【应用实例 3-1-1】

> Rag doll. Quality:as per Sample Submitted by Seller on 10th March,2004. Sample number:NT003. Quality to be considered as being about equal to the sample.
>
> (布娃娃,品质按 2004 年 3 月 10 日卖方第 NT003 号样品,品质与样品大致相同)

凭样品买卖是指以买卖双方约定的样品作为交货品质依据的买卖形式。样品是指从一批商品中抽出来的或者是由生产、使用部门设计、加工出来的,足以反映和代表整批商品质量的少量实物。凭样品买卖通常适用于对质量难以标准化和规格化的手工艺品、服装、某些土特产品、少数轻工产品、个别矿产品等商品。多用于订货交易业务中。在国际贸易中,单纯凭样品成交的情况并不多,而是以样品来表示商品的某个或某几个方面的质量指标。例如,在纺织品和服装交易中,"色样(color sample)"用来表示商品的色泽,"款式样(pattern sample)"则用来表示商品的造型,而对这些商品其他方面的品质规定则通过文字说明来表示。

在凭样品进行交易时,一般要在合同中明确规定:"该样品应视为本合同不可分割的部分,所交货物的品质不得低于样品。"(Said Sample shall be treated as an integral part of this contract. The quality of the goods delivered shall not be lower than the sample.)

凭样品买卖有几个含义。①样品是双方约定的,未经对方确认的样品不能作为交货依据;样品确定后,不能单方更换。②以样品作为交货品质的唯一依据,不再考虑其他依据。③默示卖方所交货物须与样品完全一致(strictly same as sample)。买方对与样品不符的货物,可以提出赔偿要求,甚至拒收货物。

《英国 1893 年货物买卖法案》规定,凭样品买卖合同有三个默示条件。①卖方所交货物必须与所提供的样品完全一致;②买方应该有合理的机会对货物和样品进行一一比较;③卖方必须交付适合商业销售的商品,不存在商业销售的缺陷,即卖方所交货物不应存在合理检查时不易发现的不合销售的缺陷。

《合同法》第168条规定："凭样品买卖的当事人应当封存样品，并可以对样品质量予以说明。出卖人交付的标的物应当与样品及其说明的质量相同。"第169条规定："凭样品买卖的买受人不知道样品有隐蔽瑕疵的，即使交付的标的物与样品相同，出卖人交付的标的物质量仍然应当符合合同种物的通常标准。"

(1) 凭样买卖按样品提供者的不同分为以下两种：

①凭卖方样品买卖，是指凭由卖方提供的样品（称为"卖方样品（seller's sample）"）为交货的品质依据的交易。

在实际操作时，卖方在将样品即原样（original sample）或称标准样品（type sample）送交买方时，应注意样品必须具有代表性，样品的质量既不能偏高，也不能偏低。偏高，会给日后交货造成困难；偏低，会使卖方在价格上吃亏。在我国外贸业务中，为选好样品，各出口公司应与有关生产、商检部门共同研究后再选送国外。同时应留存复样（keep duplicate sample），以便作为日后交货或处理品质争议时的依据。卖方应在原样和留存的复样上编制相同的号码，注明样品提交买方的具体日期，以便日后联系及洽商交易时参考。在凭对方样品进口成交时，应在合同中规定我方对整批到货有复验权的条款，否则，如果实际到货的品质低于样品，我方无复验权就会影响对外索赔的权利。

②凭买方样品买卖，是指凭由买方提供的样品（称为"买方样品（buyer's sample）"）为交货的品质依据的交易，即买方提供样品交卖方依样承制。在买卖合同中应定明："品质以买方样品为准（Quality as per Buyer's Sample。）"在实际操作中应注意两点。①要特别注意防止侵犯第三者工业产权。在接受买方样品时，一定要做细致的调查，以防止在不知情的情况下成了侵犯他人知识产权的被告。一般还应声明如果发生涉及国外工业产权等第三者权利问题概由对方负责，必要时还应要求对方书面确认。在实际操作时，卖方往往根据买方提供的样品加工复制并提交买方确认后作为交货依据。复制的样品称为"回样（return sample）""对等样品（counter sample）"或"确认样（confirmed sample）"。

(2) 凭样品买卖还应当注意的问题有以下几种。

①凭样品买卖，容易在履约过程中产生品质方面的争议。凡能用客观的指标表示商品质量时，就不宜采用此法。由于凭样品买卖的商品多属品质难以规格化、标准化的商品，非采用凭样品成交不可，而在制造、加工技术上确实有困难，难以做到与货样一致或无法保证批量生产时质量稳定性时，一般应争取以我方提出的样品成交且在合同中规定弹性条款："交货品质与样品大体相符"（Quality to be about equal to the sample；Quality to be considered as being about equal to the sample；Quality to be nearly the same to the sample），或其他类似条款。

②在凭样销售交易中，为防止履行合同时发生不必要的纠纷，必要时可使用封样（sealed sample），即由公证机构在一批商品中抽取同样品质的样品若干份，在每份样品上烫上火漆或铅封，供交易当事人使用。封样也可由发样人自封或由买卖双方会同加封。

③严格区分标准样品和样品，以免产生合同纠纷。参考样品是供对方参考，不作为交货的最终依据；标准样品是买卖双方成交货物品质的最后交货的依据，卖方交货要跟样品一致。日常业务中，买卖双方为了建立和发展贸易关系，增进对彼此经营商品的了解和促进交易，互相寄送样品的情况是十分普遍的。为了明确起见，在寄送这种样品时，最好是明确标明该样品是仅供参考（for reference only）或直截了当地写明"参考样品"（sample for reference），以免与标准样品混淆。不做声明一般默示为标准样品。

【应用案例 3-1-1】

> 我方出口纺织原料一批,合同规定水分最高15%,杂质不得超过3%,但在成交前曾向买方寄过样品,订约后,我又电告对方成效货物与样品基本相同。货到后,买方提出:货物的质量比样品低7%的检验证明,并据此要求赔偿损失(索赔6000英镑)。我方应如何处理?

2. 以说明表示商品品质

【应用实例 3-1-2】

> 1. 美加净牙膏 MAXAM Dental Cream:凭品牌或商标买卖(sale by brand or trade mark)
> 2. 中国绿茶特珍一级 China Green Tea Special Chunmee:凭等级买卖(sale by grade)
> 3. 盐酸四环素糖衣片250毫克,按1973年版《英国药典》:凭规格、标准买卖(sale by specifications and standard)
> 4. 中国灰鸭绒含绒量为90%,允许1%上下:凭规格买卖(sale by specifications)

在国际贸易中,绝大多数商品采用文字或图样表示其品质,称为"凭文字说明买卖(sale by descriptions)"。具体有:

1)凭规格、等级或标准的买卖(sale by specification,grade or standard)

商品的规格(specification)是指用来反映商品品质的一些主要技术指标,如成分、含量、纯度、容量、长短、粗细等。此法较方便、准确,且可根据每批成交货物的具体品质状况灵活调整,所以应用较广,适用于一些品质稳定的工业品或初级产品。

商品的等级(grade)是指同一类商品,按其规格上的差异将品质分为各不相同的若干等级,如大、中、小,重、轻,甲、乙、丙,一级、二级、三级……凭等级买卖时,如果对方已熟悉每个级别的具体规格,就只列明等级即可;一般情况是最好还规定每一等级的具体规格,以免发生争议。

商品的标准(standard)是将商品的规格和等级予以标准化。商品的标准一般由标准化组织、政府机关、行业团体、商品交易所等规定并公布。世界各国都有自己的标准,如英国的BS、美国的ANSI、法国的NF、德国的DIN、日本的JIS等。另外还有国际标准,如国际标准化组织(ISO)标准,国际电工委员会(IEC)等制定的标准等。我国有国家标准、专业标准、地方标准和企业标准。以我国国标为例,

标准名称的含义: GB 702-72 热轧圆钢和方钢品种
→ 标准名称
→ 批准年份
→ 国标顺序号
→ 国标代号

商品的标准不断地被修改或变动,同一组织颁布的某类商品的标准往往有不同年份的版本,标准内容也不相同。在合同中援引标准时,应注明采用标准的版本名称及其

年份。

国际贸易实务中,对一些质量变化大而难以规定统一标准的农副产品,往往采用以下标准:

(1) 良好平均品质(fair average quality,FAQ):是指一定时期内某地出口货物的平均品质水平,也即通常所说的统货或大路货。在国际上一般有两种具体解释:一是指农产品某个生产年度的中等货;二是指一定时期内在装运地发运的同一种商品的平均品质。由于这种规定含义不确切,易引起误解,故在使用时最好同时标明商品的主要规格指标。

(2) 上好可销品质(good merchantable quality,GMQ):是指卖方只需保证其交付的货物品质良好,适合商销,而在成交时无须以其他方式去说明商品的具体品质。在国际上,有些商品没有公认的规格和等级,有时卖方交货品质只需保证所交商品在品质上具有"商销性"即可。由于这种表示方法的含义笼统,难以掌握,一般只适用于木材或冷冻鱼类等物品。我国在对外贸易中很少使用。

2) 凭品牌或商标买卖

商品品牌是指厂商或销售商所生产或销售商品的牌号;商标则是牌号的图案化。品牌或商标的主要目的是使之区别于其他同类商品,它们本身就是一种品质象征。适用于一些品质稳定的工业制成品或经过科学加工的具有特色的名优产品或国际市场上行销已久、信誉良好,并为买主所熟悉的初级产品(质量稳定的农副产品)。在进行这类交易时,除了必须注意商标注册和保护外,保持和不断提高名牌商品的质量是制胜的关键。

3) 凭产地名称买卖(sale by name of origin)

有些产品,尤其是农副产品,因产区的自然条件、传统的加工工艺等因素的独有而具有其他产区的产品所不具有的独特品质,一般可用产地名称来表示其品质。如"四川榨菜(Shichuan Preserved Vegetable)""绍兴花雕酒(Shaoxin Hua Tiao Chiew)"等。

4) 凭说明书和图样买卖(sale by description and illustration)

机械、电器和仪表等技术密集型产品,因其结构和性能复杂,用以说明其性能的数据较多,对这类产品,通常是以说明书(descriptions)并附以图样(illustrations)、照片、设计、图纸、分析表及各种数据来说明其具体性能和结构特点。例如:品质和技术数据符合本合同所附技术协议书(Quality and technical data to be in conformity with the attached technical agreement which forms an integral part of this contract)。

有些凭说明书买卖的机、电、仪产品,除在合同中订有品质检验条款外,还订有品质保证条款和技术服务条款。明确规定卖方须在一定期限内保证其所出售的商品质量符合说明书上所规定的指标,如在保证期限内发现品质低于规定的指标,或部件的工艺质量不良,或材料内部有隐患而产生缺陷,买方有权提出索赔,卖方有义务消除缺陷或更换有缺陷的商品或材料,并承担由此引起的各项费用。

不少厂商为了推销自己的产品,定期或不定期地向顾客分送整本的商品目录或单张的产品介绍,这种办法又称凭商品目录买卖。国际上有不少定型的机电产品都是用这种办法进行交易的。

(三) 拟订品质条款的注意事项

1. 正确运用各种表示品质的方法

采用何种表示品质的方法,应视商品特性而定。有的商品宜凭样品进行买卖,有些商品则宜凭规格、等级、标准、商标、牌号或说明书进行买卖,不能随意滥用。各种表示品质的方法都有其特定的含义，买卖双方也须按此承担相应的义务。因此，凡是能够用一种方法表示品质的，一般就不要采用两种或两种以上的方法来表示，如既采用凭样品又采用凭规格买卖，则要求交货品质既要与样品一致，又要符合约定的规格，给履行合同带来困难；如果必须采用两种以上的方法来表示，则须在合同中对以何种为主做出具体明确的规定，以免引起争议。值得注意的是，凭样品与凭规格两种确定商品品质的方法，不宜混合使用。因为根据某些国家法律的解释，凡是既凭样品又凭规格达成的交易，则所交的货物，必须既与样品一致，又须符合规格的要求，否则，买方有权拒收货物并可提出赔偿要求。

2. 要有生产观点，量力而行

在确定出口商品的品质条件时，既要照顾国外市场的消费习惯和水平，又要符合我国的生产实际，对一些实际做不到的条款，不应接受。要注意的是，有时当市场发生对买方不利的变化时，也会造成市场索赔(market claim)。对一些国外对品质要求较高的商品，应与生产部门协商，取得同意后，才能接受。而对一些可以做到或可以进一步提高品质的商品，则不应把规格订得低于实际商品，这样会影响成交或价格，造成不应有的损失，还可能对出口商品信誉造成不良影响。

【应用案例 3-1-2】

> 某年5月，我国南方某公司与马来西亚商人达成一笔大理石交易，品质要求：纯黑色，晶墨玉，四边无倒角，表面无擦痕。允许买方到工厂验货，7月交货。签约后，由于品质要求苛刻，加工难度大，数量小，价格又低，交货期限还紧，工厂都不愿意接受。交货期一拖再拖，后经多方努力，终于交出一批货。货到后经检验不合格，买方提出索赔。
>
> 从此案中我们可以吸取哪些教训？

3. 要有科学性和灵活性

品质条款要合理、科学，主要体现为以下三点。其一，在规定商品的品质条件时，应注意用词明确、具体，便于检验及分清责任，不宜采用诸如"大约""左右""合理误差"等笼统、含糊的字眼，避免由于用词不当，引起不必要的纠纷。其二，对品质规格的项目，也不宜订得过于烦琐，应该集中力量订好影响品质的重要指标。对次要指标可以不订或少订，以免交货时由于某些次要指标不合格而使合同的执行受到影响。对一些与品质无关的条件，则避免订入。其三，要注意各指标间的内在联系，要使各指标的规定达到一致性，以免履约困难。

品质条款也要注重灵活性，不要把品质要求订得过死而造成交货上的困难。对某些由于生产过程中存在自然损耗，以及受生产能力、商品本身特点等因素的影响难以保证交货质量与合同规定的内容完全一致的商品，可以采取以下三种方法。

1) 品质公差(quality tolerance)

品质公差是指国际上公认的产品品质的误差，如手表每天出现误差若干秒，应算行走正常。这种公认的误差，即使合同没有规定，也不能视作违约。凡在品质公差范围内的货物，买方不得拒收或要求调整价格。

2) 品质机动幅度(quality latitude)

某些初级产品的质量不甚稳定，为了交易的顺利进行，在规定其品质指标的同时，可另订一定的品质机动幅度，即允许卖方所交货物的品质指标在一定幅度内有灵活性。

(1) 规定范围,指对某项商品的主要品质指标规定允许有一定机动的范围。例如:色织条格布,阔宽 104 cm/107 cm,即布的幅阔只要在 104 cm 到 107 cm 的范围内,均作为合格。

(2) 规定极限,指对某些商品的品质规格,规定上下极限。如最大、最高、最多、最小、最低、最少等。例如:活黄鳝,每条 75 g 以上;白籼米,碎粒最高 20%,杂质最高 0.25%,水分最高 15%(White Rice, Long-shaped, Broken Grains max. 20%, Admixture max. 0.25%, Moisture max. 15%)。

(3) 规定上下差异,即在规定某一具体品质指标的同时,规定必要的上下变化幅度。例如:灰鸭毛,含绒量 18%,允许上下 1%。

为体现公平交易原则,在规定品质机动幅度时,往往同时规定品质增减价条款。①对品质机动幅度内的品质差异,可按交货实际品质予以增价或减价。例如,在大豆出口合同中规定:"含油量每增减 1%(±1%),则合同价格增减 1.5%(±1.5%)。"②只对品质低于合同规定者扣价。在品质机动幅度范围内,交货品质低于合同规定者扣价,而高于合同规定者却不增加价格。同时,还可按低劣程度,采用不同的扣率。例如,在芝麻出口合同中规定:"含水量超过规定 1%,扣价 1%;超过 2%,扣价 4%。"

3) 弹性语言(flexible language)

弹性语言是指在凭样品买卖中的弹性条款。

【应用案例 3-1-3】

> 出口合同规定的商品为"手工制造书写纸"。买主收到货物后,经检验发现该货物部分工序为机械操作,而我方提供的所有单据均表示为手工制造,按该国法律应属"不正当表示"和"过大宣传"。遭用户退货,致使进口人蒙受巨大损失,要求我方赔偿。我方拒赔,主要理由有两点:①该商品的生产工序基本上是手工操作,在关键工序上完全采用手工制作;按本国行业习惯均表示为手工制造;②该笔交易是经买方当面先看样品成交的,而实际货物质量又与样品一致,因此应认为该货物与双方约定的品质相符。
>
> 请你给这种商品正确命名。

任务 2 数量条款的拟订

【引导案例 3-1-2】

> 我国某公司在交易会上与外商当面谈妥出口大米 10 000 公吨,每公吨 USD275 FOB 大连。但我方公司签约时,只是笼统地写了 10 000 吨(ton),我方主观上认为合同上的吨就是公吨(metric ton)。后来,外商来证要求按长吨(long ton)供货。如果我方照证办理则要多交大米 160.5 公吨,折合美元为 44 137.5 美元。于是,双方发生争议。

一、数量的含义和意义

货物数量是指以国际通用或买卖双方约定的度量衡表示货物的重量、个数、长度、面积、容积等的量。

正确拟订数量条款,有着重要的法律意义和实践意义。

商品的数量是国际贸易中的主要条件之一。数量是买卖双方交接货物的依据。按照某些国家的法律规定,卖方交货数量必须与合同规定相符,否则,买方有权提出索赔,甚至拒收货物。CISG 中规定:按约定的数量交付货物是卖方的一项基本义务。如果卖方交付货物数量大于合同规定的数量,买方可以拒收多交的部分,也可以收取多交部分中的一部分或全部,但应按合同价款执行;如卖方交货数量少于合同规定,卖方应在规定的交货期内补交不足部分,但不得给买方造成不合理的不便或承担不合理的开支,即便如此,买方也保留要求损害赔偿的权利。

买卖合同成交数量确定,体现经营意图,关系到进出口任务能否顺利完成和对外政策能否贯彻;正确掌握成交数量,对促进交易的达成和争取有利的价格具有重要的作用。

二、计量方法和计量单位制度

(一)计量方法

计量方法主要有六种,每种计量方法的计量单位和适用范围不同。

1. 按重量(weight)计算

农副产品、矿产品和部分工业制成品都按重量计算。如羊毛、棉花、谷物、矿产品、油类、沙盐、药品等。常用的重量单位有公吨(metric ton)、长吨(long ton or L/T)、短吨(short ton or S/T)、公斤(kilogram or kg)、克(gram or g)、磅(pound or lb)、盎司(ounce or oz)、公担(quintal or q)。其中:1 长吨=1016 公斤,1 短吨=907 公斤。

2. 按个数(number)计算

适用于一般日用工业制成品以及杂货类商品,如文具、纸张、玩具、成衣、车辆、活牲畜等,均习惯于按数量进行买卖。常用的个数单位有件(piece)、双(pair)、套(set)、打(dozen)、卷(roll)、令(ream)、罗(gross)、袋(bag)、包(bale)、箱(carton or case)。其中:1 罗=12 打,1 打=12 件,1 令=480 张。

3. 按长度(length)计算

适用于丝绸、布匹、绳索、电缆、电线等。常用的长度单位有米(metre or m)、厘米(centi-metre or cm)、英尺(foot or ft)、码(yard or yd)等。其中:1 英尺=12 英寸=30.48 厘米,1 码=3 英尺=0.914 米,1 英寸=2.54 厘米。

4. 按面积(area)计算

适用于玻璃板、地毯、皮革、塑料布、铁丝网等。常用的面积单位有平方米(square meter)、平方英尺(square foot)、平方码(square yard)。

5. 按体积(volume)计算

适用于木材、天然气和化学气体等。常用的体积单位有立方米(cubic metre)、立方英尺(cubic foot)、立方英寸(cubic inch)、立方码(cubic yard)。

6. 按容积(capacity)计算

适用于各种谷物和流体货物。谷物类以及部分流体、气体物品,如小麦、玉米、煤油、汽油、酒精、啤酒、天然瓦斯等。常用的容积单位有蒲式耳(bushel or bu)作为各种谷物的计量单位;公升(litre or L)、加仑(gallon or gal)则用于酒类、油类商品。其中:1 加仑=4.546升(英),1 加仑=3.785升(美)。

（二）计量单位制度

计量单位制度又称度量衡制度。目前，国际贸易中常用的度量衡制度，有国际单位制、公制、英制和美制。我国的法定计量单位为国际单位制。我国出口商品，除照顾对方国家贸易习惯约定采用公制、英制或美制计量单位外，应使用我国法定计量单位。我国进口的机器设备和仪器等，应要求使用法定计量单位，否则，一般不许进口，如确有特殊需要，也必须经有关标准计量管理部门批准。

由于各国度量衡制度不同，所使用的单位各异，因此了解与熟悉相互之间的换算方法是很重要的。在洽谈交易和签订合同时，必须明确规定使用哪一种度量衡制度，以免造成误会和纠纷。同时，还要掌握各国度量衡制度之间的换算方法。

由于度量衡制度不同，即使是同一计量单位所表示的数量差别也很大。就表示重量的吨而言，实行公制的国家一般采用公吨。每公吨为 1000 公斤；实行英制的国家一般采用长吨，每长吨为 1016 公斤；实行美制的国家一般采用短吨，每短吨为 907 公斤。此外，有些国家对某些商品还规定有自己习惯使用的或法定的计量单位。以棉花为例，许多国家都习惯于以包为计量单位，但每包的含量各国解释不一：如美国棉花规定每包净重为 480 磅，巴西棉花每包净重为 396.8 磅，埃及棉花每包为 730 磅。又如糖类商品，有些国家习惯采用袋装，古巴每袋糖重规定为 133 公斤，巴西每袋糖重规定为 60 公斤等。由此可见，了解各不同度量衡制度下各计量单位的含量及其计算方法是十分重要的。

三、重量计算方法

国际贸易中的许多商品是按重量买卖的。按一般商业习惯，计算重量的方法有以下几种。

（一）按毛重（gross weight）计算

毛重是指商品本身的重量（净重）加包装物的重量（皮重），一般适用于低值的商品。如粮食、食糖、饲料、化肥等。

（二）按净重（net weight）计算

净重是指商品本身的重量，即毛重减去除去皮重（包装物）后的商品实际重量。

在国际贸易中，大部分以重量计量的商品，都是以净重计价。但是一些价值较低的农副产品，如粮谷、饲料等有时也以毛重计价。这种以毛重计价的办法称之为"以毛作净"（gross for net）。实际上就是以毛重当作净重计价。适用于有些价值较低的农产品或其他商品。例如：中国东北大豆，100 公吨，单层麻袋包装，每袋 100 公斤，以毛作净。

采用净重计重时，必须由毛重扣除皮重，对如何计算包装物重量，国际上有下列几种做法。

1. 实际皮重（actual tare 或 real tare）

实际皮重即商品包装实际重量，是将整批货物包装材料逐一过秤求得的重量之和。

2. 平均皮重（average tare）

在皮重相差不大的情况下，从全体商品中抽出若干件包装材料，秤出皮重，然后求出其平均重量，即为平均皮重。

3. 习惯皮重（customary tare）

有些比较标准化、规格化的包装，其重量已为市场所公认，因此不必逐件重复过秤，而以习惯上公认的包装重量计算,称为习惯皮重。

4. 约定皮重(computed tare)

约定皮重是指买卖双方事先协商约定的皮重,不必过秤,逐一衡量。

计算皮重究竟采取哪一种方法,在磋商交易和签订合同时,也应明确加以规定,以免事后引起争议。

如在合同中未明确规定用何种方法计算重量和价格的,按惯例应以净重计。

【应用案例 3-1-4】

> 我国某出口公司与某国进口商按每公吨 500 美元的 FOB 价格于大连成交某农产品 200 公吨,合同规定包装条件为每 25 千克双线新麻袋装,信用证付款方式。该公司凭证装运出口并办妥了结汇手续。事后对方来电,称:该公司所交货物扣除皮重后实际到货不足 200 公吨,要求按净重计算价格,退回因短量多收的货款。我公司则以合同未规定按净重计价为由拒绝退款。要求:分析该公司的做法是否可行,并说明理由。

(三) 按公量(conditioned weight) 计算

公量是指用科学方法抽掉商品中的水分后,再加上标准含水量所求得的重量(公量＝干量 ＋ 标准含水量)。这种方法经常用于水分含量不稳定、易受空气湿度影响的商品,如羊毛、生丝、棉花等。

$$公量 = 商品干净重 \times (1 + 公定回潮率)$$

$$公量 = 商品净重 \times (1 + 公定回潮率) \div (1 + 实际回潮率)$$

【应用实例 3-1-3】

> 进口羊毛 10 M/T,买卖双方约定标准回潮率为 11%,经测定 10 kg 羊毛经科学方法除水后净重 8 kg,问这批羊毛的公量是多少?
>
> 解:实际回潮率 ＝ [商品含水量/除水后净重] $\times 100\%$ ＝ [$2 \div (10-2)$] $\times 100\%$ ＝ 25%
>
> 公量 ＝ 商品净重 $\times (1+$公定回潮率$) \div (1+$实际回潮率$) = 10 \times (1+11\%) \div (1+25\%) = 8.88$ MT
>
> 答:这批羊毛的公量是 8.88 MT。

(四) 按理论重量(theoretical weight) 计算

对有固定规格和固定尺寸的商品,根据其数量经推算所得的重量。如马口铁、钢板规格一致,其重量大致相等,可以从张数推算其实际重量。

(五) 按法定重量(legal weight)和实物净重(net net weight) 计算

法定重量是商品重量加上直接接触商品的包装物料的重量,而除去这部分重量所表示出来的纯商品重量则称为实物净重。按照一些国家海关法的规定,在征收从量税时,商品的重量是以法定重量计算的。

四、数量条款的拟订

(一)数量条款的基本内容

买卖合同中的数量条款,主要包括成交商品的数量和计量单位。按重量成交的商品,还需要订明计算重量的方法。如:中国大米 1000 公吨,麻袋装,以毛作净。5%溢短装,由卖方选择,按合同价格计算。

(二)拟订数量条款的注意事项

1. 正确掌握成交数量

在商订数量条款时,应当做到心中有数,防止盲目成交。

1) 对出口商品数量的掌握

为了正确掌握出口商品的成交量,在商订具体数量时,应当考虑下列因素。

(1) 国外市场的供求状况。当我们确定向某市场出口时,应了解该市场的需求量和各地对该市场的供应量,有效地利用市场供求变化规律,按国外市场实际需要合理确定成交量,以保证我国出口商品能卖到适当的价钱。对我国出口商品的主销市场和常年稳定供货的地区与客商,应经常保持一定的成交量,防止因成交量过少或供应不及时,而导致国外竞争者乘虚而入,使我们失去原有的市场和客户。

(2) 国内货源供应情况。确定出口商品的成交数量,应当同国内的生产能力,货源供应状况相适应。在有生产能力和货源充沛的情况下,可适当扩大成交量;反之,如果货源紧张,则不宜盲目成交,以免给生产企业和履行合同带来困难。

(3) 国际市场的价格动态。在确定出口商品成交数量时,还应考虑该项商品的市场价格动态。当价格看跌时,如果有货源,应争取多成交,快抛售;价格看涨时,不宜急于大量成交,应争取在有利的时机抛售。

(4) 国外客户的资信状况和经营能力。出口商品的成交数量应与国外客户的资信状况和经营能力相适应,对资信情况不了解的客户和资信欠佳的客户,不宜轻易签订成交数量较大的合同,对小客户的成交数量也要适当控制,对大客户的成交数量过小,势必缺少吸引力。总之,要根据客户的具体情况确定适当的成交量。

2) 对进口商品数量的掌握

为了正确地掌握进口商品的成交数量,一般需要考虑下列因素。

(1) 国内的实际需要。在洽购进口商品时,应根据国内生产建设和市场的实际需要来确定成交量,避免盲目进口。

(2) 国内支付能力。确定进口商品数量,应与国内支付能力相适应,当外汇充裕而国内又有需要时,可适当扩大进口商品数量;反之,如外汇短缺,又非急需商品,则应控制进口成交数量,以免浪费外汇和出现不合理的贸易逆差。

(3) 市场行情变化。在洽购进口商品时,还应根据国际市场行情变化情况确定成交数量,当市场行情发生对我方有利的变化时,应适当扩大成交数量;反之,则应适当控制成交数量。

2. 数量条款应当明确具体

应尽可能使用明确、具体的字眼,以免在合同执行时引起不必要的纠纷。在合同中一般不宜采用大约(about)、近似(circa)、左右(approximate)等字样,因为"约量"的字眼笼统、含糊,国际上对其含义有不同的解释,有的解释为 2%,有的解释为 5%,也有的解释为 10%。根据《跟单信用证统一惯例》规定:对"约数"可解释为不超过 10%的增减幅度。

3. 合理规定数量机动幅度

在粮食、矿砂、化肥和食糖等大宗商品的交易中,由于商品特性、货源变化、船舱容量、装载技术和包装等因素的影响,要求准确地按约定数量交货,有时存在一定困难,可在合同中规定数量机动幅度条款,即数量增减条款(plus or minus clause),也称为溢短装条款(more or less clause)。按照这一规定,卖方在交货时可以溢交或短交若干,但以不超过合同数量的百分之几为限。例如:大豆,50 000 公吨,以毛作净,可溢短装 6%(soybean,50 000M/T,gross for net,6% more or less)。需要注意的是,溢短装条款仅适用于散装货、打包货,对按包装单位或个数计数者,不适用溢短装条款。

1)关于溢短装条款几个构成要素

(1)数量机动幅度:大小要合适。

数量机动幅度的大小通常都以百分比表示,如 3%或 5%不等。关于分批装运中机动幅度的规定:第一,只对合同数量规定一个百分比的机动幅度,而对每批分运的具体幅度不做规定,在此情况下,只要卖方交货总量在规定的机动幅度内,就算按合同数量交了货。第二,除规定合同数量总的机动幅度外,还规定每批分批分运数量的机动幅度,在此情况下,卖方总的交货量受上述总机动幅度的约束,而不能只按每批分运数量的机动幅度交货,这就要求卖方根据过去累计的交货量,计算出最后一批应交的数量。

(2)机动幅度选择权:规定要合理。

合同中若规定有溢短装条款,具体伸缩量的掌握大都明确由卖方决定(at seller's option),例如:饲料,10 000 公吨,可溢短装 4%,由卖方选择(forage,10 000M/T,4% more of less at seller's option)。但在由买方派船装运时,也可规定由买方决定(at buyer's option)。在采用承租船运输时,为了充分利用船舱容积,也可授权船方掌握并决定装运增减量,在此情况下买卖合同应明确由承运人决定伸缩幅度(at carrier's option,or at ship's option)。

(3)溢短装部分:计价方法要公平。

通常情况下,对溢装或短装的部分按合同价款计价。但是,在按合同价格计价的条件下,交货时市价下跌,多装对卖方有利;但如果市价上升,多装却对买方有利。为了防止有选择权的卖方或买方利用对自己有利的行市,故意多装或少装,也可在合同中规定,溢装或短装的部分按装船时或到货时的国际市场价格计价,以体现公平合理的原则。如双方对装船时或货到时的市价不能达成协议,则可交由仲裁解决。

因此,为了防止有权选择多装或少装的一方当事人利用行市的变化,有意多装或少装以获取额外的好处,也可在合同中规定,多装或少装的部分,不按合同价格计价,而按装船时或货到时的市价计算。

2)国际商会《跟单信用证统一惯例》对数量的机动幅度的规定

(1)"约"按 500 号的规定中的"约"被解释为"±10%"。在合同中尽量避免用"约"字,最好确定一个具体的百分比。

(2)如凭信用证付款方式进行的买卖,除非信用证所列的货物数量不得增减,在支取金额不超过信用证金额的条件下,即使不允许分批装运,卖方交货数量也可有 5%的伸缩幅度,但货物数量按包装单位或个体计算时,此项伸缩则不适用。即按 500 号的规定有

+5%机动幅度,它要满足三个以下前提条件:

①采用信用证支付方式,且信用证没有做出相反的规定。
②支取的金额不能超过信用证的金额。
③货物的数量不是按照包装单位或者个数来计量(即货物为散装货)。

【应用实例3-1-4】

> 我国某公司向科威特出口冻羊肉,每公吨FOB价4000美元,合同规定数量约20公吨。国外按时开来信用证,证中规定金额为80 000美元,数量约20吨。结果我方按22吨发货装运,但持单到银行办理议付时遭到拒绝。问银行能这样做吗?

【应用实例3-1-5】

> 我国某公司从国外进口某散装农产品,采用信用证支付方式,信用证总金额规定有5%增减幅度,合同数量为100万吨,而外商装船时共装运了120万吨,请问我方应如何处理?如果该农产品的国际市场价格呈上涨趋势,我方磋商合同条款时,应注意什么?

任务3　商品的包装条款的拟订

【引导案例3-1-3】

> 我国某公司出口自行车800辆,合同规定用木箱装,来证也为PACKED IN WOODEN CASE。但在CASE之后加有CKD三个缩写字母,我方所有单据按来证照打,结果货到目的港被海关罚款,并多上税,因而买方向我索赔。我国某外贸公司出口水果罐头一批,合同规定纸箱包装,每箱30听,共80箱。但业务员在发货时将其改为每箱24听,共计100箱,总听数没变,但遭到了对方拒收。

一、包装的概念和意义

商品包装是指在商品流通过程中保护商品、方便运输、促进销售、按一定的技术方法而采用的容器、材料及辅助等的总体名称。可以从两个方面理解商品包装的含义:一方面是指盛装商品的容器,通常称作包装物,如箱、袋等,同时它起到保护和促进销售的作用,故也是保护物和宣传物;另一方面是指包扎商品的过程,如装箱、打包等。在国际贸易中,商品种类繁多,性质、特点和形状各异,因而它们对包装的要求也各不相同。除少数商品难以包装、不值得包装或根本没有包装的必要而采取裸装(nude pack)或散装(in bulk)的方式外,其他绝大多数商品都需要有适当的包装。包装分为运输包装和销售包装,运输包装又称外包装。分为单件运输包装和集合运输包装。销售包装又称内包装,是进入零售市场直接与消费者见面的一种包装。

包装具有重要的法律性意义和实践性意义。

在国际货物买卖中,包装是说明货物的重要组成部分,包装条件是买卖合同中的一项主要条件。提供约定的或通用的商品包装是卖方的基本义务。CISG及英、美法律均规定，包装应作为合同描述的一部分对待；没有规定的，普通法规定卖方的默示责任，即包装必须适合运输。我国合同法第156条规定："出卖人应当按照约定的包装方式交付标的物。对包装方式没有约定或者约定不明确……应当按照通用的方式包装，没有通用方式的，应当采取足以保护标的物的包装方式。"

CISG规定，卖方交付的货物，如未按合同规定的方式装箱或包装，即构成违约。如果一方违反了所约定的包装条件，另一方有权提出索赔，甚至可以拒收货物。一些国家的法律规定，如卖方交付的货物未按约定的条件包装，或者货物的包装与行业习惯不符，买方有权拒收货物。如果货物虽按约定的方式包装，但却与其他货物混杂在一起，买方可以拒收违反规定包装的那部分货物，甚至可以拒收整批货物。

另外，包装不良(insufficient packing)，产生不清洁提单，影响安全收汇。

商品包装是商品生产的继续，是最后一道生产工序，是实现货物价值和使用价值的必要手段，是保护商品在流通过程中品质完好和数量完整的重要措施。由于国际贸易商品一般需要经过长距离辗转运输，因此，国际贸易商品的包装比国内销售商品的包装更为重要。在国际贸易中，经过适当包装的商品，有利于储存、保管、运输、装卸、计数、销售和防止盗窃等工作的进行，有利于消费者的挑选和携带。包装良好的商品，还有利于吸引顾客，扩大销路，增加售价，多创外汇。不断变换包装方式和翻新包装花样，有利于保持和扩大其商品的销路，排挤和打击竞争对手，并可使我国的商品直接进入国外大百货商店和超级市场，因此，包装的作用不仅限于保护商品的品质和数量，而且已发展成为增强商品竞争能力、扩大销路、增加外汇收入的重要手段之一。

（一）各类包装和相关规定

进入国际贸易的商品，可以分为三类，即裸装货、散装货和包装货(packed cargo)。裸装适用于一些品质比较稳定、自成件数、难以包装或不需要包装的商品，如钢材、铝锭、木材、橡胶等。裸装一般没有任何包装，但有时也略加包扎，如钢材有时也用铁丝捆扎成堆。烟胶片用烟胶片本身包扎，也属裸装。散装适用于一些数量较大、颗粒成堆或液态商品。这些商品多是不易碰坏的货物，如矿砂、煤、粮食、石油等。许多散装的商品也可以包装。散装货需要具备一定的装卸条件和运输设备。近年来，随着码头装卸、仓储和散装运输设备的发展，各国商人采用散装方式进行交易。因为，散装运输可以加快装卸速度、节省包装费用、仓容和运费。不过，在采用散装运输时要考虑码头装卸设备和仓库条件，否则，会造成装卸、运输、储存上的困难和品质、数量方面的损失。

国际贸易中的商品包装，按其在流通过程中作用的不同，可以分为运输包装和销售包装两种。还有一种特殊的包装值得注意，它在商品上和内外包装上均无注明产地、厂名和厂家商标，称为中性包装。

1. 运输包装(transportation packing)

运输包装习惯上称为大包装或外包装(outer packing)，其作用是保护商品，主要是保护商品的品质和数量，便于运输、储存、检验、计数、分拨，有利于节省运输成本，防止在储运过程中发生货损货差。

1) 运输包装分类

（1）单件运输包装。单件运输包装是指货物在运输过程中作为一个计件单位的包装。单件运输包装是根据商品的形态或特性将一件或数件商品装入一个较小容器内的包装方式。单件运输包装应坚固结实,具备保护商品品质安全和数量完整的良好性能。如能防潮、防震、防漏、防锈蚀、防碰撞、防盗和便于通风等。单件运输包装还应适于运输装卸、储存并符合节省运输费用的要求。制作单件运输包装时,要注意选用适当的材料,并要求结构造型科学合理,同时还应考虑不同国家和地区的气温、湿度、港口设施和不同商品的性能、特点和形状等因素。

①按包装造型不同分为:箱、桶、袋、包、捆等。

②按照包装的质地来分,有软性包装、半硬性包装和硬性包装。软性包装较易变形,有利于节约仓容;半硬性包装不易变形,同时经堆储后可略有压缩;硬性包装不能压缩,包装本身硬实。

③按照制作包装所采用的材料来分,一般常用的有纸制包装、金属包装、木制包装、塑料包装、棉麻制品包装、玻璃制品包装、陶瓷包装,还有竹、柳、草制品包装等。

(2) 集合运输包装。集合运输包装是指将若干单件运输包装组合成一件大包装,以利更有效地保护商品,提高装卸效率和节省运输费用。随着科学技术的发展,在运输包装上使用集合包装的方式日益增多。集合包装可以提高港口装卸速度,便利货运,减轻装卸搬运的劳动强度,降低运输成本和节省运杂费用,更好地保护商品的质量和数量,并促进包装的标准化。

①集装箱(container)。目前国际上通用的集装箱规格很多,但最通用的是 8 英尺×8 英尺×20 英尺和 8 英尺×8 英尺×40 英尺两种。20 英尺集装箱的载货重量,最多可达 18 公吨,其容量为 31~35 立方米。一般计算集装箱的流量时,通常以 20 英尺集装箱为一个标准单位,通称"TEU"。

②托盘(pallet)。托盘是按一定规格制成的单层或双层平板载货工具,在平板上将若干单件包装的商品,码在托盘上,然后用绳索、收缩薄膜或拉伸薄膜等物料,将商品与托盘组合加固起来,组成一个运输单位,便于在运输过程中使用机械进行装卸、搬运和堆放。托盘货物一般重 1~1.5 公吨。托盘通常以木制为主,但也有用塑料、金属等制成。常见的托盘有平板托盘和箱型托盘等。

③集装袋和集装包(flexible container)。集装袋和集装包是一种用合成纤维或复合材料编织成的圆形大包,可容 1~4 公吨货物,最多可达 13 公吨。主要用于装载粉粒状货物,如化肥、矿砂、面粉、食糖、水泥等,有些国家为了提高货物的装卸速度和港口码头的使用效率,常常在信用证上规定进口货物必须使用集合运输包装,否则不准卸货。

2) 运输包装的标志

(1) 运输标志(shipping mark)。运输标志又称唛头,也称正唛,通常是由一个简单的几何图形和字母、数字以及简单的文字组成。主要内容包括:目的地的名称或代号;收、发货人的代号;件号、批号。此外,有的运输标志还包括原产地、合同号、许可证号和体积与重量等内容。联合国欧洲经济委员会为简化国际贸易程序工作组,在国际标准化组织和国际货物装卸协调协会的支持下,制定了一套运输标志向各国推荐使用。该标准运输标志包括:

①收货人或买方名称的英文缩写字母或简称。

②参考号,如运单号、订单号、发票号、合同号。

③目的地,货物最终目的地或目的港的名称。

④件号,包装货物的每件货物的顺序号和总件数均需标上。如"NO. 1/100""NO.

2/100"……"NO.100/100"。拟订合同条款时,这一栏只需做成:NO.1/100即可。

唛头的作用:便于在装卸、运输、储存、检验、报关过程中识别、点数,防止错发错运;便于收货人收货。

运输标志除了正唛,还包括在其他空白位置(非唛头区)的侧唛。如:

Electric Hair Driver
Art No.：   UYT65
QUANTITY(数量)   20 pcs
GROSS　WEIGHT(毛重)   35 kg
NET　WEIGHT(净重)   30 kg
MEASUREMENT(体积尺寸)   50 cm×35 cm×78 cm
MADE IN CHINA

【应用实例 3-1-6】

> 国内A公司与国外客户B公司在2001年1月份签下了1X20′集装箱产品P2(货号934)的合同,此批货中,有两种规格,每一规格有2种不同的包装,卖给两个不同的最终用户,意味着4种不同样式的产品包装。每种包装的产品100箱,共计400箱。唛头如下:
>
> STL-953 QTY.:PCS(每箱多少支)
> ITEM NO. 934 G.W.:KGS(毛重)
> C/NO.1-?? N.W.:KGS(净重)
> MADE IN CHINA MEAS.:CM
>
> 国内A公司以为工厂会在正唛上按照箱子的流水号来编,因此国内A公司在下订单时没有注明在正唛的"C/NO.1-"后按照流水号来编写具体的箱号,结果工厂没有在正唛上按照箱子的流水号来编写,而产品货号又全部一样。货物到达目的港后,客户无法区分货物。该客户不得不一箱箱地打开包装找货,增加了客户的人工费,造成了很严重的损失。客户提出索赔,国内A公司给予客户相应的赔款。但是此客户从此断绝了与国内A公司的贸易往来。
>
> [正确做法]
>
> 1. 国内A公司在给工厂下订单时,在生产清单上若需工厂填写的内容,需要在英文旁边注明中文,因为很多工厂的工作人员英文水平一般,要考虑到工厂的具体情况。
>
> 2. 在给工厂下订单时需要考虑客户的具体要求,站在客户的立场上考虑收到货后,如何区分货物的问题。特殊的要求,除在生产清单上注明以外,还要跟工厂负责该项业务的工作人员在电话里特别强调。以防工厂对A公司的具体要求没有注意到,生产的东西不符合要求,造成返工,延误交货期。
>
> 3. 在给多个工厂的订单时,给工厂加唛头最好编为第1个工厂 C/NO.1-(1,2,3…);第2个工厂 C/NO.2-(1,2,3…);第3个工厂 C/NO.3-(1,2,3…);依此类推……
>
> 若工厂数很少,而箱数确认的情况可按照流水号编箱号,如下例,共75箱货3个工厂。

> 第一个工厂为:10 箱,那么箱号就是 C/NO.1-(1,2,3……10)。
> 第二个工厂为:20 箱,那么箱号就是 C/NO.11-(12,13……30)。
> 第三个工厂为:35 箱,那么箱号就是 C/NO.31-(32,33……65)。
> 4. A 公司要求质检人员验货时,对箱号进行核实,以防工厂误填。

(2) 指示性标志(indicative mark)。根据商品的性能和特点,用简单醒目的图形或文字对一些容易破碎、残损、变质的商品、提出某些在装卸搬运操作和存放保管条件方面的要求和注意事项,称为指示性标志。例如:"此端向上""防湿""防热""防冻""小心轻放""由此吊起""由此开启""重心点""勿用手钩""勿近锅炉""易碎"等。

指示性标志如图 3-1-1 所示。

图 3-1-1　指标性标志

(3) 警告性标志(warning mark)。警告性标志是针对危险货物,为了在运输、保管和装卸过程中,使有关人员加强防护措施,以保护物资和人身的安全而加在外包装上的危险货物标志。凡对包装内装有爆炸品、易燃物品、自燃物品、遇水燃烧物品、有毒品、腐蚀性物品、氧化剂和放射性物品等危险品,应在运输包装上刷写清楚明显的危险品警告标志,以示警告。

制作运输包装标志,应当注意如下事项。①必须按照有关规定办理。遵守我国颁布的《包装储运指示标志》和《危险货物包装标志》的规定;联合国海事协商组织规定,在出口危险品的外包装上要刷写《国际海运危险品货物标志》,目前已有许多国家照此执行。为了防止我国出口货物到国外港口产生不准靠卸和增加移泊或改港绕航等问题,出口危险品时,应同时在外包装上分别刷写我国和《国际海运危险货物规则》规定的两套危险品标志。②包装标志要简明清晰。包装标志选用文字要少,图案要清楚,标志的文字、字母及数字号码的大小要适当,使人看了一目了然。除了必要的标志之外,不要加上任何广告性质的宣传文字或图案,以免同标志混杂起来,难以辨认。③涂刷标志的部位要适当,所有包装标志都应涂刷在装卸搬运时容易看得见的部位。凡制作标志的颜料,都应具有耐温、耐晒、耐摩擦的性能,以免标志发生褪色和脱落等现象。

警告性标志如图 3-1-2 所示。

2. 销售包装(selling packing)

销售包装又称内包装,它是直接接触商品并随商品进入零售网点和消费者直接见面

图 3-1-2　警告性标志

的包装。这类包装除必须具有保护商品的功能外,更应具有促销的功能。因此,对销售包装的造型结构、装潢画面和文字说明等方面,都有较高的要求。不断改进销售包装的设计,改善包装用料,更新包装式样,美化装潢画面,搞好文字说明,提高销售包装的质量,是加强对外竞销能力的一个重要方面。

为了使销售包装适应国际市场的需要,在设计制作销售包装时,应体现下列要求。

(1) 造型和装潢设计有利于促销,包括:①便于陈列展售,商品造型结构必须适于陈列展售;②便于识别商品,如采用某些透明材料做包装,或在销售包装上辅以醒目的图案及文字标示,使人一目了然,便于识别商品;③便于携带和使用,如大小要适当,以轻便为宜,必要时还可附有提手装置(开启容易,便于使用)等;④要有艺术吸引力,造型考究和装饰美观的销售包装,不仅能显示商品的名贵,且具有观赏价值,有的还可作装饰品用,有利于吸引顾客、提高售价和扩大销路。

(2) 有利于循环再利用,使用绿色包装标志。

(3) 标签的使用符合进口国标签管理条例规定。

(4) 包装上有条形码标志。

【趣味阅读 3-1-2】

条形码

条形码是由一组配有数字的黑白及粗细间隔不等的平行条纹所组成,它是一种利用光电扫描阅读设备为计算机输入数据的特殊代码语言。

在国际上通用的包装上的条形码有两种:一种由美国、加拿大组织的统一编码委员会编制,其使用的物品标识符号为 UPC 码;一种由欧洲物品编码协会(后改为国际物品编码协会)编制,其使用的物品标示符号为 EAN 码。1941 年 4 月我国正式加入国际物品编码协会,该会分配给我国的国别号为 690~699,凡标有 690~699 编码的商品,就表示是中国出产的商品。696~699 编码目前尚未采用。

3. 中性包装(neutral packing)

1) 中性包装的定义

中性包装指在商品上和内外包装上不标明生产国别、地名和厂商名称,也不标明厂家原有的商标或牌号的包装。主要是为了规避进口国的贸易壁垒或海关监管,或根据有关客户的特殊要求进行的中性包装。

2) 中性包装的分类

（1）无牌中性包装。无牌中性包装是指包装上既无生产地名和厂商名称，又无商标、品牌的包装。在有些原材料、半成品或低值产品交易中，出口商为了节省费用，往往采用这种包装。

（2）定牌中性包装。定牌中性包装是指包装上仅有买方指定的商标或品牌，但无生产地名和出口厂商名称的包装。主要是为了打破进口国家和地区实行的各种限制（如实行关税和不合理的配额限制）和政治歧视，是扩大商品出口的一种竞争手段；也是为了适应转口贸易等需要。目前，某些出口商品使用定牌中性包装已成为国际贸易中的一种习惯做法。

【趣味阅读 3-1-3】

定牌和无牌

定牌：买方要求出口商品和/或包装上使用买方指定的商标或牌名的做法。定牌也叫贴牌，一般用于加工贸易。出口方可以采取两种做法：一是在合同中注明"如发生工业产权争议由买方负责；二是订约前要求买方提供合法使用该商标或牌名的有效证明文件并留存。

无牌：买方要求在出口商品和/或包装上免除任何商标或牌名的做法；主要用于一些有待进一步加工的半制成品，如供印染用棉坯布，或供加工成批服装用的呢和绸缎等，其主要目的是避免浪费、降低费用成本。国外有的大百货公司、超级市场向我方订低值易耗的日用消费品时，也有要求无牌包装的，其原因是无牌商品无须做广告，可降低销售成本，实现薄利多销。

（二）拟订包装条款（packing clause）的注意事项

由于包装条件与买卖双方的利益关系密切，买卖双方洽商交易时必须就包装条件谈妥，并在合同中具体订明。在签订合同时，一般都有包装条款，但有些简单的包装条款，也可以和数量条款合并，如"中国东北大豆 2000 公吨，单层麻袋包装"。包装条款一般包括包装材料（packing materials）、包装方式（method of packing）、包装规格（specification of packing）、运输标志和包装费用（packing charges）等内容。包装方式有单件包装和集合包装两种方式。包装规格是指对货物进行包装的具体操作方法和有关规格参数。例如：每箱装 12 袋，每袋 12 件；筐装，外包麻布，麻绳捆扎，每筐净重 50 公斤。包装条款基本内容一般包括：包装材料、包装方式和包装规格。运输标志应订入合同中，但常常不放在包装条款中，而是填在与合同标的有关的表格中或单独列出。

要订好包装条款必须注意下列事项。

1. 约定包装时，应明确具体，不宜笼统规定

如在合同中要明确规定包装材料、包装方式和包装规格这三个基本要素。例如：纸（包装材料）箱（包装方式是单件包装中的箱装方式）包装，每箱 6 块（包装规格）。包装条款一般应包括包装的用料、尺寸（大小）、每件的重量（数量）、填充物料和加固设备等。按照国际贸易惯例，运输标志一般可以由卖方提供，如买方没有特殊要求，可以不列入合同，或只订明"卖方标志"，由卖方自行设计，然后通知买方。如买方有要求，就应该在合同中具体明确规定。为了便于我国出口商品包装的不断改进，而不致受合同条款的束缚，对某

些包装条款也不宜订得过于具体。但对已有标准出口的包装商品,在签订包装条款时,不仅应订得具体,而且应力争对方接受这一条款。在国际贸易中,有时也使用"海运包装"或"习惯包装"等术语,但这种术语内容不明确,各国理解不一,应避免使用。如果一定要使用,应再订明使用什么包装材料。

2. 要考虑商品特点和不同运输方式的要求

商品的特性、形状和使用运输方式的不同,对包装的要求也不相同。因此,在约定包装材料、包装方式、包装规格和包装标志时,必须从商品储运和销售过程中的实际需要出发,使约定的包装科学、合理,并达到安全、适用和适销的要求。

3. 考虑有关国家的法律规定

确定货物包装时,要考虑有关国家和地区的现行法律。比如:有些国家禁止或限制使用某种包装物料,包括衬垫物;有些国家对包装运输标志和标记做了严格的规定;有些国家对不同商品的每件包装的重量订有不同的税率,或规定装卸时采用不同的操作办法。

4. 明确包装费用由何方负担

包装由谁供应,通常有下列三种做法。

(1) 由卖方供应包装,包装连同商品一起交付买方。

(2) 由卖方供应包装,但交货后,卖方将原包装收回。关于原包装返回给卖方的运费由何方负担,应做具体规定。

(3) 买方供应包装或包装物料。采用此种做法时,应明确规定买方提供包装或包装物料的时间,以及由于包装或包装物料未能及时提供而影响发运时买卖双方所负的责任。

包装物料和费用一般包括在货价之内,不另计价。但如果在买方对包装材料和包装方式提出特殊要求的情况下,卖方也可要求另收包装费。究竟由何方负担,应在包装条款中订明。

5. 合同中对货物的包装没有特殊规定时的处理方式

买卖双方签订合同时,对商品的包装方式、运输标志及包装费的负担等,一般都要做出具体规定。如果对货物的包装没有特殊规定,一般来说,卖方应使用本国用于出口货物的包装发货,这种包装应适应货物在运输过程中进行正常装卸搬运的要求,并应照顾到可能的转船和较长运输时间以及所采用的运输方式。如果货物的包装与合同的规定或行业惯例不符,买方可以拒收货物。按照某些国家的法律规定,货物的包装通常是构成货物说明的组成部分。例如,如果买方订购的是1磅或2磅的瓶装果酱,那么卖方供应5磅或10磅装的果酱就算违约,买方就有权拒收货物。如果合同要求货物按规定的方式包装,但却与其他货物混杂在一起,买方可以拒收整批货物,也可以只拒收违反规定包装的那一部分。

【应用实例 3-1-7】

> 包装条款:一般包括包装材料、包装方式、包装费用和包装标志。
>
> (1) 木箱装,每箱 50 公斤,净重。In wooden cases of 50 kilos net each.
>
> (2) 纸箱装,每箱净重 40 公斤,然后装托盘。In cartons of 40 kilos net each, then on pallets.
>
> (3) 国际标准茶叶,20 纸箱一托盘,10 托盘一集装箱。In international standard tea boxes, 20 boxes on a pallet, 10 pallets in a FCL container.

(4) 每箱36双装,混码包装。36 pairs packed in acarton size as sorted.

(5) 木夹板包装,每令410张,每包45令。In wooden bale 410 sheets/ream,45ream/bale.

(6) 36套装一出口纸箱,420箱装一个20英尺集装箱运送。36 sets packed in one export carton,each4 20 cartons transported in one 20 ft container.

小 结

货物的品质是国际货物买卖合同的主要条件之一,常见的表示方法主要有两类:一是以实物样品表示;二是以文字说明表示。相应的成交方法有凭实物样品买卖和凭文字说明买卖两种。在凭样品买卖时,有买方样和卖样方之分,要注意"复样""回样"和"封样"等环节。而凭文字说明买卖又分为凭规格、等级、标准;凭牌号或商标;凭说明书和图样以及凭产地名称买卖等。品质条款是买卖合同中的一项主要条款,是买卖双方对货物品质的具体约定。在约定具体品质指标时,通常加订品质机动幅度或品质公差条款,从而给生产和交货带来方便,以保证交易的顺利开展。

货物数量是指以国际通用或买卖双方约定的一定度量衡表示货物的重量、个数、长度、面积、容积等的量。目前常用的度量衡制度有公制(或米制)、英制、美制,以及从公制发展而来的国际单位制。我国采用国际单位制为法定计量单位。常用的计量单位和计量方法分别有重量单位及按重量计量、数量单位及按数量计量、长度单位及按长度计量、面积单位及按面积计量、容积单位及按容积计量、体积单位及按体积计量等。其中按重量计量的方法很多,具体分为毛重、净重、公量、理论重量、法定重量等。

数量条款是国际货物买卖合同中的主要条款之一,它是买卖双方对交易数量所进行的约定,也是双方在交割货、单和处理数量纠纷的依据。有些货物计量不易精确,或者受运输、包装等条件的限制,实际装货往往出现或多装或少装的现象。为此,在合同中要规定数量的机动幅度条款,以免发生争议。

货物包装是商品的盛载物、保护物与宣传物。包括运输包装和销售包装。它不仅具有保护商品的性能,而且拥有宣传、美化商品的魅力。选用理想的包装应结合客户的需求、商品的特性及国外的有关规定,达到科学、经济、牢固、美观、适销的要求。包装标志主要包括运输标志、指示性标志和警告性标志以及其他标志等。

包装条款是进出口合同中的重要交易条件,主要包括包装材料、包装方式、包装件数、包装标志及包装费用负担等内容,订立时应统筹考虑双方利益与要求,制订明确、具体、完整、周密的包装条款。

综合训练

一、单项选择题

1. "标的物"条款就是( )。
A. 品质条款　　　B. 合同条款　　　C. 说明条款　　　D. 品名条款

2. 在品质条款的规定上,对某些比较难掌握其品质的工业制成品或农副产品,我们多在合同中规定（　　）。

　　A.溢短装条款　　　　　　　　B.增减价条款

　　C.品质公差或品质机动幅度　　　D.商品的净重

3. 我国某进出口公司拟向马来西亚客商出口服装一批，在洽谈合同条款时，就服装的款式可要求买方提供（　　）。

　　A.样品　　　　B.规格　　　　C.商标　　　　D.产地

4. 一种样品若没有标明是参考样品还是标准样品，应看作为（　　）。

　　A.参考样品　　　　　　　　B.标准样品

　　C.双方协商　　　　　　　　D.参照国际标准

5. 我国出口一批农产品，如合同中以 FAQ 来说明品质，则在交货时，检验货物的品质依据应为（　　）。

　　A.本年该产品的中等货

　　B.装船时在发运地发运的同一种产品的平均品质

　　C.双方再协商

　　D.合同规定的具体标准

6. 如卖方所交货物品质低于样品品质，但在品质公差范围内，买方应如何处理（　　）。

　　A.拒收、拒付　　　　　　　　B.收货、拒付

　　C.降价收货　　　　　　　　　D.按合同价收货

7. 在以规格与样品同时使用的出口贸易中，国外买方验货的质量依据一般为（　　）。

　　A.规格　　　　B.样品　　　　C.规格和样品　　　　D.规格或样品

8. 如我方欲进口一套机电设备，一般应选用的表示品质的依据为（　　）。

　　A.凭卖方样品买卖　　　　　　B.凭买方样品买卖

　　C.凭说明书买卖　　　　　　　D.凭商标和牌名买卖

9. "以毛作净"实际上就是（　　）。

　　A.以净重作为毛重作为计价的基础　　B.按毛重计算重量作为计价的基础

　　C.按理论重量作为计价的基础　　　　D.按法定重量作为计价的基础

10. 在国际贸易中，大宗农副产品、矿产品以及一部分工业制成品习惯的计量方法（　　）。

　　A.按面积计算　　　　　　　　B.按长度计算

　　C.按重量计算　　　　　　　　D.按容积计算

11. 在国际贸易中，木材、天然气和化学气体习惯的计量单位（　　）。

　　A.按重量计算　　　　　　　　B.按面积计算

　　C.按体积计算　　　　　　　　D.按容积计算

12. 在国际贸易中，酒类、汽油等液体商品习惯的计量单位（　　）。

　　A.按重量计算　　　　　　　　B.按面积计算

　　C.按体积计算　　　　　　　　D.按容积计算

13. 在国际贸易中最常见的计重方法是（　　）。

　　A.净重　　　　B.毛重　　　　C.公量　　　　D.法定重量

14. 根据《跟单信用证统一惯例》规定,合同中使用"大约""近似"等约量字眼,可解释为交货数量的增减幅度为(   )。
   A. 不超过5%   B. 不超过10%
   C. 不超过15%   D. 由卖方自行决定
15. 合同中未注明商品重量是按毛重还是净重计算时,习惯上应按(   )计算。
   A. 毛重   B. 净重   C. 以毛作净   D. 公量
16. 某公司与外商签订了一份出口某商品的合同,合同中规定的出口数量为500公吨。在溢短装条款中规定,允许卖方交货的数量可增减5%,但未对多交部分货物如何作价给予规定。卖方依合约规定多交了20吨,根据CISG的规定,此20吨应按(   )作价。
   A. 到岸价   B. 合同价   C. 离岸价   D. 议定价
17. 条码标志主要用于商品的(   )上。
   A. 销售包装   B. 运输包装
   C. 销售包装和运输包装   D. 任何包装
18. 按照国际惯例,如果合同中没有相关规定,则运输标志一般由(   )提供。
   A. 开证行   B. 卖方   C. 买方   D. 船方
19. 定牌中性包装是指(   )。
   A. 在商品本身及其包装上使用买方指定的商标/牌号,但不标明产地
   B. 在商品本身及其包装上使用买方指定的商标/牌号,也标明产地
   C. 在商品本身及其包装上不使用买方指定的商标/牌号,也不标明产地
   D. 在商品本身及其包装上不使用买方指定的商标/牌号,但标明产地
20. 运输包装和销售包装的分类,是按(   )。
   A. 包装的目的划分的   B. 包装的形式划分的
   C. 包装所使用的材料划分的   D. 包装在流通过程中的作用划分的

二、多项选择题

1. 确定有多个不同名称商品的品名时应主要考虑(   )。
   A. 品名简洁   B. 进出口限制   C. 海关规定
   D. 品名新颖、奇异   E. 品名通俗
2. 商品的内在素质包括(   )。
   A. 化学成分和性质   B. 物理性质   C. 色、香、味
   D. 机械性   E. 造型
3. 表示品质方法的分类是(   )。
   A. 凭样品表示商品的品质   B. 凭实物表示商品的品质
   C. 凭说明表示商品的品质   D. 凭商标表示商品的品质
4. 凭样品买卖时,在合同中除列明"凭样品买卖"外,还应加列(   )。
   A. 样品编号   B. 样品寄送日期   C. 样品使用范围
   D. 样品制造所用的原料   E. 交货品质与样品"大致相符"
5. 卖方根据买方来样复制样品,寄送买方并经其确认的样品,被称为(   )。
   A. 复样   B. 回样   C. 原样
   D. 确认样   E. 对等样品
6. 以说明表示商品品质的方法包括(   )。

A. 凭样品买卖　　　　　　　　B. 凭标准买卖　　　　　　　　C. 凭说明书买卖
D. 看货买卖　　　　　　　　　E. 凭商标或品牌买卖

7. 根据我国实际,品质增减价条款主要的规定方法有(　　)。
A. 对机动幅度内的品质差异,可根据交货时的实际品质,按规定予以增价和减价
B. 只规定品质低于合同规定者扣价,对高于合同规定者,不予增价
C. 对在机动幅度范围内的品质,按低劣的程度,采用不同的扣价办法
D. 对在机动幅度内的品质差异不予增加和减价
E. 高于或低于机动幅度的品质也不得拒收

8. 溢短装数量的计价方法包括(　　)。
A. 按合同价格结算　　　　　　　　　　B. 按装船日的行市计算
C. 按货物到目的地时的世界市场价格计算　　D. 由仲裁机构解决
E. 由卖方自行决定

9. 唛头的主要内容包括(　　)。
A. 装运港(地)名称
B. 收货人及(或)发货人名称的代用简字或代号
C. 件号、批号
D. 许可证号

10. 在国际贸易中,溢短装条款包括的内容有(　　)。
A. 溢短装的百分比　　　　　　　　　B. 溢短装的选择权
C. 溢短装部分的作价　　　　　　　　D. 买方必须收取溢短装的货物

11. 运输标志的作用是(　　)。
A. 便于识别货物　　　　　B. 方便运输　　　　　C. 易于计数
D. 防止错发错运　　　　　E. 促进销售

12. 运输包装从方式上来看,可以分为(　　)。
A. 混杂包装　　　　　　　B. 单件包装　　　　　C. 集合运输包装
D. 中性包装　　　　　　　E. 标牌包装

13. 国际货物买卖合同中的包装条款,主要包括(　　)。
A. 包装材料　　　　　　　　　　　　B. 包装方式
C. 包装费用　　　　　　　　　　　　D. 运输标志

14. 集合运输包装可以分为(　　)。
A. 集装袋　　　　　　　　B. 集装包　　　　　　C. 集装箱
D. 托盘　　　　　　　　　E. 桶装

15. 在进出口贸易中,所谓中性包装是指在商品和包装上(　　)。
A. 不能有卖方的商标/牌号
B. 既不标明生产国别又无买方的商标/牌号
C. 标明生产国别,但无卖方的商标/牌号
D. 既有商标/牌号又表明生产国别
E. 可以有买方指定的商标/牌号但不标明生产国别

三、判断题(正确的打"√",错误的打"×")

1. 某外商来电要我方提供大豆,要求按含油量20%,含水分15%,不完善粒6%,杂

质 1%的规格订立合同,对此,在一般情况下,我方可以接受。(   )

2. 若卖方交付货物的品质在约定的品质机动幅度或品质公差范围内,除非买卖双方另有规定一般不另行增减价格。(   )

3. 在出口贸易中,表示品质的方法多种多样,为了明确责任,最好采用既凭样品,又凭规格买卖的方法。(   )

4. 对等样品又称回样或确认样。(   )

5. 复样的主要作用是为日后交货或处理争议时核对之用。(   )

6. 在我国出口农副产品的合同中只规定 FAQ 作为表示品质的依据即可。(   )

7. 良好可销品质是指品质上好,可以销售。(   )

8. 买方所交货物的品质,只要在品质公差范围内,买方不得拒绝接受,但可以要求调整价格。(   )

9. 中国 A 公司向 CISG 缔约国 B 公司出口大米,合同规定数量为 50 000 公吨,允许卖方可溢短装 10%,A 公司在装船时共装了 58 000 公吨,买方可以拒收。(   )

10. 运输包装上的标志就是指运输标志,也就是通常所说的唛头。(   )

11. 包装费用通常在单价以外另行计价。(   )

12. 以下包装条款是正确的:木箱装,然后装托盘。(   )

13. 运输标志、指示性标志和警告性标志都是刷在商品的外包装上的。(   )

14. 对警告性标志,各国一般都有统一规定,但我国出口危险品货物除印刷我国的危险品标志外,还应标明国际上规定的危险品标志。(   )

15. 进出口商品包装上的包装标志,都要在运输单据上标明。(   )

四、中文译英文或英文译中文

1. 2003 年中国产荔枝,良好平均品质。

2. 800 公吨,卖方可溢装或短装 5%。

3. 新单层麻袋包装,每袋大约 100 公斤。

4. 纸箱包装,每箱 48 双装混码包装。

5. 每件装一塑料袋,半打为一盒,十打装一木箱。

6. 纸箱装,每箱净重 40 公斤,然后装托盘。

7. Each package shall be stencilled with gross and net weights, package number, measurement, port of destination, country of origin and the following Shipping Mark.

8. In baskets of 50kg net each, covered with hessian cloth and secured with ropes.

9. Goods are in neutral packing and buyer's labels must reach the seller 45 days before the month of shipment.

10. In international standard tea boxes, 20 boxes on a pallet, 10 pallets in a FCL container.

五、计算题

1. 我国某服装加工厂从澳大利亚进口羊毛 20 公吨,双方约定标准回潮率为 11%,若测得该批羊毛的实际回潮率为 25%,则该批羊毛的公量应为多少?

2. 某公司出口水产品 10 公吨。合同规定为箱装,每箱净重为 40 磅,总数量有 5% 的增减幅度。在信用证金额也有 5% 增减的情况下,问:

(1) 这是一个什么条款?

(2)最多可装多少箱？最少可装多少箱？（1磅＝0.45359公斤）

六、案例分析

　　1. 我国某出口公司向外商出口一批苹果，合同及对方开来的信用证上均写的是三级品，但卖方交货时才发现三级苹果库存告罄，于是该出口公司改以二级品交货，并在发票上加注："二级苹果仍按三级计价不另收费"。请问：卖方这种做法是否妥当？为什么？

　　2. 我国某出口公司与俄罗斯某公司进行一笔黄豆出口交易，合同中的数量条款规定如下：每袋装黄豆净重 100 公斤，共 1000 袋，合计 100 吨，但货物运抵俄罗斯后，经俄罗斯海关检查发现每袋黄豆净重 94 公斤，1000 袋，合计 94 吨。当时正遇市场黄豆价格下跌，俄罗斯某公司以单货不符为由，提出降价 5% 的要求，否则拒收。请问俄罗斯某公司的要求是否合理？我方应采取什么补救措施？

　　3. 英国穆尔公司以 CIF 伦敦的条件，从兰陀公司购买 300 箱澳大利亚水果罐头。合同的包装条款规定："箱装，每箱 30 听。"卖方所交货物中有 150 箱为每箱 30 听装，其余 150 箱为每箱 24 听，买方拒收。卖方争辩说，"每箱 30 听"字样并非合同的重要部分，不论是 24 听还是 30 听，其品质均与合同相符，因此，买方应接受。

七、实操题

　　1. 我国出口长毛绒玩具，采用 CIF 术语，根据下列条件设计运输标志。
　　客户名称：MOILY TOYS CO.，LTD
　　合同号码：99PT-021
　　目的港：美国洛杉矶
　　商品品种：长毛绒玩具（牛、兔、猴、狗、熊）
　　成交数量：每个品种 600 打
　　包装：每个纸箱内装 5 只塑料袋，每袋装 20 只小动物，每种装 4 只
　　价格：每只 5 美元

　　2. 请根据下列条件拟订销售确认书中的质量和数量条款
　　品名：皮鞋
　　货号：JB602
　　品质：交货品质与确认样品大致相同
　　数量：6000 双，计 500 箱

子项目二　国际贸易术语

【学习目标】

　　知识目标：
　　1. 了解《1932 年华沙-牛津规则》《1941 年美国对外贸易定义修订本》和《2010 年国际贸易术语解释通则》等国际惯例对贸易术语的不同规定。
　　2. 理解《2010 年国际贸易术语解释通则》与《2000 年国际贸易术语解释通则》的区别；理解《1941 年美国对外贸易定义修订本》和《2010 年国际贸易术语解释通则》在一些贸易术语规定上的区别。
　　3. 掌握六个常用的贸易术语。

技能目标：能够根据实际贸易情况和业务的需要选择合适的贸易术语。

【重点、难点】

重点：FOB、CFR、CIF、FCA、CPT 和 CIP 六个常见的贸易术语。

难点：买卖双方的责任划分、各贸易术语的比较选择。

【任务情景】

以下是一位外贸新手刚刚到外贸公司工作的一篇日记。

2014 年 11 月 10 日　　星期一　　晴

投简历的日子每天都在煎熬中，终于有一天，我在智联招聘网上投的一家外贸公司给我来电话，叫我去面试。这家外贸公司后来也就是我现在工作的公司——广州××材料有限公司，一家以有机玻璃出口为主营业务的外贸公司。

在面试的前一天晚上，我把《国际贸易实务》课本拿了出来，还专门打电话给专业老师问几个偏门的贸易术语到底是怎么回事，就这样磨枪到深夜，《2010 国际贸易术语解释通则》（以下简称《2010 年通则》）里十一个贸易术语整个晚上都在我的脑袋里打转。

第二天当我到了公司，面试官让我做了一个简单的自我介绍，然后问了我几个课余生活有关的问题，就让我回去等待消息。自认为准备虽然略有不足，五个不常用的贸易术语虽然还是有点糊涂，但自身专业素养比上不足比下有余，可是连展现的机会都没有，只是在自我介绍的时候说了一句自己的专业课成绩不错，还帮老师整理过关于 FOB 的一篇论文。然后，可能就没有然后了。唉，又错失了一个机会，我对自己这么说。

结果，晚饭的时候，十分沮丧，想着接下来怎么继续煎熬，我收到了公司 HR 的电话，让我下周一去公司上班……

2015 年 10 月 12 日　　星期一　　晴

现在，我已经在这家工作了近一年的时间，今天中午，和老板一起吃饭闲聊，我好奇地问起我当时的面试，为什么一项对专业很重视、对买卖职责非常清晰的老板，在面试我的时候连一个贸易术语都不问，甚至连一个专业问题都不问。他笑道：我们是小公司，你在我们这工作一年了，应该也知道，我们的客户一般都很专业，更多的时候他们会争取用 FOB 价格成交。在应届生中你已经很优秀很专业了，而且当时你说你跟着老师研究过 FOB，我就看中这一点，起码你不仅学过，而且能够深入研究，在你心里，其实已经植入了外贸人的思想，而且老师选中你，起码证明你会学习，这种能力正是我看中的，就算以后我们继续拓展业务，使用了别的贸易术语，你也能应对。听了老板的语，我非常感动……

任务 1　常用国际贸易惯例

国际贸易惯例是国际贸易的一种规范，是指在国际贸易实践中逐渐自发形成的，在一定范围内普遍接受和经常遵守的任意性行为规范，作为外贸从业人员必须通晓并具备正确运用各种国际贸易惯例的能力。

在国际贸易术语演变的历史中，有三大惯例是国际上广泛采用的规则体系。

一、《1932 年华沙-牛津规则》——专门针对 CIF 合同的统一规则

该规则是由国际法协会于 1928 年在波兰的华沙开会制定的，1932 年在英国的牛津

做了修订。它是专门为解释 CIF 贸易术语而制定的,对 CIF 买卖合同的性质做了说明,并具体规定了在 CIF 合同中买卖双方所承担的费用、责任和风险。

二、《1941 年美国对外贸易定义修订本》

该修订本由美国商业团共同制定,在北美国家适用广泛,该惯例解释了六种贸易术语,分别是:ex point of origin(产地交货)、FOB(在运输工具上交货)、FAS(在运输工具旁边交货)、C&F(成本加运费)、CIF(成本加运费、保险费)、ex dock(目的港码头交货)。

其中,FOB 和 FAS 与《2010 年通则》有明显差异,在与美洲国家做相关贸易时,特别是采用这两种贸易术语成交时,尤其要注意。具体来说,在该惯例体制中,FOB 和 FAS 适合用于各种运输方式,这不同于我们常用的通则中的解释。

【应用案例 3-2-1】

> 在交货地点上,《1941 年美国对外贸易定义修订本》中对( )的解释与《2010 年通则》中对 FOB 的解释相同。
> A. FOB under tackle B. FOB
> C. FOB vessel D. FOB liner terms

三、《2010 通则》

《2010 通则》是国际商会于 2011 年 1 月 1 日正式颁布实施的,在原有的《2000 通则》的基础上重新进行了修订,《2010 通则》归纳了国际贸易实践中十一个常用的贸易术语。

《2010 通则》贸易术语一览表见表 3-2-1。

表 3-2-1 《2010 通则》贸易术语一览表

类别	国际代码	英文含义	中文含义
一、适用于任何运输方式	EXW	ex works	工厂交货
	FCA	free carrier	货交承运人
	CPT	carriage paid to	运费付至
	CIP	carriage and insurance paid to	运费、保险费付至
	DAT	delivered at terminal	运输终端交货
	DAP	delivered at place	目的地交货
	DDP	delivered duty paid	完税后交货
二、适用于海运/内河运输	FAS	free along ship	装运港船边交货
	FOB	free on board	装运港船上交货
	CFR	cost and freight	成本加运费
	CIF	cost insurance and freight	成本、保险费加运费

《2010 通则》将全部贸易术语分成了两组,一组适合任何运输方式,共 7 个贸易术语;一组适合海运及内河等水上运输方式,一共有 4 个贸易术语。其中 FAS 和 FOB 与《1941 年美国对外贸易定义修订本》不同,通则中的这两个术语仅适用于海运及内河等水上运输方式。

任务 2 常用贸易术语

一、FOB

FOB俗称离岸价格,是国际贸易中最常见的贸易术语之一,常用于国际上的货物交易中,英文全称是 free on board(…named port of shipment),中文意思是装运港船上交货(……指定装运港),也被称为装运港船上交货,只适合于水上运输。在此贸易术语项下,卖方要在合同中约定的日期或期限内,将货物运到合同规定的装运港口,并交到买方指派的船上,即完成其交货义务。

在该贸易术语项下,卖方在出口国装运港买方指派的船上完成交货,交货完成后,风险和费用转由买方承担。也就是说在交货之前的风险和费用都是由卖方来承担,一旦完成交货,即转由买方来承担。

【应用案例 3-2-2】

> **FOB 项下风险划分界限**
>
> 国内某贸易公司以 FOB 条件从日本进口一批手工肥皂。在目的港卸货时,发现有几件货物外包装破裂,并且货物有被水浸泡的痕迹,货物品质严重损毁,不再适销。经查证,货物装上船时港口浪大,货物堆放于货舱内,风浪打击船体,货物倾倒,造成部分包装破损,又因包装破裂导致里面的货物被水浸泡。试分析国内某贸易公司能否以对方未完成交货义务为由提出索赔?

(一) FOB 项下卖方的基本义务和所承担的费用

在 FOB 项下,卖方最基本的义务有三点。

(1) 交货并通知:卖方需要按时将货物交至约定的装运港指定的船上,并及时发出装船通知,以便买方做好接货准备并及时购买保险。

(2) 出口报关:卖方自负风险和费用办理出口结关手续。

(3) 交单:卖方要向买方或代表买方的银行提交合同规定的单据或具有同等效力的电子信息。

在此过程中,卖方要承担装船以前的一切费用和出口报关的税费。

(二) FOB 项下买方的基本义务和所承担的费用

采用 FOB 成交,买方的基本义务包括以下几点。

(1) 租船订舱并通知:买方要订立从指定装运港运输货物的合同,支付运费,并将船名、装货地点和要求装货的时间及时充分通知卖方。

(2) 进口报关及第三国国境手续:买方自负风险和费用,取得进口许可证或其他官方批准证件,并且在需要的情况下,办理货物进口和从第三国过境运输所需的一切海关手续。

(3) 保险:前面说过买方要承担交货之后的所有风险,因此从自身利益的角度出发,买方可以选择办理货物运输保险,并支付保险费用,但这并不是他的义务。

(4) 领货、领单和付款:当然在任何一笔买卖里,买方最基本的责任就是领货、领单和付款,这是任何贸易术语项下买方都要做的事情。

在 FOB 成交的贸易中,进口方要承担主运输路段(水上运输)的运费、装船以后的一切费用,进口报关的税费,以及目的港的卸货费,至于装运港的装船费用则用贸易术语变形解决,有些时候并不是由买方承担。当然,如果为了保障自己的利益购买保险,买方还需要承担保险费用。

买卖双方职责划分见表 3-2-2。

表 3-2-2　FOB 买卖双方职责划分

术语	交货地点	风险转移界限	费用转移界限	出口报关	进口报关	装货	卸货	运输	保险
FOB	交货地点在出口国装运港买方指定船上,完成交货时风险和费用发生转移			卖方	买方	变形解决	买方	买方	买方自行

注:变形解决:关于 FOB 的装船费用,在国际惯例中,习惯用贸易术语的变形来解决。

采用水上运输方式的贸易术语中,FOB 项下卖方要承担的责任最少。卖方只要在出口国将货物交到买方指定的船上,并办好出口报关手续即可,租船订舱,以及交货之后的事宜均由买方来负责,相关费用和风险也都由买方承担。这里注意,虽然卖方的交货地点在装运港的船上,但装船责任,国际上习惯用贸易术语的变形来解决,有些时候由卖方负责,有些时候卖方只要按照约定将货物交至指定地点,由买方进行装船操作,但卖方承担的风险无论哪种变形,都一直延伸至货物安全装船后。

【应用案例 3-2-3】

> 汕头某制衣厂 A 公司(卖方)与伦敦 B 公司(买方)于某年 4 月 13 日订立了 7 万件成衣的出口合同,FOB 黄埔,信用证付款,装运期为当年 6 月,B 公司于 5 月 3 日开出信用证。5 月 6 日买方传真我方称,已签订运输合同,船名为 Victor,转船日期定在 5 月 10 日至 15 日。但我方于上海码头苦苦搜寻,也不见船名为 Victor 的船只,后经查实,买方指定船只名为 Victoria 而非买方电报中所称 Victor,不过此时已过船期。

【应用案例 3-2-4】

> 浙江某茶具公司 X 公司以 FOB 条件出口一批茶具,买方要求 X 公司代为租船,费用由买方负担。但正值航运旺季,X 公司在约定日期内无法租到合适的船,将此事实告知买方要求修改交货时间,买方不同意,结果延误了装运期,买方以此为由提出撤销合同。问买方的要求是否合理?究竟责任在于卖方还是买方?

(三) 采用 FOB 成交应该注意的事项

1. 船货衔接问题

在 FOB 项下,买方负责备船、卖方负责备货,船货能否顺利衔接在于买卖双方之间配合。比如说买方未能按时派船或派出的船未能按时到达装运港,使卖方因货物不能在合同规定装运期内将货物装船。如果出现这样的情况,卖方仓储费用和保险费用增加,以及因迟收货款所造成的利息损失应由买方承担;但如果买方所指派的船按时到达装运港,而卖方未能及时备妥货物或安排货物装船,由此引起的滞期费和空仓费则由卖方承担。

【应用案例3-2-5】

> A公司向美国出口小麦,合同中规定的交货时间为2010年3—4月份,贸易术语为FOB上海,可直到5月2日,买方指派的船才到达上海港。讨论:由此而产生的额外存仓费用由谁负担?

2. FOB的术语变形

在按FOB条件成交时,卖方要负责支付货物装上船之前的一切费用。但各国对"装船"的概念没有统一的解释,有关装船的各项费用由谁负担,各国的惯例或习惯做法也不完全一致。在班轮运输中船方管装管卸,装卸费计入班轮运费之中,自然由负责租船的买方承担;而国际贸易货物量一般较大,多采用租船方式,船方一般不负担装卸费用。这就必须明确装船的各项费用应由谁负担。为了说明装船费用的负担问题,双方往往在FOB术语后加列附加条件,这就形成了FOB的变形。

1) FOB liner terms(FOB班轮条件)

这一变形是指装船责任和费用按照班轮的做法处理,即由船方或买方承担。所以,采用这一变形,卖方不用负担装船及相关费用。按照班轮的做法,即船方负责装船,而船方的运输费用由买方支付,故可以认为买方负责装船及费用。

2) FOB under tackle(FOB吊钩下交货)

这一变形是指卖方负担费用将货物交到买方指定船的吊钩所及之处,而吊装入舱以及其他各项费用,概由买方负担。

3) FOB stowed(FOB理舱费在内)

这一变形,也就是说卖方不但要负责装船,还要负责在货物装入船舱内后,按照舱图堆好码,并进行垫隔和整理。

4) FOB trimmed(FOB平舱费在内)

这一变形,卖方要负责装船以及平舱。所谓平舱是指为了保持船身在运行时的平稳,需要对散装货物(如粮食、煤炭等)进行整理,填平补齐。

5) FOBST(FOB理舱费和平舱费在内)

在这个贸易术语变形中,卖方要负责装船、平舱和理舱。

FOB的上述变形,只是为了表明装船费用由谁负担而产生的,并不改变FOB的交货地点以及风险划分的界限。《2010年通则》对这些术语后的添加词句不提供任何指导规定,建议买卖双方应在合同中加以明确。

3.《1941年美国对外贸易定义修订本》对FOB的不同解释

1) 适用的运输方式

《2010年通则》中FOB是适用于水上运输方式的一个常见贸易术语;而《1941年美国对外贸易定义修订本》中将FOB视为适用于各种运输方式的贸易术语,只有在后面加上vessel的后缀才与《1941年美国对外贸易定义修订本》中的FOB一样,适合于水上运输方式。

2) 出口清关手续及相应费用负担不同

《2010年通则》规定，FOB合同中，卖方自负风险和费用，办理出口清关手续，取得出口许可证或其他核准证书，并承担相应的费用；而《1941年美国对外贸易定义修订本》规定，在买方提出请求，并由其负担费用的情况下，FOB vessel 的卖方可协助买方取得由出口国签发的为货物出口或在目的地进口所需的各种证件。

3) 买卖双方风险划分界限存在差异

《2010通则》规定，FOB合同中买卖双方风险划分以装上船为界；《1941年美国对外贸易定义修订本》则规定，FOB vessel 合同中，买卖双方风险划分以船舱底为界，卖方负担将货物装载于船上为止的一切费用和风险，并须提供已装船提单。

二、CFR

CFR的英文全称是 cost and freight(…named port of destination)，中文意思是成本加运费(……指定目的港)，俗称运费在内价，也是国际贸易过程中常见的贸易术语之一，仅适用于水上运输。在 CFR 项下，卖方要在合同中约定的日期或期限内，将货物运到合同规定的装运港口，并交到自己安排的船上，或者以取得货物已装船证明的方式完成其交货义务。

在这个贸易术语中，卖方需要在出口国装运港卖方自己指定的船上完成其交货义务，风险和费用在完成交货时发生转移，但由装运港到目的港的运费仍然由卖方支付。

（一）CFR 项下卖方的基本义务和所承担的费用

按此贸易术语成交，一般卖方要承担下列几项责任。

(1) 租船订舱：卖方负责租船或订舱，并支付相关费用。

(2) 交货并通知：按时将货物交至约定的装运港由自己指定的船上，并及时发出装船通知，以便买方做好接货准备并根据需要购买保险。

(3) 出口报关：卖方要自负风险和费用办理出口结关手续。

(4) 交单：卖方要向买方或代表买方的银行提交合同规定的单据或具有同等效力的电子信息。

与上述卖方责任相对应，卖方要承担交货以前的一切费用，装运港的装船费用，海洋运输的运费，以及出口报关的税费等。

【应用案例 3-2-6】

> 在 CFR 项下，我方一贸易公司与法国交易出口浴巾，货值80 000美元，货物于2014年3月6日(周四)上午装船完毕，当天装船业务外销员业务繁忙，未及时向买方发出装运通知，待法国进口商收到装船通知后向当地保险公司投保，但保险公司已经获知货船已经于3月7日在海上遇难，因而拒绝投保。法国进口商来电通知我方出口商：由于你方晚发装船通知保险公司不予投保，由此造成我方损失80 000美元，应由你方予以赔偿。试问我方是否应赔偿损失？为什么？

（二）在 CFR 项下买方的基本义务和所承担的费用

在 CFR 项下买方要承担的基本责任有以下几项。

(1) 进口报关及第三国国境手续：买方自负风险和费用，进行进口报关，并且在需要时办理货物进口和从第三国过境运输所需的一切海关手续。

（2）保险：与FOB相同，因为交货之后的风险由买方承担，因此买方可以根据实际情况以及自己的利益需要，选择是否办理货物运输保险，但这一样不算是义务。

（3）领货、领单和付款。

在此过程中，买方主要承担交货以后的一切费用、进口报关的税费，以及需要时，通过第三国国境所需的一切海关手续费用和保险费。

（三）采用CFR成交应该注意的事项

1. CFR与FOB的异同

这两个贸易术语交货地点都是在装运港船上，而风险和费用也均以装运港船上完成交货时发生转移，适用运输方式都是水上运输，进口手续都是由买方负责办理，而出口手续均由卖方来负责。两者唯一不同的是费用的承担方式不同。与FOB不同，在CFR项下卖方负责租船订舱，支付从装运港到目的港的运费。

2. 卖方的装运义务

采用该贸易术语应该注意，买卖双方责任和费用的划分以装运港船上完成交货为界，但在术语项下，卖方负责租船订舱，并承担海洋运输正常运费的支付，也就是说装运后的其他费用由买方负责。

3. 装船通知的重要作用

采用CFR成交，卖方在货物装船之后必须及时向买方发出装船通知，以便买方办理投保手续，并做到"毫不延迟"和"详尽"。否则，若卖方未及时发出通知而使买方未及时购买保险，那么卖方就不能以风险在装船前转移为由免除责任。

【应用案例3-2-7】

> 合肥某床上用品公司与澳大利亚某羊毛公司签订合同，订了50 000公斤羊毛的买卖合同，单价为356美元/公斤CFR上海，即期付款信用证付款，装运期为当年7月。该公司于4月月底通过中国银行安徽分行开出信用证。7月9日，卖方传真我方告知货物已经装船，船舶名为Hero，预计7月下旬船舶即可到港。7月15日，即受到开证行的通知，让该公司前往付款赎单。我方获得提单后，苦等船舶，但直到8月中旬，也不见卖方指定船舶到港，后经查询，发现Hero隶属一家小承运公司，而且在船舶起航后不久便宣告倒闭了，承运船舶是一艘旧船，船货均告失踪，我方损失惨重。试分析，我方应从案例中汲取哪些教训？

CFR买卖双方职责划分见表3-2-3。

表3-2-3 CFR买卖双方职责划分

术语	交货地点	风险转移界限	费用转移界限	出口报关	进口报关	装货	卸货	运输	保险
CFR	交货地点在出口国装运港卖方自己指定的船上；完成交货时，风险和费用发生转移，但运费延伸至目的港			卖方	买方	卖方	变形解决	卖方	买方自行

与 FOB 类似,采用 CFR 成交的交易,卖方要承担的责任也相对比较小,只需要在装运港将货物装上船舶,交货之后的责任、费用和风险均由买方承担。从表 3-2-3 中,可以看到,CFR 区别于 FOB 的是,租船订舱及装船事宜由卖方承担,卸货责任通过贸易术语变形解决,有时由卖方承担,有时由买方承担,视具体术语变形而定。

4. CFR 的术语变形

在 CFR 项下,装船费用由运费支付方,即卖方支付,但卸载费用却没有明确记载,交易中,往往也是通过贸易术语变形解决这一问题,CFR 变形有以下几种:

(1) CFR liner term 班轮条件:船方即卖方卸货。
(2) CFR landed 卸至码头:卖方负担卸货费,其中包括驳运费在内。
(3) CFR ex tackle 吊钩下交货:卖方将货物吊起至吊钩所及之处。
(4) CFR ex ship's hold 舱底交货:买方起吊、卸货至码头。

三、CIF

CIF 也是常用的六大贸易术语之一,英文全称是 cost insurance and freight(…named port of destination),中文意思是成本、运费加保险(……指定目的港),又称为运费保险费在内价。在 CIF 项下,卖方要在合同中约定的日期或期限内,将货物运到合同规定的装运港口,并交到自己安排的船上,或者以取得货物已装船证明的方式完成其交货义务。另外,卖方还要为买方办理海运货物保险。该贸易术语仅适用于海上及内河运输等水上运输方式。

按照 CIF 成交,卖方要将货物运至出口国装运港,交至卖方自己指定的船上完成交货,完成交货时,风险和费用发生转移,但从装货港到目的港的运费和保险费仍由卖方承担。

(一) 在 CIF 项下卖方的基本义务和所承担的费用

在仅适用于水上运输的贸易术语中,CIF 卖方责任是最大的。

(1) 租船订舱:卖方负责租船或订舱,并支付相关费用。
(2) 交货并通知:按时将货物交至装运港由自己指定的船上,并及时发出装船通知,以便买方做好接货准备。
(3) 出口报关:卖方要自负风险和费用办理出口结关手续。
(4) 保险:按 CIF 条件成交时,卖方负责办理货物运输保险,并支付保险费,这是卖方必须履行的义务。
(5) 交单:卖方要向买方或代表买方的银行提交合同规定的单据或具有同等效力的电子信息。这里注意的是,在卖方要提交的单据中,必须要有保险单。

与卖方职责所对应,卖方要承担装船以前的一切费用、海洋运输运费、装运港的装船费用、保险费、出口报关的税费,以及装运港的装船费。

(二) 在 CIF 项下,买方的基本义务和所承担的费用

在 CIF 项下,买方要承担的责任相对较少:只需要负责领货、领单和付款,以及进口报关,需要时还要办理从第三国过境运输所需的一切海关手续。

CIF 买卖双方职责划分见表 3-2-4。

表 3-2-4　CIF 买卖双方职责划分

术语	交货地点	风险转移界限	费用转移界限	出口报关	进口报关	装货	卸货	运输	保险
CIF	交货地点在出口国装运港卖方自己指定的船上；完成交货时，风险和费用发生转移，但运费和保险费延伸至目的港			卖方	买方	卖方	变形解决	卖方	卖方义务

表 3-2-4 中可见采用 CIF 成交的买卖中，卖方的责任进一步扩大，不但要负责租船订舱、装船，还要负责保险。而且购买保险是卖方不可逃避的一项义务，如果卖方没有购买保险，提交保险单据，就算货物安全到达目的港也属于违约行为。但是，虽然，卖方负责租船订舱并购买保险，但在装运港将货物交至船上后，各种责任、费用和风险皆不由其负担，而是由买方来承担。

（三）使用 CIF 术语应该注意的问题

1. CIF 属于装运合同

CIF 术语属于装运合同，虽然卖方要负责装运港到目的港的运输和保险，并支付保险费和运费，但卖方在装运港完成交货义务，即完成交付装运后，对货物可能发生的任何风险不再承担责任。货物是否能够安全到达目的港，卖方并不做保证。

2. 租船订舱的问题

《2010 年通则》规定卖方只需要将货物按惯常路线用通常类型，租赁可供装载该合同项下货物的船，将货物从装运港运至指定目的港即可。有些情况下，买方为了减少自身承受的风险，会对船龄、船籍、船级等提出一些限制条件，对这些要求卖方要慎重考虑。

3. 投保险别的问题

贸易中，一般双方无特别规定，通常卖方只需按合同价格的 110% 投保最低的险别，至少是 ICC(C) 或平安险。如上所述，保险虽然由卖方来买定，但运输过程中的风险已经在交货时转由买方来承担。

【应用案例 3-2-8】

> 我国某公司按 CIF 条件向欧洲某国进口商出口一批草编制品。合同中规定由我方向中国人民保险公司投保了一切险，并采用信用证的方式支付。我国某公司在规定的期限、指定的装运港装船完毕，船公司签发了提单，然后在中国银行议付了款项。第二天，出口公司接到客户来电，称：装货海轮在海上失火，草编制品全部烧毁。要求我公司出面向保险公司提出索赔，否则要求我公司退回全部货款。问我方应该同意吗？

4. CIF 的术语变形

与 CFR 相同，在 CIF 项下，装货费用由运费支付方，即卖方承担，而目的港的卸货费用通过贸易术语变形解决。

(1) CIF liner terms 班轮条件：卖方或船方卸货。

(2) CIF landed 卸至码头：卖方负担卸货至码头上的各项有关的费用，包括驳船费和码头费。

（3）CIF ex tackle CIF 吊钩下交货：卖方将货物吊起至吊钩所及之处。

（4）CIF ex ship's hold CIF 舱底交货：买方卸货。

5．象征性交货

在 CIF 贸易术语中，还有一个概念需要指出——象征性交货。象征性交货是相对于实际交货而言的。象征性交货是指卖方只要按期在约定的地点完成装运，并向买方提交合同规定的、包括物权凭证在内的有关单证，就算完成了交货义务，无须保证到货。实际交货是指卖方要在规定的时间和地点将符合合同规定的货物提交给买方或其指定的人，不能以交单代替交货。最典型的象征性交货贸易术语就是 CIF。在 CIF 进行的贸易术语中，卖方只需要在装运港船上将货物交至自己指定的船上，完成装运，并向买方提交合同规定的各种单据，如海运提单、商业发票、保险单等有关单证，就算完成了交货义务，并不需要保证到货。

【应用案例 3-2-9】

1．中日达成一笔交易，按照 CIF 条件进行。装运港是中国青岛，目的港是日本横滨港。合同签订后，卖方备妥货物，并在合同规定的装运期和装运港将货物发运。载货船在刚刚驶出中国海域便遭遇少见的龙吸水，撞上暗礁，沉没。买卖双方均得知了这一消息。卖方将合同规定的全套单据准备好后，通过银行向买方提交，并要求买方付款赎单。买方则以卖方所交的货物已全部灭失为由，拒绝接受单据和支付货款。为此，双方发生了诉讼。讨论：买卖双方谁会胜诉？

2．中国卖方按照 CIF 条件向韩国出口一批货物，装运港是中国青岛，目的港是韩国釜山港。卖方在合同规定的装运期备妥了货物并安排好了船。在办理装运时，卖方考虑到装运港到目的港距离很近，而且近期风平浪静，估计不会发生什么意外，就没有办理保险。载货船舶顺利起航，也很快平安抵达了目的港。当卖方通过银行向银行提示单据，要求买方付款赎单时，买方发现其中缺少保险单，就以此为由拒绝接受单据和支付货款。卖方则以货物完全合格，且安全抵达，保险单已失去效用为由进行抗辩。讨论：买卖双方谁有理？

【拓展阅读 3-2-1】

FOB/CFR/CIF 比较

1．相同点

（1）风险同。

（2）适用的运输方式相同，均是海上运输和内河运输。

（3）交货地点全都在装运港。

（4）交货方式和性质相同：象征性交货而非实际交货。

2．不同点

（1）风险界限和费用界限划分不同：FOB 风险和费用在同一条线上；CFR/CIF 风险和费用则不在同一条线上。

（2）责任和费用不同：

卖方责任：CFR＝FOB＋租船、订舱； CIF＝CFR＋投保

> 卖方费用：CFR＝FOB＋正常运费(F)；　　CIF＝CFR＋保险费(I)
> 买方责任：CFR＝FOB－租船、订舱；　　　CIF＝CFR－投保
> 买方费用：CFR＝FOB－正常运费(F)；　　CIF＝CFR－保险费(I)

（四）FCA

FCA术语的英文全称是free carrier(…named place)，中文意思是货交承运人(……指定地点)，是指卖方在合同中约定的日期或期限内在其所在地或其他约定地点把货物交给买方指定的承运人完成其交货义务。FCA也是六大常用贸易术语之一，适合于各种运输方式。

在FCA项下，卖方在承运人所在地完成交货，或者在出口国国内某地，或者在出口国港口。总之承运人在哪里，卖方就需要将货物运到哪里交给承运人。最终交货地点决定了装货的责任：如果承运人与卖方同在一地，则卖方要负责将货物装到承运人的运输工具上；如果承运人在其他地点，卖方要货交承运人，就需要将货物用自己的运输工具运到承运人所在地，此时，卖方无须将货物装到买方指定承运人的运输工具上，不但如此，卖方甚至只需要在自己的交通工具上完成交货即可。风险和费用均在货交买方指定承运人控制时转移，货交承运人之前风险和费用由卖方承担，之后由买方承担。

（一）在FCA项下，卖方的基本义务和所承担的费用

按FCA成交时，卖方的基本义务有以下几点。

(1) 交货并通知：卖方要按时在指定的地点将货交给指定的承运人，并发出装货通知，以便买方做好接货准备，并在需要时及时购买保险。

(2) 出口报关：买方自负风险和费用办理出口结关手续。

(3) 交单：卖方向买方或买方指定的银行提交通常单据或具有同等效力的电子信息。在此过程中卖方要承担货交承运人之前的一切费用以及出口税费。

（二）在FCA项下买方的基本义务和所承担的费用

按FCA成交时，买方要完成以下各种事项。

(1) 订立运输合同：买方要自负风险和费用按时与承运人订立运输合同，并将承运人名称、运输方式、具体交货地点和交货日期或期限等信息及时、充分通知卖方，以便卖方能够在约定的时间完成交货义务。如果因为买方的通知不充分的原因，影响卖方完成交货，责任和损失都由买方来承担。

(2) 进口报关及第三国国境手续：买方自负风险和费用进口报关，并且在需要时办理货物进口和从第三国过境运输所需的一切海关手续。

(3) 领货、领单和付款。

(4) 保险：买方可以根据自己的需要和实际风险情况办理货物运输保险，并支付保险费用。

买方承担货交承运人以后的一切费用、进口报关的税费，还有国际货物运输的运费、卸货港的卸货费用和保险费。

【应用案例 3-2-10】

我方出口手表到南非,按 FCA Shanghai Airport 成交,交货期为本年 8 月,我方 8 月 31 日将该批手表运到上海浦东国际机场,并由买方指定航空公司收货开具航空运单,我方即传真南非买方一份装运通知。该批货物 9 月 2 日到达南非开普敦,南非机场将到货通知、发票、航空运单交给了开普敦某某银行,该行通知南非进口商提货付款,但该进口商以延迟交货为由拒绝收货付款。

FCA 买卖双方职责划分见表 3-2-5。

表 3-2-5 FCA 买卖双方职责划分

术语	交货地点	风险转移界限	费用转移界限	出口报关	进口报关	装货	卸货	运输	保险
FCA	交货地点在买方指定承运人所在地(出口国境内);完成交货时,风险和费用发生转移			卖方	买方	卖/买方	买方	买方	买方自行

注:承运人若是在卖方所在地,卖方要将货物装至承运人的运输工具上;承运人若是在卖方所在地以外的其他地点,卖方不用装货,由买方自行将货物卸下再装到自己的运输工具上。

FCA 适用于各种运输方式,卖方将货物运至双方约定的地点,交给买方指定的承运人,交货时,责任、风险和费用转移由买方承担,如表 3-2-5 所述。但要注意的是,谁承担将货物装至买方指定承运人运输工具的责任,要视交货具体地点而定。

(三)使用 FCA 术语应该注意的问题

1. 交货地点

该贸易术语项下,交货地点直接影响到装载货物责任:(1)若双方约定的交货地点是在卖方所在地,卖方负责把货物装到买方安排的承运人所提供的运输工具上;(2)若交货地点是在其他地点,卖方负责货交承运人,在自己提供的运输工具上完成交货义务,无须卸货。

2. 在 FCA 项下风险转移的问题

在 FCA 项下,风险以货交承运人为界,交货前由卖方承担风险,之后由买方承担。如果因为买方责任(比如说买方没有及时将承运人信息告知卖方)使卖方无法按时交货,自规定交货约定日期起,买方应承担相应费用和风险,但前提是卖方要明确将货物划归买方。

五、CPT

CPT 的英文全称是 carriage paid to(…named place of destination),中文意思是运费付至(……指定目的地),是指卖方在合同中约定的日期或期限内,在约定地点,将合同中规定的货物交给卖方自己指定的承运人或第一承运人,完成其交货义务。CPT 也是常用贸易术语之一,适用于各种运输方式。

在该贸易术语项下,卖方在自己指定的承运人所在地完成交货,风险和费用都在货交承运人时发生转移,但从装运地(或装运港)到目的地(或目的港)的运费及相关费用由卖方负担,运费之外的其他费用由买方负担。

(一)在 CPT 项下,卖方的基本义务和所承担的费用

在 CPT 项下,卖方的基本义务有以下几点。

(1)订立运输合同:卖方要自负风险和费用按时与承运人订立运输合同,并支付相关费用。

(2)交货并通知:按时将货物交给约定的地点自己指定的承运人,并及时发出装货通知,以便买方做好接货准备和购买保险。

(3)出口报关:卖方要自负风险和费用办理出口结关手续。

(4)交单:卖方要向买方或代表买方的银行提交合同规定的单据或具有同等效力的电子信息。

卖方在此过程中,要承担货交承运人以前的一切费用、运费、装运港的装货费用和出口报关的税费。

【应用案例 3-2-11】

> 我国 A 公司按 CPT 条件出口 2000 吨小麦给国外 B 公司。A 公司按规定的时间和地点将 5000 吨散装小麦装到火车上,其中的 2000 吨属于卖给 B 公司的小麦。待货物抵达目的地后,由货运公司负责分拨。A 公司装船后及时给 B 公司发出了装运通知。承载火车在途中遇险,使该批货物损失了 3000 吨,剩余 2000 吨安全抵达目的地。而卖方不予交货,并声称卖给 B 公司的 2000 吨小麦已经全部灭失,而且按照 CPT 合同,货物风险已经在装运地交至火车上时即转移给 B 公司,卖方对此项损失不负任何责任。

(二)在 CPT 项下,买方的基本义务和所承担的费用

在 CPT 项下,买方要承担的基本责任有以下几点。

(1)进口报关及第三国国境手续:买方自负风险和费用,进行进口报关,并且在需要时办理货物进口和从第三国过境运输所需的一切海关手续。

(2)保险:买方可以根据实际情况以及出于自身利益考虑,选择办理货物运输保险。

(3)领货、领单和付款。

买方主要承担交货以后的一切费用、进口报关的税费、目的港的卸货费,以及需要时的第三国国境手续费用和保险费。

【应用案例 3-2-12】

> 广州新塘某公司以 CPT 成交出口一批牛仔裤到哈萨克斯坦,公司按期将货物交给自己指定的承运人,并向买方发出装运通知,但运输途中由于天气原因延期一个月,错过了销售季节,哈方向我方提出索赔。请思考,这项损失应由谁来承担?

CPT 买卖双方职责划分见表 3-2-6。

表 3-2-6　CPT 买卖双方职责划分

术语	交货地点	风险转移界限	费用转移界限	出口报关	进口报关	装货	卸货	运输	保险
CPT	交货地点在卖方指定承运人所在地（出口国境内）；完成交货时，风险和费用发生转移，但运费延伸至目的港			卖方	买方	卖方	买方	卖方	买方自行

从表 3-2-6 中可以看出，采用 CPT 术语成交，卖方要将货物运至自己指定的承运人所在地，然后将货物交给承运人，完成交货。完成交货时，责任、风险和费用转移给买方承担。卖方在此过程中，负责安排运输并支付运费，出口报关，随后的事情均由买方来承担，包括交货之后的风险也由买方承担，买方可以据此，自行决定是否购买保险。

（三）使用 CPT 术语应该注意的问题

1. 风险划分的界限问题

在 CPT 项下，风险转移界限仍然在出口国承运人所在地，货交承运人时发生转移。也就是说，虽然货物自交货地点至目的地运输途中的运费由卖方承担，但过程中卖方所承担的风险并不延伸到目的地，而是仍由买方承担，卖方只承担货物交给承运人控制之前的风险。在多联式运输中卖方承担的风险自货物交给第一承运人控制时即转移给买方。

2. 责任和费用的划分问题

卖方指定承运人，自费订立运输合同，将货物运往指定目的地，并支付正常运费，正常运费之外的费用一般由买方负担。卖方将货物交给承运人之后，应向买方发出发货通知，以便于买方办理保险和受领货物。

六、CIP

CIP 也是常用贸易术语之一，适用于各种运输方式，CIP 英文全称是 carriage and insurance paid to(…named place of destination)，中文意思是运费、保险费付至(……指定目的地)，是指卖方在合同中约定的日期或期限内，将合同中规定的货物交给卖方自己指定的承运人或第一承运人，完成其交货义务。除此之外，卖方还必须订立货物运输的保险合同，而且这是卖方的义务，必须购买保险。与 CIF 一样，在 CIP 项下，卖方负责办理货运保险，并支付保险费，虽然是一种义务，但却属于代办的性质，因为货物从货交承运人开始，主要运输路段的风险仍然由买方承担，所以卖方购买的保险实际上更多地保障了买方的利益。

与 CPT 相同，在 CIP 项下，卖方在自己指定的承运人所在地完成交货，风险和费用都是在货交承运人时发生转移，但从装运地（或装运港）到目的地（或目的港）的运费、保险费及相关费用由卖方负担，主运输路段运费、保险费之外的其他费用由买方负担。

（一）在 CIP 项下，卖方的基本义务和所承担的费用

在 CIP 项下，卖方要承担的基本义务有以下几个方面。

（1）订立运输合同：卖方要按时与承运人订立运输合同，并支付相关费用。

(2) 交货并通知：卖方要按时将货物交至约定的地点，交给自己指定的承运人，并及时发出装货通知，以便买方做好接货准备。

(3) 出口报关：卖方要自负风险和费用办理出口报关手续。

(4) 保险：按 CIP 条件成交时，卖方负责办理货物运输保险，并支付保险费，这是卖方必须履行的义务。

(5) 交单：卖方要向买方或代表买方的银行提交合同规定的单据或具有同等效力的电子信息，包括保险单据。

卖方要承担货交承运人以前的一切费用、运费、保险费和出口报关的税费，以及装运港的装货费用。

（二）在 CIP 项下，买方的基本义务和所承担的费用

在 CIF 项下，买方只需要按时按约定负责领货、领单、付款、进口报关，在需要时，还要办理从第三国过境运输所需的一切海关手续，并承担过程中所涉及的一切费用。

（三）使用 CIP 术语应该注意的问题

1. 正确理解和区分风险与保险

在 CIP 项下，卖方负责办理货运保险，并支付保险费，但货物从货交承运人开始，风险便由买方承担，所以卖方的投保属于代办的性质。一般情况下，卖方要按照双方协商的险别投保，如果双方未在合同规定应投保的险别，则由卖方惯例投保最低险别，保险加成率为 10%，并以合同货币投保。

2. 应合理地确定价格

与 FCA 相比，在 CIP 项下，卖方要承担较多的责任和费用，要负责办理从交货到目的地的运输，承担有关运费；办理货运保险，并支付保险费，卖方在报价时要将上述费用算入成本，认真核算成本和价格。

CIP 买卖双方职责划分见表 3-2-7。

表 3-2-7　CIP 买卖双方职责划分

术语	交货地点	风险转移界限	费用转移界限	出口报关	进口报关	装货	卸货	运输	保险
CIP	交货地点在卖方指定承运人所在地（出口国境内）；完成交货时，风险和费用发生转移，但运费、保险费延伸至目的港			卖方	买方	卖方	买方	卖方	卖方义务

从表 3-2-7 可见，在 CIP 成交的交易中，卖方要承担的责任相对 FCA 和 CPT 来说，要更多。卖方要安排运输，将货物运至自己指定的承运人所在地，交给承运人，购买保险，出口报关完成交货。完成交货后，责任、风险和费用发生转移，买方负责交货之后的各项事宜。这里卖方购买保险，提交保险单据是一种义务。就算货物安全到达目的地，但如果卖方没有购买保险都算作违约。

【拓展阅读 3-2-2】

> **FOB/CFR/CIF 与 FCA/CPT/CIP 两组术语的区别**
>
> 1. 适用的运输方式不同：
>
> 前者，水上运输；
>
> 后者，任何运输方式。
>
> 2. 交货和风险转移的地点不同：
>
> 前者，货物在指定装运港越过船舷；
>
> 后者，货交承运人的运输工具上或收货点等。
>
> 3. 装卸费用负担不同：
>
> 前者：FOB 装船费用和 CFR/CIF 卸货费用，如涉及海洋运输并适用租船装运；
>
> 后者：FCA 由买方支付的运费已包含了承运人接管货物后在装运港的装船费用，CPT/CIP 卖方将货物交给承运人时所支付的运费已包含了承运人接管货物后在目的港的卸货费用。
>
> 4. 运输单据不同：
>
> 前者：卖方一般向买方提交已装船清洁提单；
>
> 后者：视不同的运输方式而定。海运和内河运输应提供可转让的提单，有时也可提供不可转让的海运单和内河运单；在铁路、公路、航空运输或多式联运方式下，则分别提供铁路运单、公路运单、航空运单或多式联运单据。

任务 3　其他贸易术语

除了上述贸易中常见的六个贸易术语，《2010 通则》中还有其他五个术语，在外贸中也时常会遇到采用这五个术语的交易。比如说有些企业，在刚刚开始做外贸时，或从成本控制的角度，更多地采用 EXW 成交，而一些服务到位的公司，则采用送货上门的 DDP 术语成交。

一、EXW

EXW，英文全称是 ex works(…named place)，中文意思是工厂交货(……指定地点)。在此贸易术语项下，卖方在合同约定的交货时间内在其指定地点，如工厂、矿山或仓库等，将合同规定的货物置于买方的处置之下时，完成交货。卖方在合同规定的时间、地点完成其交货义务时，风险和费用转移。

（一）EXW 项下买卖双方的责任

EXW 是所有贸易术语中，卖方责任最小的贸易术语，卖方只需要在工厂、矿山或仓库将货物置于买方或买方的代表控制，即可。除非合同中有相反规定，卖方甚至无义务负责出口包装，也不负责将货物装上买方安排的运输工具上；而且卖方也没有义务提供出口许可证或其他官方证件，在买方要求下，并由买方承担风险和费用的情况下，卖方必须协助买方取得上述证件。受领货物后，买方自负风险和费用将货物装载到自己指定运输的工具上,进行出口报关,直至运抵最终目的地。在该贸易术语条件下,卖方仅需支付交货之前的费用,之后所有费用均由买方负担。

【应用案例 3-2-13】

> 某公司按 EXW 条件出口一批电缆,但在交货时,买方以电缆的包装不适宜出口运输为由,拒绝提货和付款。问:买方的行为是否合理?

(二) 使用 EXW 术语应该注意的问题

按 EXW 成交,交货时间,以及最终交货地点在仓库、工厂,还是其他地点,买卖双方谁有权利决定,谁就应该将交货时间、地点及时通知对方。

确定交货地点后,若买方不按约定收取货物,或交货时间、地点由买方决定时买方没有做出及时决定,交货时间一到,货物风险与费用得以提前转移,但前提是货物已划归本合同项下,而且卖方仍有保全货物数量、质量的义务。

EXW 买卖双方职责划分见表 3-2-8。

表 3-2-8　EXW 买卖双方职责划分

术语	交货地点	风险转移界限	费用转移界限	出口报关	进口报关	装货	卸货	运输	保险
EXW	交货地点在卖方所在地(工厂、仓库等);完成交货时,风险和费用发生转移			买方	买方	买方	买方	买方	买方自行

二、FAS

FAS 术语的英文全称是 free alongside ship(… named port of shipment),即装运港船边交货(……指定装运港),在 FAS 项下,卖方要在合同中约定的日期或期限内,将货物运到合同规定的装运港口,交到买方指派的船的旁边,并及时发出通知,即完成其交货义务。

(一) 在 FAS 项下买卖方的基本义务

在这个适合水上运输的贸易术语中,买方要参考交货时间,提前订立运输货物的合同、支付运费,并将船名、装货地点和要求装货的时间及时通知卖方,卖方接到此派船通知后,按时将货物交至约定的装运港买方指定船只旁边,并及时发出发货通知,然后再进行出口报关,获得一系列的单据后向买方提交或向买方指定的银行提交。买方收到卖方的发货通知后,根据需要购买保险,进行进口报关,在需要时办理第三国的国境手续。

FAS 买卖双方职责划分见表 3-2-9。

表 3-2-9　FAS 买卖双方职责划分

术语	交货地点	风险转移界限	费用转移界限	出口报关	进口报关	装货	卸货	运输	保险
FAS	交货地点在出口国装运港买方指定船旁;完成交货时,风险和费用发生转移			卖方	买方	买方	买方	买方	买方自行

（二）使用 FAS 术语应该注意的问题

1. 对 FAS 的不同解释

《2010 年通则》中 FAS 的全称是 free along ship，中文意思是船边交货，仅适用于水上运输；而《1941 年美国对外贸易定义修订本》中 FAS 的全称是 free along side，中文意思是运输工具旁交货，适用于各种运输方式，只有加上"vessel"的后缀才等同于《2010 年通则》中的 FAS。

2. 采用集装箱运输时，应选择的贸易术语

在现代国际货物交易中，越来越多的货物采用集装箱运输，但采用集装箱运输时，卖方需要将货物交到集装箱货运站，而不能直接交到船边，所以，不宜选用 FAS 术语，而应选择 FCA 更加合适。

3. 要注意船货衔接的问题

在 FAS 项下，买方派船并通知卖方；卖方负责将货物交至船边，若因为船吃水的问题，卖方应负责用接驳船将货物运至船边，装船仍由买方负责。

【应用案例 3-2-14】

> 我国某公司按照 FAS 条件进口一批木材，在装运完成后，国外卖方来电要求我方支付货款，并要求支付装船时的驳船费，对卖方的要求我方应如何处理？

三、DAT

DAT 的英文全称是 delivered at terminal(…insert named terminal at port or place of destination)，中文意思是运输终端交货(……指定港口或目的地的运输终端)。按照 DAT 成交，卖方在合同中约定的日期或期限内将货物运到合同规定的港口或目的地的约定运输终端，并将货物从抵达的载货运输工具上卸下，交给买方处置时即完成交货。

（一）在 DAT 项下卖方的基本义务和所承担的费用

在 DAT 项下要将货物运至进口国国内的运输终端，相对应的，卖方承担的风险和责任更多。

（1）订立运输合同及通知：卖方要订立运输合同并支付运费，负责将货物运至买卖双方约定的指定目的地的运输终端，在交货后，应及时发出装运通知，让买方做好接货准备。

（2）目的地运输终端交货：卖方要保证在合同规定的时间，将货物运至约定地点，将货物卸下运输工具，交由买方处置。

（3）出口报关：出口报关以及交货前通过第三国过境运输所需的一切海关手续。

（4）保险：在这个贸易术语项下成交的交易中，卖方一直要到进口国国内的运输终端才能完成交货义务，货物主要运输路段的风险均由卖方自己承担，为了分散风险，保障自身利益，卖方可以选择性地购买保险，并支付保险费。

（5）提交单据或具有同等作用的电子信息，购买保险情况下提交保险单。卖方在此过程中承担交货之前一切费用、运费、出口报关的税费、装运地或装运港的装货费用，以及目的港或目的地的卸货费用，在需要情况下，还要支付保险费和第三国的国境费用。

（二）在 DAT 项下买方的基本义务和所承担的费用

在 DAT 项下买方只需要按时领货、领单和付款，并自负风险和费用，将货物从运输终

端运送到最终目的地,以及本国的进口报关。

DAT 买卖双方职责划分见表 3-2-10。

表 3-2-10　DAT 卖双方职责划分

术语	交货地点	风险转移界限	费用转移界限	出口报关	进口报关	装货	卸货	运输	保险
DAT		卖方将货物运至合同规定的目的港/目的地(进口国)的运输终端,并将货物从自己安排的运输工具上卸下交给买方;完成交货时,风险和费用发生转移		卖方	买方	卖方	卖方	卖方	卖方自行

四、DAP

DAP 的英文全称是 delivered at place(…named place of destination),中文意思是在目的地交货(指定目的地),指卖方要在合同中约定的日期或期限内,将货物运到合同规定的目的地的约定地点,并将货物置于买方控制之下,在卸货之前即完成交货。

这里应该注意,卖方交货的地点在合同规定的目的地的约定地点自己的运输工具上完成交货。卖方在将未卸下的货物交由买方控制时,风险和费用发生转移。

(一)在 DAP 项下卖方的基本义务和所承担的费用

与 DAT 相比,DAP 卖方的责任更加大。

(1)订立运输合同并通知:卖方订立运输合同支付运费,负责将货物运至买卖双方约定的指定目的地,并在交货后及时发出装运通知,让买方做好接货准备。

(2)出口报关,以及交货前通过第三国过境运输所需的一切海关手续。

(3)保险:为了分散长途运输中的风险,保障自身利益,卖方可以选择性地购买保险,并支付保险费。

(4)提交单据或具有同等作用的电子信息:买方在购买保险情况下提交保险单。

卖方要承担交货之前的一切费用,运费、出口报关的税费、装运地或装运港的装货费用,需要时还要支付保险费和第三国的过境费用。

(二)在 DAP 项下买方的基本义务和所承担的费用

在 DAP 中卖方的责任与 DAT 类似,只是交货地点进一步接近买方所在地或买方要求的指定地点,买方要负责将货物从卖方或卖方代表的运输工具上卸下。

DAP 买卖双方职责划分见表 3-2-11。

表 3-2-11　DAP 买卖双方职责划分

术语	交货地点	风险转移界限	费用转移界限	出口报关	进口报关	装货	卸货	运输	保险
DAP		卖方将货物运至合同规定的目的地的约定地点,将货物交给买方控制完成交货;完成交货时,风险和费用发生转移		卖方	买方	卖方	买方	卖方	卖方自行

（三）DAP 与 CIP 的区别

这两个贸易术语项下卖方均要与承运人签订主要运输路段的运输合同，并支付运费，而且要购买保险。但在 CIP 项下，风险在货交承运人的时候转移，卖方只需要承担在货交承运人之前的风险，而且虽然卖方需要购买保险，但这种保险有代买的性质，是一种义务，为了保障买方利益而购买；而在 DAP 项下风险在目的地指定地点实际交货时才发生转移，卖方一直要承担风险至最终目的地，卖方也可能会购买风险，但这不是卖方的义务，卖方购买保险只是为了保障自身的利益。

四、DDP

DDP 的英文全称是 delivered duty paid（…named place of destination），即完税后交货（……指定目的地），卖方要在合同中约定的日期或期限内，将货物运到合同规定的目的地的约定地点，并且完成进口清关手续后，在运输工具上将货物置于买方的控制之下，即完成交货。

DDP 是所有贸易术语中卖方责任最大的贸易术语，卖方几乎包揽了交易过程中的各种事宜。如果卖方没有足够的把握完成上述义务，如无法办理进口清关手续，就应该慎重使用该术语进行交易。正因为卖方的责任最大，所以这个贸易术语中的价格也是所有贸易术语中价格最高的。相反，买方在这个贸易术语中承担的责任最小，甚至不需要进口报关，只要领货、领单和付款。

【应用案例 3-2-15】

> 我某公司以 DDP 条件进口一批药材，该公司已按合同约定日期做好收取货物的准备，但由于海上风暴太大导致轮船无法按时到达，直至合同约定交货期的七天后才收到货物。因此，该公司向国外卖方提出索赔。讨论：该公司的行为是否合理？为什么？

DDP 买卖双方职责划分见表 3-2-12。

表 3-2-12　DDP 买卖双方职责划分

术语	交货地点	风险转移界限	费用转移界限	出口报关	进口报关	装货	卸货	运输	保险
DDP	卖方将货物运至合同规定的目的地的约定地点，将货物交给买方控制完成交货；完成交货时，风险和费用发生转移			卖方	卖方	卖方	卖方	卖方	卖方自行

任务 4　贸易术语的选择

不同的贸易术语，买卖双方承担的责任、费用和风险不同。在实际业务中，买卖合同的双方当事人选用何种贸易术语，不仅决定了合同价格的高低，而且还关系到合同性质，甚至还会影响到贸易纠纷的处理和解决。因此，在选用贸易术语时，要视具体情况而定。

一、货物特性及运输条件

国际贸易中的货物品种很多,不同类别的货物具有不同的特点,它们在运输方面各有不同要求,故安排运输的难易不同,运费开支大小也有差异。这是选用贸易术语应考虑的因素。此外,成交量的大小,也直接涉及安排运输是否有困难和经济上是否合算。当成交量太小,又无班轮通航的情况下,负责安排运输的一方势必会增加运输成本,故选用贸易术语时也应予以考虑。例如,在大宗货物出口贸易中,如果我方组织船源有实际困难的,而买方为了获取较低的运价和保险费用上的优惠,要求自行租船装运货物和办理保险,为了达成该笔交易,我方也可按 FOB 术语与之成交。

双方采用何种贸易术语,应考虑采用何种运输方式运送,如果自己有能力运输,而且经济上又合算时,可争取按 FCA、FOB 条件进口,按 CIP、CIF 或 CFR 条件出口。

二、运输方式和运费动态

不同的贸易术语都有其所适用的运输方式,如 FOB、CFR、CIF 只适用于海运和内河航运,而 FCA、CPT 和 CIP 能适用各种运输方式。不顾贸易术语所适用的运输方式,而盲目地选用,则会给交货带来诸多不便,严重的可致使贸易的某一方陷入困境并遭受损失。目前由于集装箱运输和多式联运的广泛运用,使贸易术语的选用由以前传统的 FOB、CFR、CIF 发展到现在的 FCA、CPT 和 CIP,且这三者使用量有赶超 FOB、CFR 和 CIF 的趋势。原因之一是传统三种术语会增加我方的风险责任,把风险界点由货交承运人延伸到在装运港越过船舷;原因之二是推迟了运输单据的出单时间,因而延缓了我方交单收汇的时间,影响我方资金周转和造成利息的损失。所以,在出口业务中,应积极推广现在的三种贸易术语的应用。

运费是货价构成因素之一,在选用贸易术语时,应考虑货物经由路线的运费收取情况和运价变动趋势。一般来说,当运价看涨时,为了避免承担运价上涨的风险,可以选用由对方安排运输的贸易术语成交,如按 C 组术语进口,按 F 组术语出口。在运价看涨的情况下,如因某种原因不得不采用由自身安排运输的条件成交,则应将运价上涨的风险考虑到货价中去,以免遭受运价变动的损失。

三、运输途中的风险

在国际贸易中,交易的商品一般需要通过长途运输,货物在运输过程中可能遇到各种自然灾害、意外事故等风险。特别是在遇到战争或正常的国际贸易遭到人为障碍与破坏的时期和地区,则运输途中的风险更大。因此,买卖双方洽商交易时,必须根据不同时期、不同地区、不同运输线路和运输方式的风险情况,并结合购销意图来选用适当的贸易术语。

四、办理进出口货物的结关手续有无困难

在国际贸易中,关于进出口货物的结关手续,有些国家规定只能由结关所在国的当事人安排或代为办理。有些国家则无此项限制。因此,买方在选用 EXW 或卖方在选用 DDP 条件成交时,则应充分考虑某些进出口国政府的规定。

在国际贸易中,关于进出口货物的结关手续,有些国家规定只能由结关所在国的当事

人安排或代为办理,有些国家则无此项限制。因此,买方在选用 EXW 或卖方在选用 DDP 条件成交时,则应充分考虑某些进出口国政府的规定。当某出口国政府当局规定,买方不能直接或间接办理出口结关手续,则不宜按 EXW 条件成交;若进口国当局规定,卖方不能直接或间接办理进口结关手续,此时则不宜采用 DDP,而应选用 DAT 或 DAP 条件成交。

综上所述,选用贸易术语要考虑的因素是多方面的,我们应根据不同贸易对象、不同商品、不同贸易条件,全盘考虑,最终选择出能维护企业和国家最大利益的贸易术语。

【应用案例 3-2-16】

1. 2000 年 5 月美国某贸易公司(以下简称进口方)与我国江西某进出口公司(以下简称出口方)签订合同购买一批日用瓷具,贸易的价格条件为 CIF LOS—ANGELES,支付条件为不可撤销的跟单信用证,出口方需要提供已装船提单等有效单证。出口方随后与宁波某运输公司(以下简称承运人)签订运输合同,由其将货物由江西运至宁波港。8 月初出口方将货物备妥,装上承运人派来的货车(车上还有其他货物)。途中由于驾驶员的过失发生了比较严重的车祸,耽误了时间,错过了信用证规定的装船日期。得到发生车祸的通知后,出口方即刻与进口方洽商要求将信用证的有效期和装船期延期半个月,并本着诚信原则告知进口方两箱瓷具可能受损。进口方回电称同意让开证行修改信用证,即装船时间延期半个月,但要求货价降 5%。出口方回电据理力争,同意受震动的两箱瓷具降价 1%,但认为其余货物并未损坏,不能降价。但进口方坚持要求全部瓷具降价,理由是货物受震动可能未来还会损坏,而且误了原来的装船期。最终出口方还是做出让步,受震动的两箱降价 2.5%,其余降价 1.5%,为此受到货价、利息等有关损失共计 15 万美元。

事后,出口方作为托运人又向承运人就有关损失提出索赔。对此,承运人同意承担有关仓储费用和两箱受震动货物的损失;利息损失只赔 50%,理由是自己只承担一部分责任,主要是由于出口方修改单证耽误时间;但对货价损失不予赔偿,认为这是由于出口方单方面与进口方的协定所致,与己无关。出口方却认为货物降价及利息损失的根本原因都在于承运人的车祸过失,因此坚持要求承运人全部赔偿。3 个月后经多方协商,承运人最终赔偿各方面损失共计 5.5 万美元。出口方实际损失 9.5 万美元。问:

(1) 到底应该由谁承担货物的运输、货价、利息的损失?出口方在这次贸易中有哪些失误?

(2) 如果你是出口方,你会选择哪种贸易术语?为什么?怎样可以避免货价损失和利息的损失?

(3) 此案例告诉我们,如果出口方在内陆地区,应该选择什么贸易术语?如果出口方在沿海地区,又应该选择什么贸易术语?

2. 印度孟买一家电视机进口商与日本京都电器制造商洽谈买卖电视机交易。从京都(内陆城市)至孟买,有集装箱多式联运服务,京都当地货运商以订约承运人(contracting carrier)的身份可签发多式联运单据(combined transport documents,CTD)。货物在京都距制造商 5 公里的集装箱堆场(container yard,

CY)装入集装箱后,由货运商用卡车经公路运至横滨,然后装上海轮运到孟买。日本京都制造商不愿意承担公路和海洋运输的风险;印度孟买进口商则不愿意承担货物交运前的风险。试对以下问题提出你的意见,并说明理由。

(1) 日本京都制造商是否可以向印度孟买进口商按 FOB、CFR、CIF 术语报价?

(2) 京都制造商是否应提供已装船运输单据?

(3) 按以上情况,你认为京都制造商应该采用何种贸易术语?

小 结

国际贸易术语的学习其实就是学习不同贸易术语的交易中买卖双方责任的划分问题,所以,搞清楚在一笔交易里面,买卖双方究竟要做什么非常关键,表 3-2-13 将最新的《2010 年通则》中 11 个贸易术语做了一个归类,并将各主要事项的责任方罗列出来,以供大家比较、学习。

表 3-2-13 《2010 年通则》中 11 个贸易术语的买卖双方责任的划分

运输方式	术语	出口报关	进口报关	装货	卸货	运输	保险	交货地点
各种运输方式	EXW	买方	买方	买方	买方	买方	买方	出口国卖方所在地
	FCA	卖方	买方	交货地点决定	买方	买方	买方	出口国买方指定承运人所在地
	CPT	卖方	买方	卖方	买方	卖方	买方	出口国卖方指定承运人所在地
	CIP	卖方	买方	卖方	买方	卖方	卖方	出口国卖方指定承运人所在地
	DAT	卖方	买方	卖方	卖方	卖方	卖方	进口国运输终端运输工具旁
	DAP	卖方	买方	卖方	买方	卖方	卖方	进口国最终目的地
	DDP	卖方	卖方	卖方	买方	卖方	卖方	进口国最终目的地
水上运输	FAS	卖方	买方	买方	买方	买方	买方	出口国装运港买方指定船旁
	FOB	卖方	买方	术语变形解决	买方	买方	买方	出口国装运港买方指定船上
	CFR	卖方	买方	卖方	术语变形解决	卖方	买方	出口国装运港买方指定船上
	CIF	卖方	买方	卖方	术语变形解决	卖方	卖方	出口国装运港买方指定船上

通过比较表3-2-13中的贸易术语,我们可以知道,在所有的术语中,EXW是卖方责任最小的,DDP是卖方责任最大的,对应地,EXW表示出来的价格是最便宜的,DDP价格是最贵的。

在适合各种运输方式的7个贸易术语中,随着交货地点不断向买方所在地延伸,卖方的责任不断扩大。EXW只需要在工厂完成交货即可;在FCA项下,卖方需要把货物运到买方指定的承运人处完成交货;在CPT项下,卖方则需要自己指定承运人,负担运费,并将货物交给承运人;在CIP项下卖方要与承运人签订运输合同,支付运费,还要购买保险,支付保险费;在DAT项下卖方的交货地点由出口国延伸至了进口国境内,卖方一直要把货物运到进口国目的地的运输终端;在DAP项下卖方责任进一步延伸到了进口国国内最终的目的地;DDP卖方不但要在最终目的地完成交货,还要把进口报关手续办妥,这对卖方的要求很高,卖方如果在进口手续的取得上存在问题,一定要慎用此术语。

在适合于水上运输方式的FAS、FOB、CFR、CIF四个术语中,卖方的交货地点都在出口国装运港。FAS在装运港买方指定船旁边完成交货即可;FOB卖方需要在卖方指定船只的船上完成交货;CFR卖方也是在装运港船上完成交货,但该船是由卖方自己指定,并交付运费;而若采取CIF成交,卖方不但要自己租船订舱,还要为买方购买保险,这也是他的义务。

比较中,我们还可以看到,除了EXW进出口报关均由买方办理,DDP均由卖方办理之外,其他贸易术语,出口报关都是由卖方负责,而进口报关都由买方承办。在《2010年通则》里面,还对第三国的过境手续办理做出了明确的规定,除了DAT、DAP和DDP是由卖方来办理外,其他所有贸易术语都是由买方负责办理。

综 合 训 练

一、单项选择题

1. 在《2010年通则》中,以下哪种术语仅适用于海运和内河水运(　　)。
   A. FAS　　　　　　B. FCA　　　　　　C. CIP　　　　　　D. DAP
2. 在FCA/CIP术语下,办理保险者应为(　　)。
   A. 买方/买方　　　B. 卖方/买方　　　C. 买方/卖方　　　D. 卖方/卖方
3. 我国甲公司与加拿大乙公司签订出口服装销售合同,拟采取空运方式,甲公司承担将货物运至目的地的运费,但不负责保险,根据《2010年通则》,应采用的贸易术语是(　　)。
   A. CPT　　　　　　B. CFR　　　　　　C. FOB　　　　　　D. FAS
4. 按《2010年通则》,CIP术语买卖双方风险划分的界限是(　　)。
   A. 装运港船舷　　　B. 货交承运人　　　C. 目的港船上　　　D. 目的港码头
5. 关于CIP说法错误的是(　　)。
   A. 卖方投保属于代办性质
   B. 卖方按双方在合同中约定的险别投保
   C. 如果买卖双方未在合同中明确规定投保险别,则由卖方按照惯例投保最低险别
   D. 保险金额一般是CIP货值的120%,并采用与合同相同的货币
6. 在CFR术语下,出口商应在(　　)通过传真、电子邮件等方式,向进口商发出装

运通知。

　　A. 装运前　　　　B. 装船完毕后　　　C. 交单后　　　　D. 收款后

7.《2010年通则》将贸易术语归纳为（　　）种。

　　A. 11　　　　　　B. 13　　　　　　C. 14　　　　　　D. 16

8. 按照《2010年通则》的解释，采用CIF条件成交时，货物装船时从吊钩脱落掉入海里造成的损失由（　　）。

　　A. 卖方负担　　　　　　　　　　　B. 买方负担

　　C. 承运人负担　　　　　　　　　　D. 买卖双方共同负担

9.《2010年通则》中，仅适用于水上运输方式的贸易术语包括（　　）种。

　　A. 1　　　　　　　B. 2　　　　　　　C. 3　　　　　　　D. 4

10.《2010年通则》中，卖方承担的责任、费用最小的贸易术语是（　　）。

　　A. EXW　　　　　B. DDP　　　　　C. DAP　　　　　D. FCA

11.《2010年通则》中，卖方承担的责任、费用最大贸易术语是（　　）。

　　A. EXW　　　　　B. DDP　　　　　C. DAP　　　　　D. FCA

12. 在DDP交货条件下，出口通关手续由（　　）办理。

　　A. 买方　　　　　B. 卖方　　　　　C. 银行　　　　　D. 海关

13. 采用CIF和CFR术语成交，数量的机动幅度一般由（　　）。

　　A. 买方和船方共同协商予以确定　　B. 卖方和船方共同协商予以确定

　　C. 卖方单独确定　　　　　　　　　D. 买方单独确定

14. 甲公司按CIF Hongkong贸易术语出口大宗商品，采用程租运输，如果甲公司不愿意负担卸船费用，应该在合同中规定使用的贸易术语是（　　）。

　　A. CIF Hongkong　　　　　　　　　B. CIF ex ship's Hold Hongkong

　　C. CIF ex tackle Hongkong　　　　 D. CIF Lander Hongkong

15. 某外贸企业以CFR报价，如果客户要求将货物交到某货运站指定承运人时，那么采用（　　）为宜。

　　A. FCA　　　　　B. CIP　　　　　C. CPT　　　　　D. DDP

16. 我国某公司进口某商品，下述报价中表述正确的是（　　）。

　　A. 250美元/桶 FOB 上海　　　　　B. 230美元/桶 CIF 伦敦

　　C. 250美元/桶 CIF 广州　　　　　D. 250美元/桶 CFR 德国

17. 象征性交货是指（　　）。

　　A. 卖方没有实际交货

　　B. 卖方按约定完成装运，并向买方交单据代替交货

　　C. 卖方未按期在约定地点完成

　　D. 卖方未按合同履行交货义务

18. 根据《2010年通则》的规定，以FOBST条件成交，买卖双方风险划分界限是在（　　）。

　　A. 货交承运人　　　　　　　　　　B. 货物在目的港卸货后

　　C. 货物在装运港装上船　　　　　　D. 装运码头

19. 某公司与英国一家公司以CFR Landed的条件成交一笔交易，按国际惯例，该笔交易的货物在目的港的卸货费用、驳船费用应由（　　）承担。

A. 买方 B. 卖方 C. 船方 D. 港务部门

20. 我公司出口某大宗货物,按 CIF Nhava Sheva 成交,合同规定采用租船运输,若我公司不想负担卸货费,应选择的贸易术语变形是( )。

A. CIF liner terms nhava sheva B. CIF landed nhava sheva
C. CIF ex tackle nhava sheva D. CIF ex ship's hold nhava sheva

二、多项选择题

1. 进出口商在实际业务中,选用贸易术语时应考虑下列哪些因素。
A. 与运输方式相适应 B. 与本国文化传统相符合
C. 考虑办理进出口货物结关手续的难易 D. 考虑运价动态
E. 考虑承运人风险控制

2. 根据《2010 年通则》,由买方负担卸货费的术语有( )。
A. DAT B. DAP C. DDP D. CIF/CIP E. CFR/CPT

3. 根据《2010 年通则》,下列说法中正确的是( )。
A. FOB、CFR、CIF 都是以货物在装运港装上船为交货及风险分界点
B. FOB、CFR、CIF 三种贸易术语只适用于水上运输方式
C. FCA、CPT、CIP 三种贸易术语适用于所有的运输方式
D. FOB 和 FCA、CFR 和 CPT、CIF 和 CIP 的价格构成相同
E. CIF 和 CIP 都是不包括运费和保险费在内的价格

4. 有关 CPT 术语买卖双方义务的说法错误的是( )。
A. 卖方安排运输,支付运费
B. 卖方按合同规定时间,将符合合同约定的货物交给承运人处置,并及时通知买方
C. 卖方承担货交承运人监管之后的风险
D. 卖方自费取得进出口许可证或其他官方许可,办理进出口相关手续
E. 买方接受与合同相符的单据,受领货物,支付价款

5. 一家美国出口商向日本出口一批钢材,若双方约定使用 DAP 贸易术语,以下说法正确的是( )。
A. DAP 是目的地交货
B. 美国出口商在合同规定的时间将货物运至进口国指定目的地,将处在抵达的运输工具上可供卸载的货物交由买方处置时即完成交货义务
C. 以卖方将货物交由买方处置为风险划分的界限,即货交买方处置之前的一切费用和风险由卖方承担,之后由买方承担
D. 美国出口商自付费用办理相关出口手续,日本进口商自付费用办理相关进口手续
E. 卖方负责提供商业发票和买方提货所需的单据

6. 采用 CIF 术语出口时,信用证项下单据至少包括( )。
A. 商业发票 B. 汇票 C. 海运提单 D. 保险单 E. 装箱单

7. 下列我方出口单价写法正确的是( )。
A. 每吨 1000 美元 FOB 伦敦 B. 每打 100 法国法郎 FOB 上海
C. 500 英镑 CFR 净价伦敦 D. 每码 3.5 港元 CIF C2% 香港

8. 根据《2010 通则》,在有关 FCA 贸易术语下,交货与装货义务的规定包括下列哪些内容?

A. 当卖方在其所在地交货时,应由买方负责装货
B. 当卖方在其所在地交货时,应由卖方负责装货
C. 当卖方在其他地点交货时,则当货物在卖方的运输工具上尚未卸下,即完成交货
D. 当卖方在其他地点交货时,则卖方应当负责将货物运至交货地点并卸下才完成交货
E. 当卖方在其他地点交货时,则卖方应当将货物交至买方所派运输工具上才完成交货

9. 下列术语中,在装运港完成交货的有(   )。
A. FOB　　　B. FAS　　　C. CFR　　　D. CIF　　　E. DAT

10. 下列贸易术语中,(   )风险划分以货交第一承运人为界,并适用于各种运输方式。
A. FAS　　　B. CPT　　　C. CIF　　　D. FCA　　　E. DDP

三、判断题(对的打"√",错的打"×")

1. 以"装运港装上船"作为划分风险的界限是《2010年通则》中FOB、CFR和CIF的共同点。(   )

2. 当使用集装箱运输货物时,卖方通常将货物在集装箱码头移交给承运人,而不是交到船上,这时不宜使用FOB术语,而应使用FCA术语。(   )

3. 在FAS贸易术语下,卖方应负责将货物交至买方指定的船边,而买方必须在卖方按照《2010年通则》的规定交货时受领货物。(   )

4. 在FAS贸易术语下,如买方所派的船不能靠岸,则卖方必须将货物装上船方可。(   )

5. CFR贸易术语的货物交货地点是在目的地港口的码头上。(   )

6. FOB价格包括由买方支付的取得进口许可证的费用及关税的费用。(   )

7. 在FAS贸易术语下,买方派船并负责装船,因此也由买方负责办理出口清关。(   )

8. 在FCA贸易术语下,如货物在卖方仓库处交付后使用公路运输方式,则意味着卖方负担将货物装上卡车的费用。(   )

9. EXW术语仅适用于公路运输方式。(   )

10. 在EXW贸易术语下,卖方必须提供符合买方要求的出口包装,并将货物装在买方所派的运输工具上。(   )

11. 有关贸易术语的惯例中,《2000年通则》是包括内容最多,使用范围最广和影响最大的一种。(   )

12. 买方采用FOB条件进口,货物用程租船运输,买方不愿意承担装船费用,可采用FOB trimmed。(   )

13. 按CFR ex ship's hold New York条件成交后,买方负担从装运港到纽约为止的一切费用和风险。(   )

14. 《1941年美国对外贸易定义修订本》中对FAS的解释是把货交到任何运输工具的旁边,要表示"船边交货",必须在FAS后面加vessel字样。(   )

15. 在CIF条件下由卖方负责办理货运保险,在CFR条件下由买方投保,因此,运输途中货物灭失和损失的风险,前者由卖方负责,后者由买方负责。(   )

16. 《1932年华沙-牛津规则》解释了 ex point of origin、FOB、FAS、C&F、CIF 和 ex dock 六种贸易术语。（   ）

17. 如果买方想采用铁路运输，愿意办理出口手续并承担其中的费用，买方可以采用 FCA 贸易术语。（   ）

18. 按 CFR landed Singapore 成交，货物在新加坡港的卸货费应由卖方负担。（   ）

19. 如果在国际买卖合同中做了与国际贸易惯例不同的规定，在处理合同争议时，应以国际贸易惯例为准。（   ）

20. 根据《2010年通则》的解释，在 DAT 条件下，卖方办理保险是为了自己的利益。（   ）

四、案例分析

1. 广州 A 进出口贸易有限公司按 FOB 条件向荷兰进口商签订一批草编制品出口合同，价值12万美元，货物于2010年10月5日装上买方指定船"皇后号"，但当天因为经办该项业务的业务员假日休息，待到8日上班才给买方发出装船通知。荷兰进口商收到我方装船通知向当地保险公司申请投保时，该保险公司已获悉"皇后号"轮已于7日凌晨在海上遇难而拒绝承保，于是荷兰进出口立即来电表示该批货物损失应由我进出口公司承担，并同时索赔10 000美元，且拒不赎单。问：外商的索赔要求是否合理？为什么？

2. 我国某进出口公司同英国某进口商签订一份 CIF 合同，出口轻工业产品。合同规定：装运期为2010年10月由上海运往英国某港口；卖方应保证载货船不迟于12月1日抵达目的港，如迟于此期限到达，买方可以取消合同，如届时货款已经收妥，卖方应将所受到的货款如实退交买方。合同签订后，两家公司就合同的性质展开了争论，买方认为该合同仍属于 CIF 合同，应该按照 CIF 术语性质履行；卖方认为，合同中的特殊条款改变了 CIF 的性质，该合同不应认为是象征性交货的 CIF 合同。试问：究竟是买方的说法正确，还是卖方的说法正确呢？为什么？

3. 出口商甲公司与俄罗斯乙公司签订矿产品销售合同，采用 DAT 满洲里价格术语，可分批装运，交货期在当年6月月底。甲公司在6月月底前将全部商品通过铁路运输分批发运。乙公司在满洲里接收货物，发现部分货物在当年7月才到达满洲里。乙公司认为甲公司违反交货期，提出索赔。但甲公司以铁路承运人出具的运输单据所注明的日期是在6月，证明已经履行交货义务。讨论：你认为哪一方有道理？

4. 我国出口公司甲公司与澳大利亚乙公司签订合同出口大豆，贸易术语为 FCA（《2010年通则》），集装箱装运，装运日期为4月，甲公司于2005年3月31日收到乙公司的装运通知，甲公司于4月1日将货物交给承运人存于上海的码头，当天晚上货物被发生在仓库的火灾全部灭失，请问甲公司是否应该承担损失？说明理由。

5. 我国出口公司甲公司与加拿大乙公司签订合同出口面料，贸易术语为 CFR（《2010年通则》），甲公司未及时向乙公司发出装运通知，导致乙公司未能对货物进行及时的投保，装载货物的船在5月8号遇到海上飓风沉没，请问应该如何承担责任？说明理由。

6. 某年我国某外贸公司出售一批核桃给数家英国客户，采用 CIF 术语，凭不可撤销即期信用证付款。由于销售核桃的销售季节性很强，到货的迟早，会直接影响货物的价格，因此，在合同中对到货时间做了以下规定："10月份自中国装运港装运，卖方保证载货轮船于12月2日抵达英国目的港。如载货轮船迟于12月2日抵达目的港，在买方要求下,卖方必须同意取消合同,如货款已经收妥,则须退还买方。"合同订立后,我方于10月中旬将货物装船出口,凭信用证规定的装运单(发票、提单、保险单)向银行收妥货款。不料,轮船在航运途中,主要机件损坏,无法继续航行。为保证如期抵达目的港,我方以重金租用大马力拖轮拖带该轮继续前进。但因途中又遇大风浪,致使该轮抵达目的港的时间,较合同限定的最后日期晚了数小时。适遇核桃市价下跌,除个别客户提货外,多数客户要求取消合同。我方最终因这笔交易遭受重大经济损失。试问,我方与英国客户所签订的合同,是真正的CIF合同吗?并请说明理由。

7. 出口商A公司与B公司签订出口合同采用CIF术语。A公司按合同规定装船并投保后,取得了包括提单在内的全套装运单据。但是,载货轮船在启航后第二天就触礁沉没了,B公司闻讯后提出拒收单据,拒付货款。B公司的做法是否符合恰当?为什么?

8. 我国A公司采用CIF London术语向英国B公司出口一批圣诞节礼品。双方在合同中规定:B公司须于8月月底前通过其银行开出信用证,A公司保证运货船不得迟于11月5日驶抵目的港。如货轮迟于11月5日驶抵目的港,B公司有权取消合同。如货款已收,卖方须将货款退还买方。该合同上述内容是否符合《2010年通则》?

子项目三 价格条款

【学习目标】

知识目标:

1. 了解国际贸易商品作价的原则、作价办法及币种的选择。
2. 理解价格术语的选用,佣金和折扣的含义。
3. 掌握佣金、折扣的计算方法;FOB、CFR和CIF三种价格之间的换算。

技能目标:

能够根据业务需要进行价格的核算及拟订价格条款;能够用合同、法律和国际惯例关系的知识分析如何处理合同纠纷。

【重点、难点】

重点:佣金的计算;FOB、CFR和CIF三种价格之间的换算。

难点:FOB、CFR和CIF三种贸易术语之间的换算。

【任务情景】

2015年5月月初,苏州某纺织公司在广州参加中国进出口商品交易会(简称广交会)时,结交了一位意大利商人,意大利商人有意从我方进口一批毛毯用作圣诞节销售,但对价格等各项交易事项未能确定,双方广交会后面谈。因为是首次成交,我方建议使用信用证结算。对方无异议,并称自己的往来银行意大利联合圣保罗银行能够按时开出一份可信的信用证,但意方建议采用FOB成交,因为意方常年有合作的运输公司,在圣诞节前,有大量的船舶来华进行贸易货物的运输,而且意方也有业务上常年往来的保险公司,可以提供保险。我方代表对此表示不赞同,因为我方与中国外运公司签有运输优惠合约,圣诞节前也保证有船前往欧洲,建议使用CIF成交。意方不同意,认为由其派船能够掌控船期,保证货物能够按时到达,赶上圣诞节前的销售。但我方认为,船由我方指派,更容易与我们的交货事宜相协调,而且由我方指派船,我方还能获得运输公司的优惠。意方最终同意采用CIF成交，但因运输距离遥远，要求我方投保一切险，我方同意。最终双方决定采用CIF威尼斯。

因为是西方圣诞销售季，西方国家订单都比较多，所以我方毛毯销售具有市场优势，一般客户都是秋交会大量采购，但此意方为了占领有利先机，春交会即下单大批量采购，与我方就成交价格方面，也是做足了谈判准备，希望能够低于市场价格成交。意方认为春交会采购，可以给我方足够时间组织生产，故而要求降价。我方不同意，因为今年年初燃料价格再次上涨，整个纺织行业水涨船高，不可能再降价，就算是大量成交，也不可能做亏本买卖，于是要求报价不做更改，不过可以免费提供样本，并免费邮寄样本。意方同意，并当场拿出样品，要求我方按照此样品生产，大量生产前将确定样本寄至意大利提供给意方最终确认，我方会谈人员仔细观察样品，发觉有些压花处理需要特殊工艺，成本会因租用特殊器械而变大，但因意方购买意向明显，而且第一次成交购买的数量巨大，因而，为了建立长期的合作关系，价格维持原水平不变。但为了有足够资金组织生产，我方虽然同意意方采用信用证结算，但希望按照惯例，30％的成交金额能够采用预付的方式先行付款，剩余70％采用信用证结算。意方同意。

任务1　成交价格的作价原则与作价办法

一、成交价格的作价原则

价格是国际货物买卖双方共同关心的核心问题之一，是贸易磋商过程中的重点磋商内容，而合同里的价格条款也在一定程度上反映了交易双方的利益关系，不同的价格，买卖双方各自承担的费用、风险和责任是不同的，而且利润空间也会因为最终价格而受影响，如何合理地选择价格术语，并确定最终成交价格，是一项非常复杂而又十分重要的工作，为了做好这项工作，我们在磋商和签订合同的时候，一般应该注意以下几个方面。

（一）结合国际市场价格水平酌情定价

国际市场价格由国际市场供需及其他相关因素决定，在国际市场竞争环境中形成，具有客观的参考价值，容易为买卖双方所接受。我国对外交易中，一般都是参考国际市场价格水平来确定最终的成交价格。任务情景中，我方一开始的定价就是根据国际市场价格作为参考确定的。

（二）结合国别、地区政策作价

为了使外贸配合外交，在参考国际市场价格的同时，也应适当考虑国别、地区政策，甚至一些一体化合作协定。在一些商品的定价上，也应结合免税和互惠互利的因素。任务情景中，客户来自意大利，具有一定的购买能力。

（三）结合购销意图作价

进出口商品的定价还应考虑购销意图及供求状况最终确定。如为了开拓市场，打开销路，价格可以适当地低于国际市场价格，但也要避开那些对我国频繁使用反倾销申诉的国家。当然贸易对方的购销意图也要做必要考虑，如果对方的购买意向特别强烈和明显，而且有长期合作的意向，可以适当予以一定的优惠。案例中，意大利商人的购买意向非常明显，而且首次成交，可以适当予以考虑。

(四) 运费因素影响最终价格水平

国际贸易不同于国内贸易,运费是国际贸易货物价格的一个重要组成部分,因此在选择价格术语的时候,应该考虑运费因素。一般情况下,如果运量不足,运费看涨时,出售货物应尽量避免使用 FOB,以免承担运费上涨的风险;但如果能取得运输公司的优惠运价,也可以主动出击,尽量采用 CFR 或 CIF 成交。进口则相反。任务情景中,我方具有运输费用的优势。

(五) 交货地点和交货条件对成交价格有影响

在交易中,交货地点和交货条件影响着买卖双方承担的责任、费用和风险,在确定价格时应该考虑这一点,如果采用 CPT 成交,虽然和 DAP 成交运输距离是一样的,但因为交货地点不一样,交货条件不同,买卖双方承担责任有所区别,其价格也相去甚远。任务情景中,交货地点双方达成一致,在装运港交货。

(六) 季节性需求的变化

在国际市场上,某些节令性商品,在节前到货,应市销售,不但销售量可观,而且在价格上也具有谈判优势,但过了时节,价格跳水。因此在某些商品的销售过程中要利用季节性的需求变化,把握商机,确定最终成交价格。毛毯是冬季的畅销货,而且对方是用作圣诞节销售,销路不成问题;但对方在春季广交会即采购,想必是想获得反季优惠。

(七) 成交数量

按照国际商通行的做法,成交数量的多少也在一定程度上影响着最终的成交价格。一般情况下,成交数量多价格自然会有一定的优惠折扣。案例中,对方首次购买就大量购买,应该予以一定价格上的优惠,以便建立长期的合作关系。

(八) 其他因素

除了上述各种原因之外,交货期的长短、汇率变动风险、消费者喜好、计价货币等因素都会对确定价格有一定程度的影响,因此,应予以考虑。成交价格的磋商确定过程,是一个非常复杂的过程,案例中已经略见一斑。外贸人员在长期的实践中积累经验,结合买卖双方的购销意向和实际情况最终确定商品的价格。

二、进出口商品的定价方法

在交易中,定价方法由买卖双方协商而定,在实际业务中可以根据实际情况和交易条件选定。常见的定价方法有固定价格和非固定价格两种,有时还用价格调整条款让价格定位更加合理。

(一) 固定价格

固定价格是指交易双方在协商一致的基础上,对合同价格予以明确、具体的规定。按各国法律规定,合同价格一经确定,就必须严格执行,任何一方都不得擅自更改。我国进出口合同中,商品的价格一般都采用固定作价的方式,双方通过磋商一致,将价格确定,并且在合同中予以明确规定,不能随便变更。例如:US $ 300 per metric ton CIF New York.

世界市场价格瞬息万变,固定价格会给贸易双方带来价格变动的风险。所以,并非所有商品都适合固定价格。采用固定价格时,应注意三个问题:客户选择、产品选择、价格的合理判断。

（二）非固定价格

非固定价格实际上是一种灵活变通的做法，具体来说，有以下几种定价方式。

1. 暂定价

所谓暂定价就是指在合同中先订立一个初步价格，作为开立信用证和初步付款的依据，待双方最终根据市场价格确定价格后，再进行清算，多退少补。这种价格适用于价格变动频繁的商品，但是合同具有不稳定性。例如："单位暂定 CIF 神户，每公吨 1000 英镑（1 英镑＝8.93 人民币），作价方法：以××交易所 3 个月期货，按装船月份月平均价加 5 英镑计算，买方按本合同规定的暂定价开立信用证。"

2. 部分固定价、部分非固定价

有些时候为了兼顾买卖双方的利益，对近期交付的商品价格在合同中加以确定，而对远期交货部分商品价格暂时不做出规定，待交货前指定时期内再另外作价。这种定价方法有助于解决双方对价格的争议，有利于解除客户对价格风险的顾虑，使之敢于签订交货期长的合同。

3. 待定价格

有些时候，对整一批货物交易双方仅在合同中就作价时间或作价的方法做出规定，而将具体价格留待日后按照约定方式再确定一种价格。这种价格适合交货期比较长，价格波动比较大的商品交易。例如买卖双方在合同中约定：由双方在交货期前 10 天，参照国际市场价格水平协商议定正式价格。例如："在装船月份前 45 天，参照当地及国际市场价格水平，协商议定正式价格"或"按提单日期的国际市场价格计算"。

（三）价格调整条款

价格调整条款又被称为滑动价格，是指先在合同中规定一个基础价格，同时规定交货时或交货前的一定时间，按工资、原材料价格变动的指数做出相应调整，以确定最后价格。这种定价方法适用于加工周期长的机器设备的交易，因为大型机械生产期间可能因为通货膨胀等原因使原材料、工资变动影响成本而使价格升降幅度大。例如，"以上基础价格将按下列调整公式根据×××（机构）公布的 20××年×月的工资指数和物价指数予以调整。"

三、计价结算货币的选择

计价结算货币是买卖合同中用来计算货价和结算货款的货币。一切国际贸易合同都需要确定一种或一种以上的货币，作为记账单位和支付手段。计价货币与支付货币可以是同一种货币，也可以是不同货币。可以是出口国家的货币，也可以是进口国家的货币，或两个都不用，采用第三国家的货币，但是这种货币一般都是可以自由兑换的国际通用的货币。选用自由兑换货币计价结算的原则，这是第一个选择原则。第二个选择原则是"收硬付软"原则。即通常出口多采用硬币，进口用软币较为有利。"软币"即币值相对不稳定，汇率趋于下跌的货币，"硬币"即币值较为稳定，汇率呈上升趋势的货币。但在实际业务中要看具体情况，还要结合经营意图而定，不能千篇一律，一概而论。

除了使用软/硬币以外，在外贸实践中减少外汇风险的方法。

（一）压低进口价格或提高出口价格

要根据该种货币今后可能的变动幅度，相应调整对外报价。如在商定进口合同时使用当时视为"硬币"的货币为计价货币和支付货币,可在确定价格时,将该货币在我方付汇时可能上浮的幅度考虑进去,将进口价格相应压低。相反,如在商定出口合同时使用当时视为"软币"的货币为计价货币和支付货币,可在确定价格时,将该货币在我方收汇时可能下浮的幅度考虑进去,将出口价格相应提高。鉴于汇价的变动是十分频繁的,特别是较长时期的趋势难以预测,故该办法通常较多适用于成交后进口付汇或出口收汇间隔时间较短的贸易。

(二)软硬币结合使用

在不同的合同中使用多种软硬币。在国际金融市场上,往往是两种货币互为软硬的,即具有相对性。而且往往都有今日是软币而后成为硬币的情况。因此,在不同的合同中适当地结合使用多种软币和硬币,也可以起到减少外汇风险的作用。

(三)加列货币保值条款(exchange rate proviso clause)

该项条款中的货币保值主要有黄金保值、硬货币保值、"一篮子"货币保值。

布雷顿森林货币体系崩溃以后,各国货币与黄金脱钩,黄金平价失去作用,浮动汇率制取代了固定汇率制。因而国际经济活动中的外汇风险大大增加,为此,有的国家采用市场黄金价格来保值。具体做法是:在订立合同时按签约日的黄金价格将支付货币的金额折合为若干一定数量的黄金,到支付日再将特定数量的黄金按当时的金价转换成一定数量的计价货币。若黄金价格上涨,则支付货币金额要相应增加,反之,则相应减少。实行黄金保值条款的前提是黄金价格保持稳定,目前黄金价格本身不断波动,这种方法已不能起到避免风险的作用。

对中长期的大额交易,则采用"一篮子"货币保值方法。"一篮子"货币保值的含意是多种货币的组合。在浮动汇率制下,各种货币的汇率每时都在变化,但变动的幅度和方向并不一致。用"一篮子"货币保值就是在合同中规定用多种货币对合同金额进行保值。具体的做法是:在签订合同时,双方协商确定支付货币与"一篮子"保值货币之间的汇率,并规定出各种保值货币与支付货币之间汇率变动的调整幅度。如果到支付期时汇率的变动超过规定的幅度,则要按合同中已规定的汇率调整,从而达到保值的目的。"一篮子"货币保值,货币的汇率有升有降,汇率风险分散化,这就可以有效避免外汇风险,把较大的外汇风险限制在规定的幅度内。例如,我国出口企业有价值为 90 万美元的合同,以欧元、英镑、日元三种货币保值,它们所占的权数均为 1/3,和美元的汇率定为:US＄1＝EUR0.82、US＄1＝￡0.6、US＄1＝J￥110,则以此三种货币计算的价值各为 30 万美元,相当于 24.6 万欧元、18 万英镑、3300 万日元。若到期结算时这三种货币与美元之间的汇率变为:US＄1＝EUR0.80、US＄1＝￡0.5、US＄1＝J￥112,则按这些汇率将以欧元、英镑、日元计价的部分重新折算回美元,付款时我国出口企业可收回 96.21 万美元的货款。

目前,合同中采用的一般是硬币保值条款。即选择某种与合同货币不一致的,价值稳定的货币,将合同金额选择换为由所选货币来表示,在结算或清偿时,按所选货币表示的金额以合同货币来完成收付。订立这种保值条款时,需要注意三点:首先,要明确规定货款到期应支付的货币;其次,选定另一种硬币保值;最后,在合同中标明结算货币与保值货币在签订合同时的即期汇率。收付货款时,如果结算货币贬值超过合同规定幅度,则按结算货币与保值货币的新汇率将货款加以调整,使其仍等于合同中原硬币折算的保值货币金额。假设原来硬币与软币的比值为 1:2,后来软币贬值,2 变为 4,即原价的比值就为

1∶4,到付款的时候应该按1∶4来付款,以确保出口的收入软币折算为该选定的保值硬币后的数额不变,这种做法就叫硬币保值条款。此方法一般同时规定软币对硬币汇率波动的幅度,在规定的波动幅度范围内,货款不调整;超过规定的波动幅度范围,货款则要进行相应的调整。

【应用案例 3-3-1】

> 1994年,中国某外贸公司与英国进口商签订了一项货物买卖合同。双方经过洽谈商定,用人民币计价,英镑支付,签订合同时人民币对英镑的汇率为1元人民币=0.074英镑,合同总金额为231 600元人民币,按照当时汇率折合为17 138.4英镑。鉴于当时英镑不断下跌的趋势,中方外贸公司及时提出合同中应设立"外汇保值条款"。经与对方多次交涉,双方协商一致确立了外汇保值条款。合同从1994年开始分6批履行。按照每批货物装运前2周的汇率,分6次把计价货币人民币折合为支付英镑的结果,人民币总金额231 600元不变,英镑的数额则由签订合同时的17 138.4英镑调整到18 156.09英镑。中方实收英镑比签订合同时多1017.69英镑,基本上可以弥补英镑下浮的损失。

任务 2　成本、价格核算

一、成本核算

买卖双方都十分重视交易价格的最终确定,因为成交价格在经济效益方面起到最终的决定意义。

(一)出口总成本与出口成本价格

出口总成本是指外贸企业为了出口所支付的国内总成本,其中包括生产或进货成本、出口税负(如果有)以及国内各项费用总和。而出口成交价格除了包括出口总成本,还常常包括商品销售过程中发生的运费、保险费、佣金等国外费用以及预期的利润空间。

(二)出口外汇净收入与出口换汇成本

出口外汇净收入是指出口外汇总收入扣除劳务费用等非贸易外汇后的外汇收入。如果按照 FOB 价格,则成交价格就是外汇净收入;如果按照 CIF 价格成交,则需要扣除国外运费和保险费,才是外汇净收入;任何术语,如果是含佣价,还要扣除佣金。而出口换汇成本是指某商品出口净收入一个单位的美元需要的本国货币(人民币)成本。换言之,就是用多少元人民币的"出口总成本"可换回单位外币的"美元净收入"。公式为:

出口换汇成本=出口总成本/出口外汇净收入(人民币元/美元)

如果得到数字比外汇牌价低,说明生意有赚;计算出来的数值如果超过当时外汇牌价,则说明此笔买卖不值得一做。

(三)出口盈亏额与盈亏率

出口盈亏额是指出口销售的人民币净收入和出口总成本的差额,通过二者直接相减获得。如果差额是个正数,说明出口有盈余,差额可表现为盈余额;如果差额是个负值,则说明出口亏损,差额表现为亏损额。出口盈亏率是个相对数,是盈亏额与出口总成本的比

例,用百分比表示。若出口盈亏率大于 1,则出口有盈余,如若出口盈亏率小于 1,则说明出口货物亏损。公式是:

出口盈亏额＝出口销售人民币净收入－出口总成本

出口盈亏率＝(出口销售人民币净收入－出口总成本)÷出口总成本×100%

其中:出口销售人民币净收入＝FOB 净价(人民币)

出口总成本＝购货成本＋国内费用＋出口税－出口退税

国内费用包括:加工整理费;包装费;管理费;国内运费;证件费;预计的损耗;邮电费;银行费用等。

【应用案例 3-3-2】

> 1. 某瓷器企业 2015 年 10 月出口瓷碗一批到欧洲市场,总成本为 55 444 元人民币,出口后外汇净收入为 10 000 美元,而中国银行外汇牌价为 100 美元,折合人民币 635.23 元人民币,则本币交易的出口换汇成本、出口盈亏额、出口盈亏率各是多少?
> 2. 某商品出口单位总成本为 CNY7000/MT,出口报价为 USD1010/MT CIF NEW YORK,假设运费为 USD99.9/MT,保险费率为 0.1%,投保加成率为 10%,当日外汇牌价为 USD100＝CNY868,请对这一单出口贸易进行成本核算。

二、价格构成与价格换算

在国际贸易中,贸易术语也被称为价格术语,贸易术语是价格条款的重要组成部分。不同的贸易术语表明其价格不同的构成因素,比如 CIF 术语中包括了装运港到目的港的运费和保险费。在贸易磋商的过程中,也有关于选用贸易术语的磋商,有时外国客户也会要求我方从一种贸易术语的报价改报其他术语报价。因此,外贸人员应该知晓各贸易术语表示价格的构成要素,同时能够进行不同贸易术语之间的换算。

(一)价格构成

所有贸易术语表示的价格里往往都包括进货成本、各项费用和净利润三个部分。其中各项费用包括国内费用和国外费用两个部分。常见的六个贸易术语价格构成如下:

FOB＝国内进货成本＋国内费用＋净利润

CFR＝国内进货成本＋国内费用＋国外运费＋净利润

CIF＝国内进货成本＋国内费用＋国外运费＋国外保险费＋净利润

FCA＝国内进货成本＋国内费用＋净利润

CPT＝国内进货成本＋国内费用＋国外运费＋净利润

CIP＝国内进货成本＋国内费用＋国外运费＋国外保险费＋净利润

这里 FOB 和 FCA 的价格构成类似,CFR 和 CPT 的价格构成类似,CIF 和 CIP 的价格构成类似,只是适用的运输方式不同,具体费用不尽相同。在选择贸易术语和进行价格核算的时候可以根据实际情况酌情考虑。

(二)主要贸易术语之间的价格换算

1. FOB、CFR 和 CIF 三种价格术语之间的换算

在进行这三个贸易术语之间换算之前先要搞清楚这三个术语价格构成的不同,CFR

比 FOB 多了国外海洋运输运费,而 CIF 比 CFR 还多了海洋运输保险费,用公式表达如下:

CFR＝FOB＋国外海洋运输运费;CIF＝CFR＋海洋运输保险费

即,CIF＝FOB＋国外海洋运输运费＋海洋运输保险费

而其中海洋运输保险费的计算公式是:海洋运输保险费＝CIF(1＋保险加成率)×保险费率,代入上式,得到:CIF＝FOB＋国外海洋运输运费＋CIF(1＋保险加成率)×保险费率

如果已知 FOB 价格,客户要求改报 CIF 价格,则计算公式为:

CIF＝(FOB＋国外海洋运输运费)÷{[1－(1＋保险加成率)]×保险费率}

如果已经知道的是 CIF 价格,客户要求改报 FOB 或 CFR 价格,则计算公式为:

FOB＝CIF×[1－(1＋保险加成率)]×保险费率－国外海洋运输运费

CFR＝CIF×[1－(1＋保险加成率)]×保险费率

如果已知 CFR 价格,客户要求改报 FOB 或 CIF 价格,则计算公式为:

FOB＝CFR－国外海洋运输运费;CIF＝CFR÷{[1－(1＋保险加成率)]×保险费率}

【应用案例 3-3-3】

> 我国某进出口公司向荷兰出口一批货物,按 FOB 贸易术语成交,每公吨 1294 美元。在装运前夕,买方因派船困难要求我方办理订舱和投保一切险和战争险,投保费率分别为 0.66% 和 0.04%,按此 CIF 发票总值的 110% 投保。海运运费每公吨 20 美元。该笔买卖若按 CIF 贸易术语成交,其成交价格为多少?

2. FCA、CPT 和 CIP 三种价格术语之间的换算

这三个贸易术语之间的关系可以用以下公式来表示:

CPT＝FCA＋国外运费

CIP ＝FCA＋国外运费＋国外保险费

   ＝FCA＋国外运费＋CIP×(1＋保险加成率)×保险费率

如果已知 FCA 价格,客户要求改报 CIP 价格,则计算公式为:

CIP＝(FCA＋国外海运输运费)÷{[1－(1＋保险加成率)]×保险费率}

如果已经知道的是 CIP 价格,客户要求改报 FCA 或 CPT 价格,则计算公式为:

FCA＝CIP×[1－(1＋保险加成率)]×保险费率－国外运输运费

CPT＝CIP×[1－(1＋保险加成率)]×保险费率

如果已知 CPT 价格,客户要求改报 FCA 或 CIP 价格,则计算公式为:

FCA＝CPT－国外运输运费;CIP＝CPT÷{[(1－(1＋保险加成率)]×保险费率}

任务 3　佣金和折扣的应用与核算

在国际贸易中,为了促成商品交易、开拓市场、鼓励当地经销商销售、扩大市场,或是取得竞争优势,佣金与折扣的运用很普遍。买卖双方成交的价格,影响到进、出口价格的高低,进而影响到双方的利益。因而,我们在进行进出口价格的核算时,应把握佣金与折扣两个概念,掌握佣金与折扣的使用方法。

一、佣金

（一）佣金的含义

佣金(commission)是指中间商因介绍交易或者代理买卖而向卖方或买方收取的酬金。佣金可由卖方支付，也可由买方支付，也可以由二者共同支付。中间商替卖方推销商品或牵线搭桥做成买卖，则要向卖方收取佣金。同样，中间商代为买方采购商品办理入口手续，买方也要付给佣金。即使是同一笔交易，中间商也可同时接受双方的委托，分别向买卖双方收取佣金，即双头佣金。

佣金可分为明佣与暗佣。将佣金在成交价格条款中明确表示出来的是明佣。例如，"EUR 30 per piece CIF Rotterdam including 3% commission"。若是暗佣，通常不在价格中明示。比如，"EUR 30 per piece CIF Rotterdam"，从表面上来看，CIF 价并不包含佣金，但实际上是含佣价的，交易双方另有协议，约定出口商应付的佣金数额或百分比。即采取暗佣方法，主要的可能是不让最终买主或用户知道出口商已付佣金，企望向最终买主或用户再收取佣金。

（二）佣金的表示方法

常见的佣金表达方法有三种。

（1）用文字说明表示。在标明价格时候，用文字具体描述说明佣金的具体情况。

如"USD500 per M/T CIF London including 5% commission"。

（2）用缩写的方式表示。也就是贸易术语后加注佣金英文缩写字母"C"和佣金率表示。

如"USD500 per M/T CIF C5% London"或："USD500 per M/T CIF C5 London"。

（3）以绝对数表示。如"Pay Commission USD25 Per M/T"。

（三）佣金的计算方法

为了进行佣金的计算，我们得先确定佣金率和含佣价。佣金率通常以成交金额的一定百分比来表示，因而，双方成交的价格越高，或者成交的金额越大，需要支付的佣金也就越多。包含一定比例佣金的价格，就是含佣价。佣金的计算公式为：

佣金＝含佣价×佣金率

净价＝含佣价－佣金

　　＝含佣价－含佣价×佣金率

　　＝含佣价×(1－佣金率)

含佣价＝净价÷(1－佣金率)

【应用案例 3-3-4】

1. 某合同以 CIF C5 成交，总价为 100 000 美元。问：应付多少佣金？

2. 广州狮岭某皮具公司经中间商出口皮包一批到荷兰，数量 2000 件，每件 30 欧元 CIF 鹿特丹，含佣 3%。问：应付多少佣金？该皮包净价是多少？

3. 中山古镇某灯具厂经由某外贸公司出口灯具，按照协议，该厂需要支付该外贸公司成交总金额 2% 的佣金，现按客户要求需要将原先的 FOB 净价改报含佣价，问报多少？该 FOB 价格为每件灯具 USD24.00 FOB 黄埔。

4. 某商品原报价每件 100 英镑 CFR C2% 天津，现客户要求 5% 佣金，若不减少外汇净收入，求改报后的含佣价。

实务中，贸易术语的换算常常结合佣金的计算，这里要注意的是，所有贸易术语的换算都必须是不含佣金的净价之间的换算。比如已知 FOB 的含佣价改报 CIF 的含佣价，那么首先就应该将 FOB 的净价求出，再根据 FOB 价格换算出 CIF 净价，继而求出 CIF 含佣价。

【应用案例 3-3-5】

1. 汕头某玩具厂通过广州某外贸公司与澳大利亚某销售企业签订协议，以每件 USD20.00 FOB C2% Sydney 的价格成交 10 000 件模型飞机，但签订合同之后，发现澳方无法寻找到合适的船舶，于是，三方商议，改用 CIF 术语成交，投保一切险，保险费率为 0.5%，的，投保加成率为 10%，广州某外贸公司提成比例不变，仍以成交价格的 2% 抽取佣金，后我方联系到某货代公司，以 10 000 美元的价格承包给该货代公司代为办理运输事宜，求该报之后的 CIF 含佣价。

2. 我国某公司出口商品进货价为每公吨 4500 元，商品流通费摊算为每公吨 400 元，税金为每公吨 60 元。该批商品的出口价为 CIF C5% 伦敦每公吨 750 美元，其中运费为每公吨 20 美元，保险费为每公吨 10 美元，请计算出口换汇成本和盈亏率。（设 1 美元＝8.3 元人民币）

二、折扣

（一）折扣的含义

折扣就是卖方给予买方一定的价格减让，是一定程度上对买方的让利，对促进销售有一定的作用。

（二）折扣的表示方法

与佣金表达方式类似，可以用三种方式表达。

（1）用文字说明表示。在标价时用文字说明佣金的具体情况。

如"GBP500 per case CIF London including 2% discount"。

（2）贸易术语后加注折扣的缩写英文字母"D"（discount）或"R"（rebate）和折扣率来表示。

如"GBP500 per case CIF D2% London"。

（3）用绝对数来表示。

如："Discount GBP10 per case"

（三）折扣的计算方法

折扣通常是以成交额或发票金额为基础计算出来的。计算公式如下：

单位货物折扣额＝含折扣价×折扣率

净价＝含折扣价－折扣额

　　＝含折扣价－含折扣价×折扣率

＝含折扣价×(1－折扣率)
含折扣价＝净价÷(1－折扣率)

折扣一般是买方在支付货款之前就予以扣除,卖方最终收入是已经扣除折扣额的净收入。也有些时候折扣金额不直接从货价中扣除,而是双方当事人达成协议,用回扣的方式再另行支付给买方。

小 结

价格是买卖双方之间最为敏感的磋商事项,在错综复杂的国际贸易环境中,价格的最终敲定需要买卖双方之间互相协调、互相沟通。最终价格与买卖双方之间的交易习惯、利益分配、责任费用风险负担有直接密切的关系,也会受到国际市场价格水平波动、国别或地区政策、买卖双方的购销意图、运费、交货地点、交货条件、季节性因素、成交数量和计价货币等各种因素的影响。而最终的成交价格在合同中也会有固定价格、非固定价格、价格调整条款等各种形式的体现。

外贸中,外贸业务人员除了要掌握成交价格的作价原则和作价方法之外,还必须掌握成交商品的成本核算以及价格构成和价格换算,在客户要求更换贸易术语的时候,迅速做出正确报价。此外,佣金和折扣是国际贸易中常见的促进销售的手段,双方的成交价格也会受到佣金和折扣这两个因素的影响。如何进行佣金和折扣的核算,并将之合理运用,写入外贸合同也是每位外贸业务人员必须掌握的技能。

综 合 训 练

一、单项选择题

1. 我国从德国进口商品,使用的货币最好是(   )。
A. 汇率保持持续攀升趋势的货币,即硬货币
B. 汇率保持持续下跌趋势的货币,即软货币
C. 双方同意采用的第三国货币
D. 不可自由兑换的货币

2. 以下我方出口商品单价写法错误的是(   )。
A. 每打 50 港元 FOB 北京
B. 每吨 200 美元 CIF C3％香港
C. 每台 5800 日元 FOB 大连,含 2％的折扣
D. 每桶 36 英镑 CFR 伦敦

3. 以下出口商品的单价中,表达正确的是(   )。
A. 250 美元/桶
B. 250 美元/桶 CIF 伦敦
C. 250 美元/桶 CIF 广州
D. 250 美元

4. 下列进口单价表达正确的是(   )。
A. 每箱 100 元 FOB 上海
B. 每吨 100 英镑 CIF 天津
C. 每箱 50 法郎 FOB 鹿特丹
D. 每箱 50 美元 FOB 伦敦

5. 下列公式中,含佣价的计算公式是(   )。

A. 单价×佣金率　　　　　　　　　　B. 含佣价×佣金率
C. 净价×佣金率　　　　　　　　　　D. 净价/(1－佣金率)

6. 凡货价中不包含佣金和折扣的被称为(　　)
   A. 折扣价　　　B. 含佣价　　　C. 净价　　　D. 出厂价

7. 下列哪个为出口外汇净收入(　　)。
   A. FOB 成交价　　　　　　　　　　B. CIF 成交价
   C. CFR 成交价　　　　　　　　　　D. EXW 成交价

8. 以 CIF 价格成交,外汇净收入为(　　)。
   A. CIF 成交价　　　　　　　　　　B. CIF 成交价减国外运费、保险费
   C. CIF 成交价减国外运费　　　　　D. CIF 成交价减国外保险费

9. 在国际贸易中,中间商的收入称为(　　)。
   A. 服务费　　　B. 收益　　　C. 佣金　　　D. 折扣

10. 正确表示含佣价的是(　　)。
    A. FOBS　　　B. FOBT　　　C. FOB C　　　D. FOBST

11. 在我国进出口业务中,计价货币选择应(　　)。
    A. 力争采用硬币收付
    B. 力争采用软币收付
    C. 出口时采用软币计价收款,进口时采用硬币计价付款
    D. 进口时采用软币计价付款,出口时采用硬币计价收款

12. 出口商的出口总成本是指(　　)。
    A. 进货成本
    B. 进货成本加出口前的一切费用
    C. 进货成本加出口前的一切费用和税金
    D. 进货成本加出口前的一切费用和国外费用

13. 一笔业务中,若出口销售人民币净收入与出口总成本的差额为正数,说明该笔业务为(　　)。
    A. 盈　　　B. 亏　　　C. 平　　　D. 可能盈,可能亏

14. 出口盈亏率为 0 时,计算得到的出口销售人民币净收入通过汇率折算出的外汇价格应为(　　)。
    A. CIF 出口价　　　B. FOB 出口价　　　C. FOB 进口价　　　D. CIF 进口价

15. 出口换汇成本高于当时的外汇牌价时,说明该笔出口业务(　　)。
    A. 亏损　　　B. 盈利　　　C. 不亏不盈　　　D. 不能确定

16. 某单位出口一批货物,成交条件为 CFR,总价为 1000 港元,其中含运费 5%,销售佣金 300 港元。请问该批货物的 FOB 总价应为(　　)。
    A. 1000 港元　　　B. 650 港元　　　C. 1250 港元　　　D. 665 港元

17. 商品出口总成本与出口所得的净收入之比,是(　　)。
    A. 出口商品盈亏额　　　　　　　　B. 出口商品盈亏率
    C. 出口换汇成本　　　　　　　　　D. 出口创汇率

18. 某合同价格条款规定为"每公吨 FOB 悉尼 280 美元",这种价格是(　　)。
    A. 净价　　　B. 含佣价　　　C. 到岸价　　　D. 成本价

19. 国内某公司对外报价为 CIF 价 100 美元,外商要求改报 CIF C5%,我方应报价为( )。
   A. 105.00 美元　　B. 95.00 美元　　C. 100.00 美元　　D. 105.26 美元
20. 在出口商核算价格时,一般由进货成本加上国内费用和净利润形成的价格是( )。
   A. FOB 价　　B. CFR 价　　C. CIF 价　　D. CPT 价

二、多项选择题

1. 在进出口合同中,单价条款包括的内容是( )。
   A. 计量单位　　B. 单价金额　　C. 计价货币　　D. 贸易术语
2. 某合同价格条款规定"每打 FOB 天津 450 英镑,总值 4500 万英镑",则此时英镑为( )。
   A. 计价货币　　B. 支付货币　　C. 硬币　　D. 软币
3. 下列进出口贸易的商品单价正确的是( )。
   A. 每箱 100 元 FOB 上海　　B. 每公吨 100 英镑 CIF 天津
   C. 每箱 50 法郎 FOB 大连　　D. 每箱 50 美元 FOB 悉尼
4. 下列单价条款对佣金描述正确的有( )。
   A. 每件 300 美元 CIF 青岛,包括 2% 的佣金
   B. 每件 300 美元 CIF 青岛,每公吨付佣金 3 美元
   C. 每件 300 美元 CIF C2% 青岛
   D. 每件 300 美元 CIF 青岛,包含佣金
5. 出口成交价为 CIF C 价格时,计算外汇净收入需要扣除的是( )。
   A. 国内运费　　B. 国外佣金　　C. 国外运费　　D. 国外保险费
6. 在国际货物买卖中,作价的方法主要有( )。
   A. 预付款　　B. 固定作价　　C. 非固定作价　　D. 价格调整条款
7. 我国进出口商品的作价原则是( )。
   A. 根据国际市场价格水平作价　　B. 结合国别地区政策作价
   C. 结合购销意图作价　　D. 以盈利为目标作价
8. 在业务中,非固定价格的规定方法主要有( )。
   A. 只规定作价的方式而具体价格待确定
   B. 暂定价
   C. 部分固定价格,部分非固定价格
   D. 支付一定的订金,余款后付
9. 国际市场价格通常是指( )。
   A. 集散地市场的商品价格
   B. 主要出口国家(地区)的出口价格
   C. 主要进口国家的价格
   D. 国际上具有代表性的成交价格
10. 确定进出口商品的价格除要考虑商品的质量和档次、运输的距离、成交数量外,还要考虑( )。
    A. 交货地点和交货条件

B. 季节性需求的变化
C. 支付条件和汇率变动的风险
D. 注意国际市场商品供求变化和价格走势

三、判断题

1. 出口成本价格就是出口成交价格。（　　）
2. 出口成本价格与出口成交价格的不同在于所涉及的国外费用的不同。（　　）
3. 以 FOB 价格成交，成交价即为外汇净收入。（　　）
4. FOB、CFR 和 CIF 三种术语的价格构成的主要区别点在于国外费用的不同。（　　）
5. 佣金是卖方给买方的价格减让。（　　）
6. CIF 价格构成中的保险费是以 FOB 价格为基础计算的。（　　）
7. 进出口商品的净价是指不包括明佣和暗佣的实际价格。（　　）
8. 在实际业务中，较常采用的作价方法是固定作价。（　　）
9. 买卖双方在合同中规定："按交货日的伦敦金属交易所的结算价计算。"这是固定作价的一种规定方法。（　　）
10. 含佣价＝净价÷(1－佣金率)，其中的净价一定是 FOB 价。（　　）
11. 佣金和折扣都可分为"明佣"和"暗佣"两种。（　　）
12. 如果合同中未规定作价方法，则合同是无效的。（　　）
13. 价格调整条款主要用于生产加工周期较长的机械设备等商品的合同。（　　）
14. 在确定商品价格时，必须准确核算成本和盈亏。（　　）
15. 当出口换汇成本低于外汇牌价时，出口企业就有人民币盈利。（　　）
16. 出口销售外汇净收入是指出口商品的 FOB 价按当时外汇牌价折成人民币的数额。
17. 出口商品盈亏率是指出口商品盈亏额与出口总成本的比率。（　　）
18. 从一笔交易的出口销售换汇成本中可以看出，在这笔交易中用多少人民币换回一美元，从而得出这笔交易为盈利还是亏损。（　　）
19. 出口商品的换汇成本越高，出口企业盈利越大。（　　）
20. 出口盈亏率为正，比率值越大，说明此项出口越盈利。（　　）

四、计算题

1. 我国某进口公司向荷兰出口一批货物，按 FOB 贸易术语成交，每公吨 1200 美元。在装运前夕，买方因派船困难要求我方办理订舱和投保一切险和战争险，投保费率分别为 0.62% 和 0.04%，按此 CIF 发票总值的 110% 投保。海运运费每公吨 15 美元。该笔买卖若按 CIF 贸易术语成交，其成交价格为多少？

2. 某公司出口箱装货物一批，报价为每箱 100 美元，FOB 上海，已知每箱长 50 厘米，宽 40 厘米，高 100 厘米，每箱毛重 220 千克，商品计费标准为 W/M，每吨运费为 180 美元，并加收燃油附加费 20%，且按照 CIF 价格，投保加成率为 20%，投保一切险，保险费率为 0.9%，并加保战争险，保费费率为 0.1%。后来美国商人要求改报 CIF 价格，请问报价应当为多少？

3. 我方对外报价为 CFR 纽约，每公吨 2500 美元，客户要求改为 CIF C5% 纽约，投保一切险和战争险，保险费率分别为 0.5% 和 0.04%，按 CIF 单价，投保加成率为 10%，试问改报后的价格是多少？

4. 我国某公司出口某产品 1000 箱，最初对外报价为每箱 200 美元 FOB C3％青岛，国外进口商要求将价格改报为每箱 CIF C5％伦敦。已知运费为每箱 50 美元，投保加成率为 10％，投保一切险，保险费率为 0.8％。请计算：

(1) 按最初对外报价每箱 FOB 青岛金额为多少？
(2) 按最初对外报价每箱 CFR 伦敦金额为多少？
(3) 按最初对外报价每箱 CIF 伦敦金额为多少？
(4) 按最初对外报价每箱保险费金额为多少？
(5) 要保持出口外汇净收入不变，CIF C5％伦敦应报价多少？

5. 上海某贸易公司以 CFR 价出口一批货物到日本神户，数量为 10 公吨，货物的价值（FOB 价格×10 公吨计得）为 USD9958，上海—神户班轮条款运价为 USD 200/公吨。国外买方要求卖方代为办理保险，投保加成率为 10％，将 CFR 价变更为 CIF 价，但未说明投保何种险别。卖方向中国人民财产保险公司投保了平安险（F.P.A.），保险费率为 0.2％。请计算：

(1) 该批货物的运费总额。
(2) 该批货物的 CFR 价总额。
(3) 该批货物的 CIF 价总额。
(4) 该批货物的保险金额。
(5) 该批货物的保险费。

6. 我国从美国进口某物资一批 500 箱，最初国外报价为每箱 800 美元 FOB C5％洛杉矶，但我方无法租船订舱，因此双方协商将价格术语改成 CIF 成交，对方同意，同时要求将价格改报为每箱 CIF C4％上海。已知对方需要运费为每箱 90 美元，投保加成率为 10％，投保 ICC(A)险，保险费率为 2％。请计算：外商报 CIF C4％上海应是多少？

子项目四 运输条款

【学习目标】

知识目标：
1. 了解国际货物运输方式，掌握海洋货物运输的类型及特点；
2. 掌握班轮运费的构成及运费的计算方法；
3. 明确装运条款中应包含的内容，并掌握国际货物买卖合同中装运条款的订立方法；
4. 理解海运提单的作用、种类，及海运提单主要项目的填写和阅读。

技能目标：
能够简单地填写海运提单；能够根据实际贸易情况和业务的需要选择合适的运输方式；能正确拟订合同中的装运条款。

【重点、难点】

重点：海洋货物班轮运输及其特点；班轮运费的计算；主要装运条款；海运提单的要项及其特点。

难点：托收的分类班轮运费的计算；海运提单的要项。

【任务情景】

定期租船中的法律关系

2006年10月，A贸易公司为运输一批货物，与B运输公司签订航次租船合同，约定租用CoCo海轮。D船公司为CoCo海轮的光船承租人。B运输公司在履行航次租船合同过程中，根据接收的货物情况，向A贸易公司签发了正本提单。提单上记载A贸易公司为托运人，B运输公司为承运人。2007年1月22日，CoCo海轮大副发表共同海损声明。因货物在运输过程中发生货损，作为货物保险人的E公司在支付A贸易公司货物保险理赔款后，于2009年1月22日代位求偿向某海事法院提起诉讼，要求B运输公司、D船公司连带赔偿货物损失约100万美元。D船公司作为光船承租人是否需要承担连带责任？

我国港口集装箱运输起步于20世纪70年代中期，经历了比较漫长的起步和培育阶段，到1990年全国港口集装箱吞吐量仅为156万TEU，平均每年增长不到10万TEU。进入20世纪90年代，随着我国改革开放步伐的加快，国际贸易领域和规模不断扩大，我国集装箱港口进入了布局调整和快速发展阶段，2000年集装箱吞吐量实现2340万TEU，平均每年增长超过200万TEU。

进入21世纪，随着经济、贸易和技术全球化步伐的加快，在我国经济贸易快速发展、产业结构调整、集装箱化率提高三大动力的驱动下，集装箱运输显现了强劲的发展势头。2002年，我国大陆港口集装箱吞吐量实现3721万TEU，位居世界第一。之后平均每年增长超过1100万TEU，到了2014年全国港口突破了2亿标准箱，高居世界第一。我国集装箱水路发展和港口结构布局更加合理，基本形成了以大连、天津、青岛、上海、宁波、苏州、厦门、深圳、广州等9大干线港为主，相应发展沿海支线和喂给港的集装箱港口运输规划布局系统。

任务1 运输方式

国际货物运输的方式有很多，包括海洋运输、航空运输、江河运输、汽车运输、火车运输、邮包运输、管道运输，还有应用越来越广泛的集装箱运输等。其中海洋运输占了最大的比重。

一、海洋运输

在各种国际货物运输方式中，海洋运输虽然运输速度比较慢、海洋环境复杂、气象多变，但通过能力大（不受地面条件限制，无须铺设轨道或修建道路）、运量大、价格水平较低，国际货物运输量的80%以上都是通过海洋运输进行的，有些国家通过海洋运输的国际货物甚至超过了95%，比如日本、新西兰等国。

按照船舶经营的方式，海洋运输可以分为班轮运输和租船运输。

（一）班轮运输

1. 班轮运输的定义及特点

班轮运输也称定期船运输，是指班轮公司将船舶按事先制定的船期表，在特定航线的各既定挂靠港口之间，为非特定的众多货主提供规则的、反复的货物运输服务，并按运价本,或协议运价的规定计收运费的一种营运方式。

班轮运输适合于货流稳定、货种多、批量小的杂货运输,旅客运输一般采用班轮运输。班轮运输具有以下特点。

(1) 具有"四固定"的特点。即营运船只沿着固定航线、固定港口,按照固定船期(表)往来运送货物,并按相对固定的费率收取运费,这是班轮运输最基本的特征。

(2) 班轮运价内包括装卸费用(管装管卸)。即货物由船方负责配载装卸,货方无须再另行支付装卸费用,承托双方也不计滞期费和速遣费。

(3) 承运双方的权利、义务和责任豁免以签发的提单为依据,并受统一的国际公约的制约。班轮运输对货物种类、数量没有特殊的规定,比较灵活,而且往往采用"集中装卸货,仓库收交货"的办法办理货物交接,对货运质量比较有保证,为货主提供了更加便利和良好的服务。

2. 班轮运费

班轮运费是指班轮运输公司运送货物收取的运送费用,按照班轮运价表的规定来计收。一般包括两个部分:基本运费和附加费。

1) 基本运费计收依据与计收标准

(1) 按货物毛重计收运费。运价表内用"W"表示,计价单位为公吨,一般称为重量吨。适用于经济价值不高、体积较小、重量较大的货物。

(2) 按货物的体积计收运费。运价表内用"M"表示,计价单位为立方米,称之为体积吨,适用于经济价值不高、重量较轻、体积较大的货物。

(3) 选择毛重或体积两种标准中较高的一种计收运费。运价表上用"W/M"表示,这是一种常见的选择性计价标准,由船公司在计收运价时,按重量吨或尺码吨从高者计。

以上三种运费计收标准,无论是选择毛重计收运费,还是选择体积计收运费,都可以将计量单位称为运费吨或计费吨。

(4) 按商品的价值(即从价)计收运费。运价表上用"AV"表示。一般以 FOB 价格的某一百分比计算运费,大多贵重商品采用计价运费。

(5) 选择货物的重量、体积或价值三者中较高的一种计收运费。在运价表中用"W/M or av"表示。

(6) 选择货物重量或体积二者中较高者再加上从价运费计收运费。运价表中用"W/M plus av"表示。

(7) 按货物的件数计收,又称计件收费。比如汽车按"每辆"报价计收,活牲畜按"每头"计收。

(8) 货主和船公司临时议定。费率表内没有规定具体的费率,需要临时商定,在运价表中常常用"open"字样表示,适用于大宗低值货物。

(9) 起码费率。若按照重量或体积计算出来的运费尚未达到运费表中规定的最低运费时,按最低运费计收运费。

2) 班轮运费中的附加费

附件费是指除基本运费外,另外加收的各种费用,附加费用的计算方法,有的用绝对数计算,每运费吨若干金额;也有的用百分比来计算,在基本费的基础上乘以百分比而得出。

附加费是随航运情况的变动而变化的,班轮运输中常见的附加费有以下几种:①超重附加费(over weight surcharge)；②超长附加费(over length surcharge)；③选卸港附加费(additional for optional destination)；④直航附加费(direct additional)；⑤转船附加费(transshipment surcharge)；⑥港口附加费(port surcharge)；⑦燃油附加费(bunker adjustment factor,BAF)；⑧绕航附加费(deviation surcharge)；⑨货币贬值附加费(currency adjustment factor,CAF)；⑩港口拥挤附加费(port congestion surcharge)；⑪变更卸货港附加费(additional for alteration of destination)。

3. 班轮运费的计算办法

班轮运费的计算步骤一般如下：

(1) 选择相关的船公司运价表。

(2) 根据货物名称，在货物分级表中查出相应的运价等级和运费计算标准。

(3) 在等级费率表的基本费率部分，找到相应的航线、启运港和目的地，按等级查到基本运价。

(4) 再从附加费部分查出所有附加费项目和数额(或百分比)。

(5) 根据基本运价和附加费算出实际运价。

(6) 再用实际运价计出总运费＝实际运价×运费吨。

【应用案例 3-4-1】

> 从我国大连运往国外某港口一批货物，计收运费标准为 W/M 共 200 箱，每箱毛重 25 公斤，每箱体积为 49 厘米×32 厘米×19 厘米，基本运费率为每运费吨 60 美元，特别燃油附加费率 5%，港口拥挤费率 10%，试计算 200 箱应付多少运费？

(二) 租船运输

租船运输(charter transport)，又称为不定期租船运输，是相对于班轮运输来说的另一种船舶经营方式，是指租船人向船东包租整船运输货物。租船运输的特点是没有固定的航线、没有固定的挂靠港口、没有预先制定的船期表、没有固定的运费费率，价格相比班轮运输较为低廉，且随行就市，变动较大，一般适用于大宗货物的运输。

租船运输的方式一般有以下三种。

1. 租船运输的方式

1) 定程租船(voyage charter)

定程租船，又称为航次租船或程租，是以航程为基础的租船方式，船东要按照租船合同规定，提供船舶，在指定港口之间完成货物运输任务。定程租船有单程租船、来回航次租船、连续航次租船、包运合同等形式。定程租船在租船市场上最活跃，且对运费水平的波动最为敏感的一种租船方式。目前，国际现货市场上成交的绝大多数货物(主要包括液体散货和干散货两大类)都是通过航次租船方式运输的。

程租船的"租期"取决于航次运输任务是否完成，由于航次租船并不规定完成一个航次或几个航次所需的时间，因此船舶所有人对完成一个航次所需的时间是最为关心的，船舶所有人特别希望缩短船舶在港停泊的时间。而承租人与船舶所有人对船舶的装卸速度又是对立的，所以在签订租船合同时，承租双方还需要约定船舶的装卸速度以及装卸时间的计算办法，并相应地规定滞期费和速遣费率的标准和计算方法。

2) 定期租船(time charter)

定期租船，又称为期租，是按一定期限租赁船舶的租船方式，是指船舶出租人向承租人提供约定的由出租人配备船员的船舶，由承租人在约定的期限内按照约定的用途使用，并支付租金的合同。定期租船合同的最大特点是承租人负责船舶的经营管理，船东只负责船舶的维护、修整。采用定期租船时，则不规定装卸和滞期速遣费。

3) 光船租船(demise or bareboat charter)

光船租船，又称净租船或船壳租船或光租，是海洋运输中的一种特殊的租船方式，是指租船期内船舶所有人只提供船舶的一种类似财产租赁的租船形式。它与期租不同的是船东不提供船员，光一条船交租船人使用，由租船人自行配备船员，负责船舶的经营管理和航行各项事宜。在租赁其间，租船人实际上对船舶有着支配权和占有权，承租人为了方便营运标的船舶，通常可以在租期内更改船壳油漆颜色、烟囱标志、船名、国籍等。租金按时间计算。

2. 定程租船与定期租船的区别

定程租船与定期租船有很多差异，主要表现为以下几个方面。

1) 租船方式不同

定程租船是按航程租赁船舶，而定期租船则是按期限租用船舶。

2) 运费、租金计算不同

定程租船运费一般按照装运货物的数量计算，而定期租船租金按照每月每载重吨若干金额计算。

3) 船舶调度权和费用负担不同

定程租船船方负责船舶的经营管理，除了船舶维护与航行之外，还要对货物运输负责；而定期租船船方仅负责船舶维护和船员工资等，至于船舶调度、船舶营运（及费用）、货物运输等事宜均由租船人负责。

4) 是否计算滞期费、速遣费方面的不同

采用定程租船时，因为船舶租赁双方对时间的要求是对立的，除了要规定装卸时间外，还要规定装卸期限和装卸率，据此计算滞期费和速遣费，而采用定期租船时，则不需要计算滞期、速遣费。

3. 租船费用

租船运费的计算因租船方式的不同而不同。

1) 定期租船租金的计算

定期租船的费用一般体现为租金，按每月每载重吨若干金额计算。最终的租金多少，取决于船舶的装载能力和租期的长短。租金已经议定，在租赁期间内固定不变。

2) 定程租船运费的计算

定程租船的运费一般按照装运货物的数量来计算，随行就市，价格波动大。在签订租船合同的时候必须明确，船方是否要负责装卸，如果不负责装卸，那么还要在租船合同中明确装卸时间，以及相应的滞期费和速遣费。

(1) 装卸责任。一般有下面几种情形。

①船方负责装卸(liner terms)：按照班轮条件，由船方负责装卸，一般适用于包装货物或木材，散装货很少用这种规定。

②船方管装不管卸(free out)：船方只负责装船，卸船由租船人自行解决。

③船方管卸不管装(free in)：船方只负责卸船，租船人负责装船。

④船方不管装卸(free in and out)：装卸责任都不在船方，由租船人自行负担，在实际业务中，多采用这种方式。

(2) 装卸时间(lay time)。装卸时间是指租船合同约定的完成装卸事宜的时间，一般以天数计，有按连续日(running days)计、累计24小时好天气工作日(weather working days of 24 hours)、连续24小时晴天工作日(weather working days of 24 consecutive hours)。其中，"连续24小时晴天工作日"是最合理的规定，在现实中，使用也是最多的。

(3) 滞期费。实际上是一种罚款，也被称为延滞费，是指在规定的装卸期限内，租船人未能完成装卸作业，为了弥补船方的损失，对超过的时间租船人应当向船方支付一定的罚款。

(4) 速遣费。实质上是一种奖励。如果租船人在规定的装卸期限内，提前完成装卸作业，则所节省的时间船方要向租船人支付一定的奖金，这种奖金就叫作"速遣费"。

注意租船合同与进出口合同有关装运时间的一致性。

二、其他运输方式

(一) 铁路运输(rail transport)

铁路运输是一种仅次于海洋运输的主要运输方式，海洋运输的进出口货物大多都是靠铁路运输实现集散。铁路运输有很多优点，如准确性高、连续性强、速度相对于海上运输来说较快、运输量相对于航空运输和公路运输来说较大、运输成本较低、占地面积较小，收发货人只需就近在始发站和目的站办理托运和提货手续即可；但初期投资大，需要铺设轨道、架建桥梁、修建涵洞等，工程艰巨复杂，需要大量原材料，而且受轨道线路限制，无法实现门到门的运输。

铁路运输可以分为国际铁路货物联运和国内铁路货物运输两种。

国际铁路货物联运是指使用一份统一的国际联运票据，由铁路负责经过两国或两国以上铁路的全程运送，由一国铁路向另一国铁路移交时无须货主参与的运输方式。我国与很多国家在领土上接壤，有铁路联通，这有利于我国开展国际铁路货物联运。

在我国很多货物都是通过国内铁路货物运输在港口城市实现集散，出口货物通过铁路集中到港口装船出运，进口货物到达港口后通过铁路运输转送到全国各地。

(二) 航空运输(air transport)

航空运输是一种现代化的运输方式，其特点是运送速度快、不受地面条件的影响，可深入内陆地区，而且航空运输货物破损率小，可以节约包装、保险等费用。航空运输相对于海运和铁路运输来说，运量小、价格贵，但相对于一些精贵、量少而急需的商品(比如精密仪器、电子产品、药品)来说，运送速度快、安全性好，同样，航空运输也特别适用于现货商品和季节性强的商品的运输。

国际空运货物的运输方式主要有以下几种。

1. 班机运输(airline transport)

班机运输是指在固定的航线上，按固定的航班表，在固定的站点之间进行航空货物运输的方式。班机运输一般为客货混载，适用于运送急需物品。

2. 包机运输（chartered carrier）

包机运输是指包租整架飞机或由几个发货人（或航空代理人）联合包租一架飞机来运送货物的形式，分为整包机和部分包机两种形式。包机运输适用于运送数量较多的商品，如果能够充分利用舱位，包机费用会比班机运输更加便宜。

3. 集中托运（consolidation transport）

集中托运是指航空代理公司把若干个货主的若干单独发运的货物（每一个货主的货物都要出具一份航空运单，即航空分运单）组成一整批货物，用一份总运单（航空公司出具给航空代理公司的航空运单）整批发往目的地，由航空代理公司在目的地的代理人收货、报关，分拨货物，交给实际收货人。集中托运运价往往比班轮运输运价低一些，这是吸引货主将货物交给航空货运代理公司安排的最主要原因。

4. 航空快递业务（air express service）

航空快递业务是国际航空运输最快捷的运输方式，是由专门经营快递业务的公司与航空公司合作，以最快的速度在发货人、机场、收货人之间传送急件的服务方式。这种方式最适用于急需的药品、医疗器械、贵重物品、各种票据单证、图纸资料。

（三）集装箱运输（container transport）

集装箱运输是指以集装箱作为运输单位进行货物运输的一种现代化运输方式，广泛地应用于海洋运输、铁路运输及国际多式联运等，集装箱运输已经成为国际运输的一种主要形式，其中，集装箱海运已经成为班轮运输的主要构成部分。

集装箱之所以发展如此迅速，是因为与传统运输方式相比，具有很多特有的优点：①集装箱本身就是一种很好的包装，能够有效地保护商品，减少了货物的损坏、被窃和污染的发生；②集装箱装卸都是由专门的器械进行操作，效率非常高，加速了船舶的周转，并降低了转运的费用；③是一种高协作的运输方式，适于组织多式联运，也促进了国际多式联运的发展。

国际标准化组织为统一集装箱的规格，目前常用的集装箱规格有20尺柜、40尺柜和40尺高柜，其中40尺高柜得到了越来越多货主的青睐。

集装箱的装箱方式根据集装箱货物装箱数量和方式可分为整箱（full container load，FCL）和拼箱（less than container load，LCL）两种。整箱货由货方在工厂货物仓库进行装箱，然后交至集装箱堆场（container yard，CY）等待装运，待货物运至最终目的港（地）后，收货人再将集装箱整箱从集装箱堆场提走。拼箱货是指货量不足一整箱，由承运人在集装箱货运站（container freight station，CFS）负责将不同发货人的少量货物拼在一个集装箱内，到目的港（地）后，再由承运人位于该港（地）的代理人将货物拆箱，分拨给不同的收货人。

现实中可以根据收发货人的需求采用整箱交、整箱接（FCL/FCL），或拼箱交、拆箱接（LCL/LCL），或整箱交、拆箱接（FCL/LCL），或拼箱交、整箱接（LCL/FCL）。其中，整箱交、整箱接效果最好，也最能发挥集装箱的优越性。

除此之外，关于集装箱货物交接方式，还有以交接地点不同来区分的，其中以堆场到堆场（CY to CY）、场到场（CFS to CFS）和门到门（Door to Door）最常见。

任务2 装运条款

买卖双方在签订买卖合同时，必须明确、合理地订明交货时间、交货地点、是否允许分批装运和转运,以及关于装船通知、滞期、速遣事项的装运条款,以保障交易能够顺利进行,实现货物的交付。

一、装运时间

进出口贸易合同中,关于装运时间的规定,主要有以下三种方法。

(一) 明确具体的装运时间

1. 规定某一明确具体时间装运

可以是某一具体的日期装运,也可以是某个具体日期之前。例如:"2015 年 7 月 15 日装运"(shipment on July 15th,2015);"2015 年 6 月月底之前装运"(shipment not later than the end of June 2015)。

2. 规定某段时间内装运

例如:"2015 年 4 月装运"(shipment during April 2015)。

(二) 规定收到信用证后的若干天装运

这是一种对卖方有利的规定方式,卖方可以在收到买方开来信用证之后再着手发货装运。例如,"在收到信用证后 20 天内装运"(Shipment within 20 days after receipt of L/C)。当然在用这种方式规定装运时间时,还应对开立信用证的时间做相应的规定,如"买方不得迟于 2015 年 7 月 9 日将信用证开到卖方"(The relevant L/C must reach the seller not later than July 9th,2015)。

(三) 规定近期装运

近期装运的规定在国际上没有统一的解释,除非买卖双方互相信任,彼此熟悉,卖方有现货,买方又急需的情况,一般应避免使用。国际商会出版物中也明确规定:不应使用"立即装运"(immediate shipment)、"迅速装运"(prompt shipment)、"尽快装运"(shipment asap)。

二、装运港(地)和目的港(地)

(一) 装运港(地)的规定方法

在进出口业务中,装运港(地)一般由卖方规定,这是出于方便卖方安排交货装运事宜的需要,装运港(地)通常只规定一个,有时也可根据实际情况,规定几个备选港口,甚至有些时候,可以做笼统规定。比如:"装运港:青岛/上海/广州"(Port of shipment:Qingdao/Shanghai/Guangzhou);"中国主要港口"(China main port)。

(二) 目的港(地)的规定方法

业务中,目的港(地)一般由买方指定,方便买方受领货物或者方便将货物转卖。目的港(地)在买卖合同中,装运港一般也只有一个,有时也会有几个备选港口,在签订合同时无法确定最终目的港(地),也可以做笼统的规定。例如:"目的港:伦敦/利物浦"(Port of destination:London/Liverpool)。

(三) 规定装运港(地)和目的港(地)的注意事项

在规定装运港(地)和目的港(地)时,对国外港口(地方)的规定,应力求明确;不能接受内陆城市作为装运港或目的港的条件;应注意国外港口有无重名的问题,凡有重名的港口应加注国名,在同一国家有同名港口的,还应加注港口所在地的位置;如采用选择港口的规定,要注意各选择港口不宜太多,一般不超过三个,而且必须在同一航区、同一航线上。

三、分批装运和转运

(一) 分批装运(partial shipment)

分批装运是指一个合同项下的货物先后分若干期或若干批装运。在大宗货物交易中,买卖双方根据交货数量、运输条件和装运时间安排等因素,可在合同中约定采用分批装运。合同中如果没有规定是否允许分批装运的,视为可以。

《跟单信用证统一惯例》中规定:如果信用证中规定了每批装运时间和数量,若其中任何一期未按规定装运,则本期及以后各期均失效;使用同一运输工具,并经由同次航程运输的数套运输单据在同一次提交时,只要显示相同的目的地,将不视为分批装运,即使运输单据上标明的发运日期不同或装货港、接管地或装运地点不同。如果递交的运输单据由数套单据构成,则其中最晚的一个发运日期将被视为整批货物的发运日。

【应用案例 3-4-2】

> 我国南方某食品企业从泰国进口 10 000 公吨泰国香稻米,我方通过某商业银行向泰方开立信用证规定:不允许分批装运。泰方先后于曼谷(Bangkok)和宋卡(Songkhla)两大港口各装运了 5000 公吨于同一航次的同一船上运往我国广州黄埔港,提单上也注明了不同的装运港口和不同的装运时间。我方苦等银行通知,准备付款赎单,但却从一名银行新业务员处得知,泰方采用了信用证不允许的分批装运,出于银行角度,理应拒付。

【应用案例 3-4-3】

> 我国杭州某茶叶商行向埃及出口茶叶一批 8000 箱,合同和信用证均规定"从 3 月开始,连续每月 2000 箱",我方于 3 月和 4 月各装运 2000 箱,5 月由于梅雨连绵,茶叶失收,没有装运,但我方极力推进,于 6 月将所剩 4000 箱全部装运,获得提单向银行交单,结果买方银行来电称我方已经构成违约,拒绝付款。

(二) 转运(transshipment)

转运是指海运货物装运后允许在中途港口转换其他船舶然后再驶往目的港,在装运港到目的港无直达船只、无固定船期或船期较少,或者目的港不在班轮航线上时采用。《跟单信用证统一惯例》规定:未明确规定禁止转船的,视为可以。

(三) 装运通知

在一笔交易中,买卖双方应该相互配合、相互通知,才能使车、船、货顺利衔接,以及时购买保险。其中装运通知就是彼此沟通的重要环节。

具体来说,装运通知包括备货通知、派船通知和装船通知。

如果采用 FOB 成交,卖方备货,买方派船,买方应在约定装运期前(一般 30~45 天),向买方发出"货物备妥通知",以便买方及时租船订舱;在买方备妥船只或其他运输工具之后,向卖方发出"派船通知",告知卖方承运人名称、预计到达时间等,以便卖方安排交货及出运。与之类似,采用 FCA 成交时,卖方备妥货物后,向买方发出"备货通知",买方联系承运人,向卖方发出"派车(或船)通知"。

按 FOB、CFR 和 CIF 成交时,在货物装船后,卖方还需要向买方发出"装船通知",以便卖方受领货物及购买保险(在 CIF 术语项下由卖方购买保险;在 FOB 和 CFR 术语项下,由买方在收到"装船通知"后自行购买保险)。

与之类似,按 FCA、CPT 和 CIP 术语成交时,卖方将货物交给承运人控制后,向买方发出"装运通知",告知交货具体情况,及货物预计到达时间,让买方做好接货准备,以及必要时及时购买保险(在 FCA 和 CPT 术语项下)。

这里值得注意的是,在 CFR 和 CPT 术语项下,运输由卖方指定,而保险需要由买方自行购买,所以卖方交货后,向买方发出的"装运通知"更有意义。

装船通知见表 3-4-1。

表 3-4-1 装船通知

江苏阳光集团毛针织品进出口有限公司
SUNSHINE GROUP JIANGSU WOOLLEN KNIT & GARMTEX I/E CO. LTD.
NO. 91 SUNSHINE ROAD, NANJING, CHINA

SHIPPING ADVICE

MESSRS: MENINI IMP & EXP. CO.   DATE: MAR 15, 2003
Fax No.: 0039-036-3368010   INV. NO.: 03HL21401
                                                   L/C NO.: 202-612-1068

WE HAVE SHIPPED THE GOODS UNDER S/C No. 3400Y, THE DETAILS OF THE SHIPMENT ARE AS FOLLOWS:

FROM	SHANGHAI	TO	LONDON	VIA	HONGKONG
MARKS	DESCRIPTION OF GOODS		QUANTITY		AMOUNT
JYSK	X'MAS DECORATIONS		313BOXES		USD1443.85
COPENHAGEN	2-A15261				
A2400A/98	2-A15261-1				
1-7	2-A15261-2				

VESSEL'S NAME: GUANGYANG V. 263
B/L NO.: D/2222201
ETD: MAR 14, 2003   ETA: MAY 7, 2003
注:
Estimated Time of Arrival(ETA):预计到达时间。
Estimated Time of Departure(ETD):预计开航时间。

任务 3　运输单据

运输单据是承运人收到承运货物后签发给托运人的证明文件,是具体说明货物运输当事人的权利、责任及义务的凭证,它是买卖双方交接货物、处理索赔与理赔,以及向银行结算货款或进行议付的重要单据。

按照运输方式的不同,运输单据可以分为海运提单、空运单、公路或铁路运输单据,快递及邮政收据和多式联运单据等。

一、海运提单

(一)海运提单

1. 海运提单的定义

海运提单(bill of lading,B/L)简称提单,是重要的国际运输单据,也是重要的法律文件,是承运人、船长或承运人的代理人签发的证明已接受货物或装船,并保证在指定的目的港交给指定人的承运货物的收据。

2. 海运提单的性质和作用

海运提单的性质和作用可以概括为以下三个方面。

1) 运输合同的证明

海运提单虽然不是运输合同,但它是承运人与托运人之间运输合同的证明,海运提单条款明确了承运人和托运人之间的权利、义务和责任豁免,一旦发生争议事故,双方可以依据海运提单条款记载进行调节和解决。

2) 货物的收据

承运人一般只有在接收到货物才签发提单,所以提单是承运人接收货物的收据。

3) 物权凭证

提单是一种货物所有权的凭证,具有两层含义:一是谁拥有提单,谁就拥有提单上所载货物的所有权和控制权;二是物权凭证可以通过背书转让,从而转让货物的所有权。正是因为如此,托运人在收到提单后,通过背书转让给银行,获得资金,银行再将之背书转让给收货人。承运人凭此向提单合法持票人交付货物。

3. 海运提单的签发

1) 海运提单的签发人

货交承运人后,承运人或承运人指定的代理人应该签发提单。现实业务中,载货船舶船长签发提单,视为承运人签发。

2) 提单的签发地点和日期

提单是根据大副签发的收货单签发的,如果收货单上有批注,提单签发人就会如实转批在提单上。提单的签发地点一般是在货物的装运港。提单的签发日期是指货物实际装完船的日期,一般与大副签发的收货单上的日期相符。

3) 提单的签发步骤

托运人首先将货物交给船公司,由船上的大副签发收货单,证明收妥货物,托运人持大副签发的收货单向承运人或承运人指定的代理人,即提单的签发人换取提单。

4) 提单的份数

提单有正本和副本之分。正本提单一般一式三份,并且各份正本提单都具有同等效力,其中一份提货后,其他各份自动失效;副本提单根据需要而定。副本提单没有法律效力,不能据以提货,但却是装运港、中转港、目的港及载货船舶等各方操作人办理货运事宜的重要补充文件和操作依据。

4. 提单的格式和内容

每个承运人开出的海运提单格式都不尽相同,但基本内容相同。国际贸易中通常使用的班轮提单,其内容包括正面和背面两个部分。

1) 正面内容

(1) 托运人的名称(shipper)　　　　(2) 收货人的名称(consignee)
(3) 被通知人(notify party)　　　　(4) 前程运输(pre-carriage by)
(5) 收货地点(place of receipt)　　(6) 运费支付地(freight payable at)
(7) 船名航次(vessel and voyage No.)　(8) 装货港(port of loading)
(9) 卸货港(port of discharge)　　(10) 最终目的地(place of delivery)
(11) 提单份数(number of B/L)　　(12) 唛头(marks and Nos)
(13) 包装类型和数量(number and kind of packages)
(14) 货物的描述(description of goods)　(15) 毛重(gross weight)
(16) 尺码(measurement)　　　　(17) 运费(freight & charges)
(18) 签发地点和日期(place and date of issue)
(19) 承运人签字(signed for or on behalf of the carrier)

海运提单见表 3-4-2。

表 3-4-2　海运提单

1) Shipper SHANTOU BS TOYS INDUSTRY CO.,LTD QIDOUWEI, SHANGHUA, CHENGHAI, SHANTOU, GUANGDONG, CHINA	B/L NO.　　　　　提单号 中国外运广东公司 SINOTRANS GUANGDONG COMPANY **OCEAN BILL OF LADING**
2) Consignee TO ORDER	Received in apparent good order and condition except as otherwise noted the total number of container or other packages or units enumerated below for transportation from the place of receipt to the place of delivery subject to the terms hereof. One of the signed Bills of Lading must be surrendered duly endorsed in exchange for the Goods or delivery order. On presentation of this document(duly) Endorsed to the Carrier by or on behalf of the Holder, the rights and liabilities arising in accordance with the terms hereof shall(without prejudice to any rule of common law or statute rendering them binding on the Merchant) become binding in all respects between the Carrier and the Holder as though the contract evidenced hereby had been made between them. SEE TERMS ON ORIGINAL B/L
3) Notify Party AK GARDEN COMPANY GENRAL TRADING LTD 46 DADASKAYA STREET ST. PETERSBURG CITY RUSSIA	
4) Pre-carriage by	5) Place of Receipt	6) Freight Payable at SHANTOU

续表

7) Vessel and Voyage No.	8) Port of Loading	
DAFENG	SHANTOU	
9) Port of Discharge	10) Place of Delivery	11) Number of B/L
ST. PETERSBURG		THREE(3)
PARTICULARS AS DECLARED BY SHIPPER-CARRIER NOT RESPONSIBLE			
12) Marks and Nos	13) Number and Kind of Packages 14) Description of Goods	15) Gross Weight	16) Measurement
NO MARKS	12 000 DISPLAY BOX (8PCS/BOX) OF Magic star rattle	1000 KG	50CM * 50CM * 90CM
17) FREIGHT & CHARGES	In Witness Whereof this number of Original Bills of Lading stated Above all of the tenor and date one of which being accomplishedthe others to stand void	
	18) Place and Date of Issue SHANTOU JULY 7 TH, 2015	
	19) Signed for or on behalf of the carrier: YINLI for PACIFIC INTERNATIONAL LINES (PTE) LTD as Carrier	

2) 提单背面条款

各船公司签发的提单,其背面条款内容规定不一,但作为托运人与承运人之间,以及承运人与收货人或提单持有人之间权利与义务的依据,常见的条款有以下内容。

(1) 定义条款(definition clause)。

(2) 管辖权条款(jurisdiction clause)。

(3) 责任期限条款(duration of liability)。

(4) 包装和标志(package and marks)。

(5) 运费和其他费用(freight and other charge)。

(6) 自由转船条款(transshipment clause)。

(7) 错误申报(inaccuracy in particulars furnished by shipper)。

(8) 承运人责任限额(limit of liability)。

(9) 共同海损(general average)。

(10) 舱面货、活动物和植物(on deck cargo, live animal and plants)。

5. 海运提单的种类

海运提单可以从以下不同角度予以分类。

(1) 以货物是否已装船为标准,海运提单可以分为"已装船提单"(on board B/L 或 shipped B/L)和"收货待运提单(又称为备运提单)"(received for shipment B/L)。

备运提单上加注"已装船"(on board)字样,并注明装船日期,即可成为已装船提单。《跟单信用证统一惯例》规定,在信用证无特殊规定的情况下,要求卖方必须提供已装船提单进行议付,银行一般不接受备运提单。

【应用案例3-4-4】

佛山某家具公司经深圳蛇口某船公司向日本出口一批红木家具。该家具公司从船公司在佛山的代理人处获得海运提单,但没有注意到提单上没有"on board"字样,在向银行交单议付时被拒付,该公司应该如何处理?

(2) 按对货外表状况有无批注,海运提单可以分为清洁提单(clean B/L)和不清洁提单(unclean B/L)。

清洁提单是指货物在装船时,"表面状况良好",承运人未加注货物及/或包装破损或有缺陷之类的批注的提单。不清洁提单是指承运人明确加上货物及/或包装状况不良或存在缺陷等批注的提单。除非信用证有特殊的规定,银行一般只接受清洁提单。

区分清洁提单与不清洁提单的关键不是有没有批注,而是有没有有关货物或包装不良的批注。提单中的一些批注,如运输条款批注(如CY-CY)、不知条款(如STC)等不影响提单的清洁性。

在实际业务中,因为不清洁提单对托运人结汇造成影响,有时托运人向承运人出具保函以将不清洁提单换取清洁提单,方便银行结汇。各国法律对保函效力态度不一,有的一概不予承认,有的则认为只有善意的保函有效。而且法律也没有对善意保函给出一个明确的定义(如我国)。因此承运人应慎重地对待托运人出具的换取清洁提单保函,不要轻易接受保函。

(3) 以提单收货人一栏的记载为标准,海运提单可以分为记名提单(straight B/L)、不记名提单(open B/L 或 blank B/L 或 bearer B/L)和指示提单(order B/L)。

记名提单是指提单上的收货人栏目内填明特定收货人名称的提单。这种提单,只能由提单具名收货人提货,且不可以通过背书转让给其他人,不能流通。记名提单目前很少使用。

不记名提单是指提单收货人栏目中没有指明任何收货人,承运人凭此提单将货物交给持单人。也就是说谁持有提单,谁就有权利提货。不记名提单不用背书,直接交付即可实现转让,流通性强,但风险性也很强。不记名提单也很少使用。

指示提单是指提单上收货人栏目中填写"凭指示"(to order)或(to order of ××)字样的提单。这种提单可以经过背书转让给其他人,其中"凭指示"一般暗指凭托运人指示,由托运人首次背书将提单转让;"凭某某指定"一般由某某首次背书。

提单的背书,有空白背书和记名背书之分,前者是指背书人在提单背面签名,不注明被背书人名称,而后者是指背书人除了在提单背面签名之外,还须列明被背书人的名称。实际业务中,使用最多的是"凭指示"、空白背书提单,习惯上俗称"空白抬头、空白背书"提单。

(4) 按运输方式的不同海运提单可以分为直达提单(direct B/L)、转船提单(transshipment B/L)、联运提单(through B/L)和多式联运提单(combined transport docu-

ments)。

直达提单是指货物装上船后,中途不再换船而直接驶往目的港卸货的提单。

转船提单是指货物经中途转船才能到达目的港,而由承运人在装运港签发的全程提单。承运人只对第一程运输负责。

联运提单是指货物需要经过海运和其他运输方式联合运输的时候,由第一程承运人(船公司)所签发的、包括全程运输,并能在目的港或目的地凭以提货的提单。联运提单的签发人只对第一程运输(海洋运输)负责。

多式联运提单又称为联合运输单据,是指多式联运经营人签发给托运人的,对联运全程负责的单据。多式联运单据是多式联运合同的证明,也是多式联运经营人收到货物的收据和凭以交付货物的凭证。可以做成可转让的,也可以做成不可转让的。

联运提单和多式联运提单看似相似,但有很多不同,主要表现在以下几点。

(1) 签发人不同:联运提单可以由承运人、船长和承运人的代理人签发;多式联运提单则是由多式联运经营人签发。

(2) 运输方式构成不同:联运提单的运输仅指海运和其他运输方式相结合,海洋运输是联运中必不可少的第一程运输;多式联运提单的运输则可以由任何两种或两种以上运输方式组成。

(3) 签发人的责任范围不同:联运提单的承运人只对第一程运输负责,即对第一程的海洋运输负责;而多式联运提单的多式联运经营人对全程运输负责。

(4) 是否"已装运"的要求不同:联运提单必须标明货物已经装船并载明具体装船日期及船舶名称;而多式联运提单可以不表明货物已经装上运输工具,也不必写明载货运输工具的名称。

(5) 按照提单使用的效力,海运提单可以分为正本提单(original B/L)和副本提单(copy B/L)。

正本提单是指提单上有承运人、船长或其代理人签名盖章,并注明签发日期的提单。这种提单是交单议付的有效单据。正本提单上必须标明"正本"(original)的字样。正本提单一般一式三份,其中一份提货之后,其余各份均告失效。副本提单是指提单上没有承运人、船长或承运人代理人签章的提单,这种提单在运输过程中,仅供各方参考,作为运输事宜办理的依据。副本提单上一般标明"副本"(copy)的字样。

(6) 以签发提单时间为区分,常见的海运提单有预借提单(advanced B/L)、倒签提单(anti-date B/L)、顺签提单(post-date B/L)和过期提单(stale B/L)。

预借提单是指由于信用证规定的装运期和交单结汇期已到,因故货主未能及时装船或未能按时装船完毕的,应托运人要求而由承运人或其代理人提前签发的已装船提单。预借提单所产生的一切责任均由提单签发人承担。预借提单不按实际装船期签发,是一种欺骗行为,因而是违法的。

倒签提单是指承运人应托运人的要求在货物装船后,提单签发的日期早于实际装船完毕日期的提单。目的是为了让提单的时间符合信用证对装船日期的规定,以便顺利结汇。倒签提单属于非法的。

顺签提单是指货物装船后。承运人或者船代应货主的要求,以晚于该票货物实际装船完毕的日期作为提单签发日期的提单。但是在这种情况下,如果货物在实际装船后提单顺签日期前发生货损,发货人将面临索赔的问题。

过期提单是指出口商取得提单后未能及时到银行,或过了银行规定的交单期限未议付而形成过期提单,习惯上也称为滞期提单。按照《跟单信用证统一惯例》的规定,凡超过发运日期21个日历日后提交的提单为过期提单,但在任何情况下都不得迟于信用证的截止日。一般银行不接受过期提单,但过期提单并非无效提单,提单持有人仍然可凭提单要求承运人交付货物。交易中,提单晚于货物到达目的港,也叫作过期提单。在近洋运输中难免会出现这种情况,因此,在买卖合同中一般都规定过期提单可以接受的条款。

(二)海运单(sea waybill,ocean waybill)

海运单是证明海上运输合同和货物由承运人接管或装船,以及承运人保证据以将货物交付给单证载明的收货人的一种不可流通的单证,因此又称"不可转让海运单"(non-negotiable sea waybill)。

海运单不是物权凭证,不可以转让,收货人不凭海运单提货,而凭提货通知或收货凭条提货,因此海运单收货人一栏必须填写实际收货人名称和地址,而不可填写"to order"的字样,以便货物到达目的港后通知收货人提货。当然,由于海运单不是物权凭证,因此在传递过程中,海运单无须随同商业发票等一起寄给收货人,又不用担心在传递过程中丢失。收货人只需要持有提货通知,并证明自己是海运单上的具名收货人即可提货。

海运单有三个方面的作用。

(1)货物的收据,与海运提单一样,海运单同样可以证明货物被承运人收到。
(2)运输契约的证明。
(3)解决经济纠纷时作为货物担保的基础。

(三)航空运单(airway bill)

航空运单是承运人与托运人之间签订的运输契约,也是承运人或其代理人签发的货物收据。航空运单还可作为核收运费的依据和海关查验放行的基本单据。航空运单与海运提单有很大区别,但与海运单相似,它们都不是物权凭证,在航空运单的收货人栏内,也必须详细填写收货人的全称和地址,而不能做成指示性抬头。正因为如此,航空运单不可转让,持有航空运单也并不能说明可以对货物要求所有权。

航空运单正本一式三份,分别交托运人、承运人(即航空公司)和随机带交收货人,副本若干份由航空公司按规定分发。航空运单一般可以分为两大类。

1. 航空主运单(master air waybill,MAWB)

航空主运单是指航空公司签发给托运人的航空运单,是航空公司据以办理货物运输和交付的依据。

2. 航空分运单(house air waybill,HAWB)

航空分运单是指集中托运单业务时,集中托运人签发的航空运单。在集中托运的情况下,航空公司会向集中托运人开出航空主运单,作为航空公司与集中托运人之间的运输合同,而集中托运人会向各个货主出具航空分运单,作为集中托运人与各个货主之间的运输契约。货主与航空公司之间没有直接的契约关系。

航空运单见表3-4-3。

表 3-4-3 航空运单

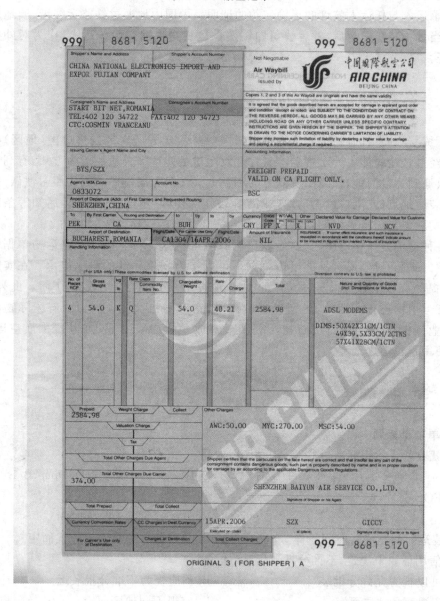

二、铁路运输单据

铁路运输分为国际铁路联运和通往港澳的国内铁路运输，分别使用国际铁路货物联运单（rail waybill）和承运货物收据（cargo receipt）。当通过国际铁路办理货物运输时，在发运站由承运人加盖日戳签发的运单叫铁路运单。铁路运单是由铁路运输承运人签发的货运单据，是收、发货人同铁路之间的运输契约，是参加联运的发送国铁路与发货人之间订立的运输契约，其中规定了参加联运的各国铁路和收、发货人的权利和义务。

运单正本随同货物到达终到站，并交给收货人，它既是铁路承运货物出具的凭证，也是铁路与货主交接货物、核收运杂费和处理索赔与理赔的依据。运单副本于运输合同缔结后交给发货人，是卖方凭以向收货人结算货款的主要证件。

承运货物收据是在港澳铁路运输中使用的一种结汇单据,既是承运人出具的货物收据,也是承运人与托运人签订的运输契约的证明。中国内地通过铁路运往港、澳地区的出口货物,当货物装车发运后,外运公司即签发承运货物收据交给托运人,作为对外办理结汇的凭证。

小　　结

国际贸易不同于国内贸易,货物从出口国(地区)卖方所在地到进口国(地区)买方所在地,要经过长途跋涉。针对货物本身特性及运输条件选择合适的运输方式,有利于货物高速高效地到达目的地,保障买卖双方的利益。买卖双方通过磋商或按照习惯做法,将装运时间、装运地点(或港口)、目的地(或港口)、分批装运、转运,以及装运通知等条款写入合同,买卖双方与承运人协调,按照合同条款完成货物的运输。

与各种运输方式相对应,货物运输单据有海运单据、空运单据、铁路运输单据等。与海洋运输方式相对应,最常见的运输单据是可以作为物权凭证的海运提单。在实际运用中,海运提单又可以分为很多种具体的类型,初学者应该对之有一定的了解。此外,海洋运输的货运单据还有海运单,区别于海运提单,它不是物权凭证。而随着国际物流的发展,外贸业务中,有相当一部分货物,特别是高附加值货物采用了更加快捷的航空运输,航空运单使用量也随之猛涨。

综 合 训 练

一、单项选择题

1. 就收货人抬头而言,国际上普遍使用的是(　　)。
   A. Straight B/L　　　B. Order B/L　　　C. Bearer　　　D. Open B/L
2. FOB 交货,(　　)。
   A. 先于交货时间　　　　　　　　B. 装运时间迟于交货时间
   C. 装运时间与交货时间一样　　　D. 其先后顺序视运输方式而定
3. 信用证如未规定"不准分批装运",(　　)。
   A. 可以视为允许分批装运　　　　B. 仍应视为不准分批装运
   C. 应视商品性质而定　　　　　　D. 应视不同地区而定
4. 班轮运费(　　)。
   A. 包括装卸费,不计滞期费、速遣费　　B. 包括装卸费,应计滞期费、速遣费
   C. 包括装卸费和滞期费,不计速遣费　　D. 包括装卸费和速遣费,不计滞期费
5. 滞期费是(　　)。
   A. 买方向卖方收取的因卖方延期交货而造成损失的补偿费
   B. 卖方向买方收取的因买方延期交货而造成损失的补偿费
   C. 租船人未按约定日期完成装卸定额,延误了船期而付给船方的罚款
   D. 船方装卸太慢而向货方支付的赔偿费
6. 小件急需品和贵重货物宜采用(　　)。
   A. 海洋运输　　　B. 铁路运输　　　C. 航空运输　　　D. 邮包运输

7. 我国出口到韩国的石油,一般采用(　　)。
  A. 航空运输　　　　B. 铁路运输　　　　C. 公路运输　　　　D. 管道运输
8. 使用班轮运输贵重物品,其基本运费通常是按货物的(　　)计收。
  A. 毛重　　　　　　　　　　　　　B. 体积
  C. FOB总值的一定百分比　　　　　D. 重量或尺码从高
9. 信用证规定到期日为2001年5月31日,而未规定最迟装运期,则可理解为(　　)。
  A. 最迟装运期为2001年5月10日　　B. 最迟装运期为2001年5月16日
  C. 最迟装运期为2001年5月31日　　D. 该信用证无效
10. 海运提单之所以能够向银行办理抵押贷款,是因为(　　)。
  A. 海运提单是承运人签发的货物收据　　B. 海运提单可以转让
  C. 海运提单是运输契约的证明　　　　　D. 海运提单具有物权凭证的性质
11. 国际货物运输方式种类很多,其中最主要的运输方式是(　　)。
  A. 铁路运输　　　B. 邮包运输　　　C. 联合运输　　　D. 海洋运输
12. 速遣费是对(　　)。
  A. 租船方的一笔偿金　　　　B. 装卸单位的一笔偿金
  C. 承运人的一笔罚金　　　　D. 进口人的一笔罚金
13. 某公司出口一批货物,该批货物于2004年3月15日开始装运,5天后装船完毕,应托运人的要求,船公司以2004年4月4日作为提单的日期签发提单,则该提单成为(　　)。
  A. 顺签提单　　　B. 倒签提单　　　C. 过期提单　　　D. 预期提单
14. 班轮运输的特点是(　　)。
  A. 定线、定港、定期和相对稳定的运费费率
  B. 由船方负责对货物的装卸,运费中包括装卸费,不规定滞期、速遣条款
  C. 承运货物的品种、数量较为灵活
  D. 双方权利、义务、责任豁免,以船公司签发的提单的有关规定为依据
15. 班轮运输的运输应该(　　)。
  A. 包括装卸费,但不计滞期费、速遣费
  B. 包括装卸费,但应计滞期费、速遣费
  C. 包括装卸费和应计滞期费,不计速遣费
  D. 包括装卸费和应计速遣费,不计滞期费
16. 定期租船的租船人应负担(　　)。
  A. 船员工资　　　B. 港口费　　　C. 船舶维护费用　　　D. 船员伙食
17. 下列(　　)表示"已装船提单"的日期。
  A. 货于5月24日送交船公司　　　B. 货于6月4日全部装完
  C. 货于6月4日开始装船　　　　D. 货于6月4日到达目的港
18. 我国出口到蒙古的杂货运输应选择(　　)。
  A. 海洋运输　　　B. 铁路运输　　　C. 航空运输　　　D. 邮包运输

二、多项选择题
1. 海运提单和航空提单(　　)。

A. 均为物权凭证　　　　　　　　B. 均为承运人出具的承运货物的收据
C. 均可背书转让　　　　　　　　D. 均为可转让的物权凭证
E. 前者是物权凭证,后者不可转让,不作为物权凭证

2. 海洋运输的特点是(　　)。
A. 通过能力大　　　　B. 运量大　　　　C. 风险较大
D. 航速慢　　　　　　E. 货物中途破损率小

3. 班轮运输的特点是(　　)。
A. 行驶路线及停靠港口固定　　　　　B. 开航及到港时间较固定
C. 运费率相对固定　　　　　　　　　D. 装卸费由船方负担
E. 承运货物较灵活,尤其适用少量货物及杂货运输

4. 买方和银行通常不接受的提单有(　　)。
A. 已装船提单　　　　B. 备运提单　　　　C. 清洁提单
D. 不清洁提单　　　　E. 滞期交到银行的过期提单

5. 航空运单是(　　)。
A. 航空公司出具的承运货物的收据　　B. 发货人与承运人之间缔结的运输契约
C. 物权凭证　　　　　　　　　　　　D. 可以转让和抵押的凭证
E. 海关查验放行的基本单据之一

6. 过期提单是指(　　)。
A. 货物实际装船时间晚于提单签发时间的提单
B. 晚于提单上所载明货物到达目的港的提单
C. 晚于货物实际装运日期21天签发的提单
D. 交单时间超过提单签发日期21天的提单
E. 提单记载内容错误,不再具有效力的提单

7. 按《跟单信用证统一惯例》规定,除非另有约定,卖方不得提交(　　)和(　　)。
A. 备运提单　　　　　B. 已装船提单　　　　C. 清洁提单
D. 不清洁提单　　　　E. 指示提单

8. 在FOB合同中,如使用(　　)或(　　),装货费用由卖方承担。
A. 班轮运输
B. 租船运输,并采用"FOB班轮条件"
C. 租船运输,并采用"FOB吊钩下交货"
D. 租船运输,并采用"FOB包括理舱"
E. 租船运输,并采用"FOB包括平舱"

9. 运输包装的主要作用在于(　　)。
A. 保护商品　　　　　B. 便于运输与储存　　　　C. 促销
D. 美化商品　　　　　E. 防止在装卸过程中发生货损货差

10. 我国对外贸易中的多式联运常采用的方式有(　　)。
A. 陆空陆联运　　　　B. 海空海联运　　　　C. 陆海联运
D. 陆海陆联运　　　　E. 海陆海联运

11. 下列哪些属于海洋运输的特点(　　)。

A. 运输量大 　　　　　　B. 运输速度快 　　　　　　C. 运费低廉
D. 货物适应性差 　　　　E. 易受气候和自然条件的影响

三、判断题(对的打"√",错的打"×")

1. 航空运单、铁路运单和海运提单一样,均可背书转让。(　　)
2. 运费是指根据使用运价计算出来的发货人或收货人应当支付的每批货物的运输款项。(　　)
3. 租船市场上有充足、稳定的货源和货流的货物,应该选择定程租船的租船方式进行运输。(　　)
4. 凡租船运输,租船合同必须有滞期/速遣的规定。(　　)
5. 海洋运输是国际货物运输中使用最多的运输方式。(　　)
6. 由于班轮是按固定运费率收取运费,因此任两个港口间无论选择哪家班轮公司,托运人所支付的运输都是一样的。(　　)
7. W/M or A.V. 指按重量和体积中较高的一个收取运费后再加上一定百分比的从价费。(　　)

四、应用题

1. 出口公司委托一国际货运代理企业代办50小桶货物以海运方式出口国外。每桶的重量为0.9吨,小桶(圆桶)的直径为1米,桶高为1米。货代最后为货主找到一杂货班轮公司承运该货物。货代查了船公司的运价本,运价本中对该货物运输航线、港口、运价等的规定为:基本运价是每运费吨支付100美元(USD100/FT);燃油附加费按基本运费增收10%(BAF10%);港口附加费按基本运费增收10%(CAF10%);计费标准是"W/M";起码提单按1运费吨计算(Minimum freight:one freight ton)。如果你作为货运代理人,请计算该批货物的运费并告诉货主以下内容:

(1) 货物的计费吨(运费吨)是多少?
(2) 该批货物的基本运费是多少?
(3) 该批货物的附加运费是多少?
(4) 该批货物总的运费是多少?
(5) 每一运费吨的运价为多少?

2. 某轮从广州港运载人造纤维到欧洲某港口,体积为20立方米、毛重为17.8公吨,托运人要求选择卸货港 Rotterdam 或 Hamburg,Rotterdam 和 Hamburg 都是基本港口,基本运费率为 USD800.0/FT,三个以内选卸港的附加费率为每运费吨加收 USD3.0,W/M。

请问:

(1) 该托运人总支付多少运费(以美元计)?
(2) 如果改用集装箱运输,海运费的基本费率为 USD1100.0/TEU,货币附加费10%,燃油附加费10%。改用集装箱运输时,该托运人应支付多少运费(以美元计)?
(3) 若不计杂货运输和集装箱运输两种运输方式的其他费用,托运人从节省海运费考虑,是否应选择改用集装箱运输?

3. 某票货从张家港出口到欧洲费利克斯托港,经上海转船。2×20'FCL,上海到费利克斯托港的费率是 USD1850.00/20',张家港经上海转船,其费率在上海直达费利克斯托港的费率基础上加 USD100/20',另有货币贬值附加费10%,燃油附加费5%。问:托运人应支付多少运费?

子项目五 保险条款

【学习目标】
知识目标:
1. 了解国际货物运输保险的教学目的和内容;
2. 了解保险的基本理论,保险险种、作用;
3. 明确投保的责任范围和保费的计算方法。

技能目标:
用合同、法律和国际惯例关系的知识分析如何处理合同纠纷。

【重点、难点】
重点: 了解保险的基本理论,保险险种、作用。
难点: 明确投保的责任范围和保费的计算方法。

【任务情景】
某远洋运输公司的"东风轮"在6月28日满载货物起航,出公海后由于风浪过大偏离航线而触礁,船底划破长2米的裂缝,海水不断渗入。为了船货的共同安全,船长下令抛掉A舱的所有钢材并及时组织人员堵塞裂缝,但无效果。为使船舶能继续航行,船长请来拯救队施救,共支出5万美元施救费。船修好后继续航行,不久又遇恶劣气候,入侵海水使B舱底层货物严重受损,甲板上的2000箱货物也被风浪卷入海里。问:以上损失各属什么性质的损失?投保何种险别的情况下保险公司给予赔偿?

任务1 货物运输保险概述

一、货物运输保险的概念

货物运输保险(cargo transportation insurance),是指由于货物在运输途中可能会遭受多种风险,保险人购买保单,使其在遇到承保范围内的损失时,可以分摊风险、补偿经济损失。根据货物运输方式的不同,可分为海洋运输货物保险、陆上运输货物保险、航空运输货物保险和邮包运输货物保险。

二、国际货物运输保险的基本原则

为了维护保险合同各方权益并约束合同各方的行为,避免利用保险获取不当利益,在保险发展过程中,逐渐形成保险的四项基本原则,包括保险利益原则、最大诚信原则、近因原则和补偿原则。

(一)保险利益原则

1. 保险利益原则的基本内容

保险利益原则是保险的基本原则,其本质内容是要求投保人必须对投保的标的具有保险利益。如果投保人以不具有保险利益的标的投保,保险人可单方面宣布保险合同无效;保险标的发生保险责任事故,被保险人不得因保险而获得不属于保险利益限度内的额外利益。

2. 保险利益的构成条件

(1) 保险利益必须是合法的,是法律上承认并且可以主张的利益。由不法行为所产生的利益,不得作为保险利益。比如,给偷盗来的财物投保财产险,保险合同是无效的。

(2) 保险利益必须是确定的,是可以实现的利益。仅由投保人主观上认定存在,而在客观实际中并不存在的利益,不应作为保险利益。确定的保险利益包括投保人对保险标的现有的利益和由现有利益产生的期待利益。现有的利益是指投保人已经实际取得的经济利益(如投保人已购买的汽车),现有的机器设备和已经取得的知识产权等;期待利益是指由现有利益产生的将来可以获得的利益(如出租房屋而预期可以获得的租金收入,维修设备而预期可以得到的修理费收入等)。

(3) 保险利益必须是可用货币形式计算的利益。无法用货币形式来计算其价值,发生损失无法用金钱给予补偿的利益,不能作为保险利益。

【应用案例 3-5-1】

> 我方以 CFR 贸易术语出口货物一批,在从出口公司仓库运到码头待运过程中,货物发生损失,该损失应该由何方负责?如果买方已经向保险公司办理了货物运输保险,保险公司对该项损失是否给予赔偿?并说明理由。

(二) 最大诚信原则

任何一项民事活动,各方当事人都应遵循诚信原则。诚信原则是世界各国立法对民事、商事活动的基本要求。《中华人民共和国保险法》第五条规定:"保险活动当事人行使权利、履行义务应当遵循诚实信用原则。"但是,在保险合同关系中对当事人诚信的要求比一般民事活动更严格,要求当事人具有"最大诚信"。保险合同是最大诚信合同。最大诚信的含义是指当事人真诚地向对方充分而准确地告知有关保险的所有重要事实,不允许存在任何虚假、欺骗、隐瞒行为。而且不仅在保险合同订立时要遵守此项原则,在整个合同有效期间和履行合同过程中也都要求当事人具有"最大诚信"。

最大诚信原则的含义可表述为:保险合同当事人订立合同及在合同有效期内,应依法向对方提供足以影响对方做出订约与履约决定的全部实质性重要事实,同时信守合同订立的约定与承诺。否则,受到损害的一方,按民事立法规定可以此为由宣布合同无效,或解除合同,或不履行合同约定的义务或责任,甚至对因此而受到的损害还可要求对方予以赔偿。英国 1906 年海上保险法规定:海上保险契约是以最大诚信为基础。若任何一方不遵守最大诚信原则,另一方则可以主张此项契约无效。

(三) 近因原则

近因,是指在风险和损失之间,导致损失的最直接、最有效、起决定作用的原因,而不是指时间上或空间上最接近的原因。

保险关系上的近因并非是指在时间上或空间上与损失最接近的原因,而是指造成损失的最直接、最有效的起主导作用或支配性作用的原因。而近因原则是指危险事故的发生与损失结果的形成,须有直接的后果关系,保险人才对发生的损失有补偿责任。

近因原则是保险法的基本原则之一,其含义为只有在导致保险事故的近因属于保险责任范围内时,保险人才应承担保险责任。也就是说,保险人承担赔偿责任的范围应限于以承保风险为近因造成的损失。

例如：国外某仓库投保财产保险。在保险期间因被敌机投弹击中燃烧起火，仓库受损。问保险人是否承担赔偿责任？造成仓库受损的原因有敌机投弹击中和燃烧起火，前一个原因属于战争行为，是财产保险的除外责任；后一项是保险责任。在这两个原因中，敌机投弹击中是造成损失的近因，故保险人不承担赔偿责任。

中国现行保险法虽未直接规定近因原则，但在司法实践中，近因原则已成为判断保险人是否应承担保险责任的一个重要标准。对单一原因造成的损失，单一原因即为近因；对多种原因造成的损失，持续地起决定或有效作用的原因为近因。如果该近因属于保险责任范围内，保险人就应当承担保险责任。

（四）补偿原则

补偿原则是指当保险事故发生使被保险人遭受损失时，保险人必须在责任范围内对被保险人所受的实际损失进行补偿，使被保险人因保险事故发生造成的损害降到最低，使其恢复到损失前所处的经济状况。

损害补偿原则具有双重含义。其一，无损害无保险，无保险则无赔偿。需要补偿的程度视损害的实际大小来定，因为保险合同是一种补偿合同。其二，禁止投保人、被保险人通过保险获得不当得利，任何被保险人不能因为保险制度的存在而获得超过其损害的补偿，否则将与赌博无异。

任务2　海洋货物运输保险的承保范围

一、海运风险

（一）海上风险

1. 海上风险的概念

海上风险是指由于航海的后果所造成的危险或与航海有关的危险。海上风险是一个广义的概念，它既指海上航行中所特有的风险，又包括一些与海上运输有关的风险。

2. 海上风险的分类

1) 自然灾害

自然灾害是指不以人的意志为转移的自然界的力量所引起的灾害。按照我国1981年1月1日修订的《海洋运输货物保险条款》的规定，保险人承保的自然灾害仅指恶劣气候、雷电、海啸、地震、洪水等人力不可抗拒的灾害。根据《英国伦敦协会海运货物保险条款》，在保险人承保的风险中，属于自然灾害性质的风险有雷电、地震、火山爆发、浪击落海，以及海水、湖水或河水进入船舶、驳船、船舱、运输工具、集装箱、大型海运箱或储存处所等。

2) 意外事故

意外事故是指人或物体遭受到外来的、突然的、非意料之中的事故。如船舶触礁、碰撞，飞机坠落，货物起火、爆炸等。按照我国1981年修订的《海洋运输货物保险条款》的规定，保险人承保的意外事故包括运输工具遭受搁浅、触礁、沉没、互撞、与流冰或其他物体碰撞以及失火、爆炸等。根据《英国伦敦协会海运货物保险条款》的规定，除包括船舶、驳船的触礁、搁浅、沉没、倾覆、火灾、爆炸等属意外事故外,陆上运输工具的倾覆或出轨也属意外事故的范畴。

(二) 外来风险

外来风险是指海上风险以外的其他外来原因所造成的风险。货物运输保险中所指的外来风险必须是意外的、事先难以预料的风险,而不是必然发生的外来因素。外来风险可分为一般外来风险和特殊外来风险两种。

1. 一般外来风险

海上货运保险业务中承保的一般外来风险主要有偷窃、提货不着,渗漏,短量,碰损破碎,钩损,淡水雨淋,生锈,混杂玷污,受潮受热,串味,包装破裂等。

2. 特殊外来风险

特殊外来风险是指战争、种族冲突或一国的军事、政治、国家政策法律,以及行政措施等的变化所造成的全部或部分损失。特殊外来风险主要包括战争、罢工、交货不到、进口关税、拒收等。

二、海上损失

海上损失,简称海损,是指被保险货物在海运过程中,由于海上风险所造成的损坏或灭失。根据保险惯例解释,凡与海陆连接的陆运过程中所发生的损坏或灭失,也属海损范围。就货物损失的程度而言,海损可分为全部损失和部分损失;就货物损失的性质而言,海损又分为共同海损和单独海损。

(一) 全部损失和部分损失

1. 实际全损

实际全损是指货物全部灭失或完全变质,或不可能归还被保险人。实际全损有下列四种情况:

(1) 被保险货物完全灭失。如船只遇海难后沉没,货物同时沉入海底。

(2) 被保险货物遭受严重损害,已丧失了原有的用途和价值。如水泥遭海水浸泡后变成水泥硬块,无法使用;茶叶被海水浸泡后,丧失了茶叶的香味,无法再食用。

(3) 被保险人对被保险货物的所有权已无可挽回地被完全剥夺。如船、货被海盗劫去或被敌对国扣押。

(4) 载货船舶失踪达到一定时期仍无音讯。被保险人在货物遭受了上述实际全损后,可按其保单的投保金额,获得全部损失的赔偿。

2. 推定全损

推定全损是指货物发生事故后,认为实际全损已不可避免,或者为避免实际全损所需支付的费用与继续将货物运抵目的地的费用之和超过保险价值。

构成推定全损的情况有以下几种。

(1) 保险标的物受损后,其修理费用超过货物修复后的价值。

(2) 保险标的物受损后,其整理和继续运往目的港的费用,超过货物到达目的港的价值。

(3) 保险标的物的实际全损已经无法避免,为避免全损所需的施救费用,将超过获救后标的物的价值。

(4) 被保险人失去标的物的所有权，而收回所有权的费用已超过收回标的物的价值。

在推定全损的情况，被保险人获得的损失赔偿有两种情况：一是获得全损的赔偿，另一种是获得部分损失的赔偿。若想获得全损的赔偿，被保险人必须无条件地把保险货物委付给保险人。

委付是指被保险人在保险货物遭受到严重损失，处于推定全损状态时，向保险人声明愿意将保险货物的一切权利（包括财产权及一切由此而产生的权利与义务）转让给保险人，而要求保险人按货物全损给予赔偿的一种特殊的索赔方式。

被保险货物遭受实际全损时，被保险货物确定已经或不可避免地完全丧失，被保险人自然可以向保险人要求全部赔偿，而不需要办理委付手续；在被保险货物遭受推定全损时，被保险货物并未完全丧失，是可以修复或者可以收回的，只是支出的费用将超过被保险货物的价值或者收回希望很小。因此，被保险人可以向保险人办理委付，要求保险人按全部损失赔偿，也可以不办理委付，由保险人按部分损失进行赔偿。

3. 部分损失

凡不属于实际全损和推定全损的损失为部分损失。

部分损失的赔偿金额＝保险金额×［（实际完好价值－货损后的实际价值）÷实际完好价值］

（二）共同海损和单独海损

1. 共同海损

共同海损是指载货船舶在海洋运输途中遭遇自然灾害、意外事故或其他特殊情况，使航行中的船东、货主及承运人的共同安全受到威胁，为了解除共同危险，维护各方的共同利益并使航程继续完成，由船方有意识地采取合理的抢救措施所直接造成的某些特殊的货物牺牲或支出的额外费用，称为共同海损。共同海损包括共同海损牺牲、共同海损费用、共同海损分摊。这些特殊牺牲和特殊费用可以通过共同海损的理算，由各获救受益方按获救价值比例分摊。

构成共同海损的条件：

（1）危险必须是真实存在的或不可避免的、危及船舶与货物共同安全。也就是说，船舶、货物和其他财产必须在同一航程中；船货和其他财产面临共同的危险，如果不及时采取措施，船货和其他财产都有损失的可能。危险必须是真实的，非主观臆断的，但是，危险不一定是急迫的。

（2）共同海损措施必须是人为地、有意识地采取的合理措施。也就是说，采取的措施必须是为了船货和其他财产的共同安全。必须是有意的，即船长或船上其他值班人员明知采取该措施会直接导致船货或其他财产损失，或导致某些费用，但仍主动地采取这种措施。采取的措施必须是合理的，是一个具有良好船艺的船长或其他值班人员在当时情况下所能选择的以最小牺牲或费用换取船货和其他财产安全的措施。措施的合理应具备三个条件：一是符合航海习惯；二是损失应当最小；三是措施应当最为有效。

（3）共同海损的牺牲是特殊性质的，费用损失必须是额外支付的。损失是特殊性质的，是指该项损失是为共同利益所做出的牺牲。共同海损牺牲是正常运输中不可能出现的损失，因此是特殊的。费用是额外支付的，是指在正常航行中不可能出现的费用。共同海损费用都是为解脱共同危险而支出的，是正常运输中不可能发生的，因此是额外的。

（4）共同海损的损失必须是共同海损措施的直接的、合理的后果。

(5) 共同海损措施最终必须有效果。共同海损措施的目的,是使处于共同危险之中的船舶、货物和其他财产转危为安,所以共同海损措施必须最终获得效果。只要有部分财产获救,共同海损就可以成立。

采取共同海损行为一般应由船长做出决定和负责指挥,但如果遇特殊情况,其他人的指挥行为包括船员和乘客的指挥行为,如果符合共同海损成立的上述条件,共同海损也可成立。

2. 单独海损

单独海损是指仅涉及船舶或货物所有人单方面利益的部分损失。

【应用案例 3-5-2】

> 货物从天津新港驶往新加坡,在航行途中船舶货舱起火,大火蔓延到机舱,船长为了船、货的共同安全,决定采取紧急措施,往舱中灌水灭火。火虽被扑灭,但由于主机受损,无法继续航行,于是船长决定雇用拖轮将货船拖回新港修理,检修后重新驶往新加坡。事后调查,这次事件造成的损失有以下几种:①1000箱货被烧毁;②300箱货由于灌水灭火受到损失;③主机和部分甲板被烧毁;④拖船费用;⑤额外增加的燃料和船长、船员工资。从上述各项损失性质来看,各属于什么海损?

三、损失的保障费用

保险公司对为减少货物的实际损失而支付的费用也负责赔偿,它分为施救费用和救助费用。

(一) 施救费用

被保险的货物在遭受承保责任范围内的灾害事故时,被保险人或其代理人与受让人,为了避免或减少损失,采取了各种抢救或防护措施而支付的合理费用。

(二) 救助费用

被保险货物在遭受了承保责任范围内的灾害事故时,由保险人和被保险人以外的第三者采取了有效的救助措施,在救助成功后,由被救方付给救助人的一种报酬。

任务 3　我国海洋货物运输的险别

在实际业务中,我国大部分外贸企业投保的是中国保险条款(CIC)的海洋货物运输保险条款,承保的险别有基本险和附加险两大类,基本险可以独立投保,按承保范围从小到大依次为平安险(WPA)、水渍险(WA)和一切险(all risks)三种,责任起讫以运输过程为限,在实务中,一般采取"仓至仓(warehouse to warehouse)"的原则。

一、基本险

基本险又称主险,是可以独立投保的险别,主要承保海上风险(自然灾害和意外事故)所造成的货物损失。我国海洋运输货物保险的基本险分平安险、水渍险和一切险三种。

(一) 基本险责任范围

《海洋货物运输保险条款》规定了平安险、水渍险和一切险三种基本险别,并根据保险单上订明的承保险别的条款规定在被保险货物遭受损失时负责赔偿。

1. 平安险

平安险的含义是"单独海损不负责任",目前,其主要负责赔偿的范围包括以下内容。

(1) 被保险货物在运输过程中,由于恶劣气候、雷电、海啸、地震和洪水等自然灾害造成的整批货物全部损失或推定全损。当被保险人要求赔偿推定全损时,须将受损货物及其权利委付给保险公司。被保险货物用驳船运往或运离海轮的,每驳船所装的货物可视作一个整批。

(2) 由于运输工具遭受搁浅、触礁、沉没、互撞、与流水或其他物体碰撞,以及失火、爆炸等意外事故造成的货物全部或部分损失。

(3) 在运输工具已经发生搁浅、触礁、沉没、焚毁等意外事故的情况下,货物在此前后又在海上遭受恶劣气候、雷电、海啸等自然灾害所造成的部分损失。

(4) 在装卸或运转时由于一件或数件整件货物落海造成的全部或部分损失。

(5) 被保险人对遭受承保责任内危险的货物采取抢救,防止或减少货损的措施而支付合理费用,但以不超过该批被救货物的保险金额为限。

(6) 运输工具遭遇海难后,在避难港由于卸货所引起的损失,以及在中途港、避难港由于卸货、存仓以及运送货物所产生的特别费用。

(7) 共同海损的牺牲、分摊和救助费用。

(8) 运输契约订有船舶互撞责任条款,根据该条款规定应有货方偿还船方的损失。

2. 水渍险

水渍险的责任范围,除包括上述平安险的各项责任外,还包括被保险货物由于恶劣气候、雷电、海啸、地震、洪水等自然灾害所造成的部分损失。

【应用案例 3-5-3】

> 某公司向欧洲出口一批器材,投保海运货物平安险。载货轮船在航行中发生碰撞事故,部分器材受损。另外,公司还向美国出口一批器材,由另外一船装运,投保了海运货物水渍险。船舶在运送途中,由于遭受暴风雨的袭击,船身颠簸,货物相互碰撞,发生部分损失。后船舶又不幸搁浅,经拖救脱险。试分析上述货物是否该由保险公司承担赔偿责任。

3. 一切险

一切险的责任范围,除包括上述平安险和水渍险的各项责任外,还负责被保险货物在运输途中由于外来原因所致的全部或部分损失。

(二) 基本险除外责任

保险公司对由下列原因所造成的损失不负赔偿责任。

(1) 被保险人的故意行为或过失所造成的损失。

(2) 属于发货人责任所引起的损失。

(3) 在保险责任开始前,被保险货物已存在品质不良或数量短差所造成的损失。

(4) 被保险货物的自然损耗、本质缺陷、特性以及市价跌落、运输迟延所引起的损失或费用。

（5）保险公司海洋运输货物战争险条款和货物运输罢工险条款规定的责任范围和除外责任。

【应用案例 3-5-4】

> 中国某进出口公司与美国商人签订一份出口玉米合同，由中方负责货物运输和保险事宜。为此，中方与上海某轮船公司 A 签订运输合同租用"扬武"号班轮的一个舱位。1997 年 7 月 26 日，中方将货物在张家港装船。随后，中方向中国某保险公司 B 投保海上运输货物保险。货轮在海上航行途中遭遇风险，使货物受损。
>
> 如果卖方公司投保的是平安险，而货物遭受部分损失是由于轮船在海上遭遇台风，那么卖方公司是否可从 B 处取得赔偿？为什么？

二、附加险

附加险是基本险的扩大和补充，因此，不能单独投保，只能在投保了某项基本险的基础上加保。加保的附加险可以是一种或几种，由被保险人根据需要选择确定。由于附加险所承保的是外来原因所致的损失，而外来原因又有一般外来原因与特殊外来原因之分，所以附加险有一般附加险与特殊附加险两类。

（一）一般附加险

1. 偷窃、提货不着险（theft, piferage and nondelivery, 简称 t. p. n. d.）

保险有效期内，保险货物被偷走或窃走，以及货物运抵目的地以后，整件未交的损失，由保险公司负责赔偿。

2. 淡水雨淋险（fresh water rain damage, 简称 f. w. r. d.）

货物在运输中，由于淡水、雨水以至雪溶所造成的损失，保险公司都应负责赔偿。淡水包括船上淡水舱、水管漏水等。

3. 短量险（risk of shortage）

负责保险货物数量短少和重量的损失。通常包装货物的短少，保险公司必须要查清外装包是否发生异常现象，如破口、破袋、扯缝等，如属散装货物，往往以装船重量和卸船重量之间的差额作为计算短量的依据。

4. 混杂、沾污险（risk of intermixture & contamination）

保险货物在运输过程中，混进了杂质所造成的损毁。例如矿石等混进了泥土、草屑等因而使质量受到影响。此外，保险货物因为和其他物质接触而被沾污，例如布匹、纸等、食物、服装等被油类或带色的物质污染因而引起的经济损失。

5. 渗漏险（risk of leakage）

流质、半流质的液体物质同和油类物质，在运输过程中因为容器损坏而引起的渗漏损失。如以液体装存的湿肠衣，因为液体渗漏而使肠发生腐烂。变质等损失，均由保险公司负责赔偿。

6. 碰损、破碎险（risk of clash & breakage）

碰损主要是对金属、木质等货物来说的，破碎则主要是对易碎性物质来说的。前者是指在运输途中,因为受到震动、颠簸、挤压而造成货物本身的损失;后者是在运输途中由于装卸野蛮、粗鲁、运输工具的颠震造成货物本身的破裂、断碎的损失。

7. 串味险(risk of odour)

例如,茶叶、香料、药材等在运输途中受到一起堆储的皮第、樟脑等异味的影响使品质受到损失。

8) 受热、受潮险(damage caused by heating & sweating)

例如,船舶在航行途行途中,由于气温骤变,或者因为船上通风设备失灵等使舱内水汽凝结、发潮、发热引起货物的损失。

9. 钩损险(hook damage)

保险货物在装卸过程中因为使用手钩、吊钩等工具所造成的损失,例如,粮食包装袋因吊钩钩坏而造成粮食外漏所造成的损失,若保险公司承保了该险,应予赔偿。

10. 包装破裂险(loss for damage by breakage of packing)

因为包装破裂造成物资的短少、沾污等损失。此外,对因保险货物运输过程中续运安全需要而产生的候补包装、调换包装所支付的费用,保险公司也应负责。

11. 锈损险(risk sofrust)

保险公司负责保险货物在运输过程中因为生锈造成的损失。不过这种生锈必须在保险期内发生,如原装时就已生锈,保险公司不负责任。

上述十一种附加险,不能独立承保,它必须附属于主要险面下。也就是说,只有在投保了主要险别以后,投保人才允许投保附加险。投保"一切险"后,上述险别均包括在内。

【应用案例3-5-5】

> 我国某外贸公司以CFR条件进口工艺品一批,我方为此批货物向某保险公司投保我国海运保险条款水渍险。货物在上海港卸下时发现部分工艺品损坏,经查200件工艺品在装船时就已破损,但由于外表有包装,装船时没有被船方检查出来。还有300件工艺品因船舶在途中搁浅,船底出现裂缝,被海水浸湿,另有100工艺品因为航行途中曾遇雨天,通风窗没有及时关闭而被淋湿致生锈。分析导致上述损失的原因,保险人是否应予以赔偿,为什么?

(二) 特殊附加险

1. 战争险(war risk)

承保战争或类似战争行为等引起保险货物的直接损失,如货物由于捕获、拘留、扣留、禁制和扣押、海盗等行为引起的损失,保险公司负责赔偿。但是对于敌对行为中使用原子或热核武器所导致的损失和费用,保险公司不负赔偿,因为这种原子、核武器的破坏性非常大,造成的损失也是难以估计的,保险公司无法承担。

此外,海运战争险对因执政者、当权者或其他武装集团的扣押、拘留引起的承保航程的丧失和损失是不负责任的。战争险的负责期限仅限于水上危险或运输工具上的危险。海运战争险的负责期限,从货物装上海轮时开始,到卸离海轮时终止;并从该海轮到达目的港的当日午夜起,算满15天为限。

【应用案例 3-5-6】

> 我方按 CIF 条件出口一批冻带鱼,合同规定:投保一切险加战争险、罢工险。货到目的港后,当地码头工人开始罢工,港口无人作业,货物无法卸载。不久货轮因无法补充燃料以致冷冻设备停机。等到罢工结束,该批冷冻食品已变质。
> 请问:这种损失保险公司是否负责赔偿?

2. 罢工险(strikes risk)

罢工险是承保因罢工者、被迫停工工人、参加工潮、暴动和民众斗争的人员,采取行动造成保险货物的直接损失。对任何人的恶意行为造成的损失也负责。对前边讲述的各种行动和行为所引起的共同海损的牺牲、分摊和救助费用也由保险公司赔偿。罢工险负责的损失都必须是直接损失,对间接损失是不负责任的。例如,因为罢工劳动力不足,或者无法使用劳动力,对堆存在码头的货物,遇到大雨无法采取罩盖防雨布的措施而遭淋湿受损;因为罢工,没有劳动力对冷冻机添加燃料致使动力中断,冷冻机停机,而使冷冻货物遭受到化冻变质的损失等。此外,对罢工引起的费用损失,如港口工人罢工无法在原定港口卸货,改到另外一个港口卸货引起的增加的运输费用,均属于间接损失,不予负责。

3. 交货不到险(failure to deliver risk)

负责自货物装上船舶时开始,不论由于任何原因,如货物不能在预定抵达目的地的日期起六个月以内交付,保险公司同意按全损予以赔付,但该货物之全部权益应转移给保险公司。被保险人保证已获得一切许可证。所有运输险及战争险项下应负责的损失,概不包括在本条款责任范围之内。

4. 进口关税险(import duty risk)

负责由于货物受损仍需要按完好价值完整缴纳进口关税所造成的损失。进口关税的税率一般是比较高的。当货物在进入某一国家之前,在中途遭受到损坏,其价值因而降低,如受到水损、沾污、发热变质以及内装数量短缺等。对这种情况,有些国家规定在缴纳进口关税时,可以申请对损、短部分按其价值减税、免税。但也有些国家规定,进口货物不论有否短少、损残,仍需要按完好价值完税。进口关税险,就是承保上述情况引起的关税损失。

5. 拒收险(rejection risk)

承保货物在进口时,由于各种原因,被进口国的有关当局拒绝进口而没收所产生的损失。但是,在投保时被保险人必须保证持有进口所需的一切特许证或许可证或进口限额。如果,不具备进口所需的证件,那么遭到拒绝进口是意料之中的事了。另外,被保险人经保险公司要求有责任处理被拒绝进口的货物或者申请仲裁。这是约束被保险人,不能因为保了拒收险将被拒绝进口的货物都归属于保险公司而袖手不管。拒收险的费率波动很大,要根据商品性能,进口国对进口货物的具体掌握情况来制定。

6. 黄曲霉素险(aflatoxin risk)

对被保险货物,在保险责任有效期内,在进口港或进口地经当地卫生当局的检验证明,因含有黄曲霉毒素(花生、谷物等易产生黄曲霉素),并且超过了进口国对该毒素的限制标准,必须拒绝进口、没收或强制改变用途时,保险公司按照被拒绝进口或被没收部分货物的保险价值或改变用途所造成的损失,负责赔偿。

对被拒绝进口的或强制改变用途的货物,被保险人有义务进行处理。对因拒绝进口而引起的争执,被保险人也有责任申请仲裁。这实际上也是一种专门原因的拒收险。本条款不负责由于其他原因所致的被有关当局拒绝进口或没收或强制改变用途的货物的损失。

7. 舱面险(on deck risk)

由海上运输的货物,无论是干货船、散装船,一般都是装在舱内的。在制订货物运输的责任范围和制定费率时,都是以舱内运输作为考虑基础的。如果货物是装在舱面的,保险公司对此不能负责。但是有些货物由于体积大、有毒性或者有污染性,根据航运习惯必须装载于舱面,为了解决这类货物的损失补偿,就产生了附加舱面险。集装箱放在甲板上,视为舱内,不需要加保舱面险。装载在舱面的货物,暴露于外,很容易受损,特别是雨雪、海水溅激更是经常发生的,保险公司通常只是在平安险的基础上加保舱面险,一般不愿意按"一切险"基础加保,以免责任过大。应考虑危险的实际可能,加保舱面险。除了按原来承保险别的范围负责外,还对货物被抛弃或因风浪冲击落水的损失,予以负责。加保舱面险需要另行加费。

CIC 保险常见险种汇总图如图 3-5-1 所示。

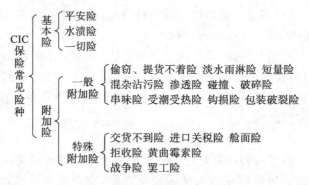

图 3-5-1　CIC 保险常见险种汇总图

【应用案例 3-5-7】

中国某进出口公司与美国商人签订了一份出口玉米合同,由中方负责货物运输和保险事宜。为此,中方与上海某轮船公司 A 签订运输合同租用"扬武"号班轮的一个舱位。1997 年 7 月 26 日,中方将货物在张家港装船。随后,中方向中国某保险公司 B 投保海上运输货物保险。货轮在海上航行途中遭遇风险,使货物受损。请问:

(1) 如果卖方公司投保的是平安险,而货物遭受部分损失是由于轮船在海上遭遇台风,那么卖方公司是否可从 B 处取得赔偿?为什么?

(2) 如果卖方公司投保的是一切险,而货物受损是由于货轮船员罢工,货轮滞留中途港,致使玉米变质,那么卖方能否可从 B 处取得赔偿?为什么?

(3) 如果发生的风险是由于承运人的过错引起的,并且属于承保范围的风险,B 赔偿了损失后,卖方公司能否再向 A 公司索赔?为什么?

三、保险责任的起讫

根据《中国人民保险公司海洋运输货物保险条款》的规定,平安险、水渍险、和一切险承保责任的起讫,均采用国际保险业中惯用的"仓至仓条款"规定的办法处理。

仓至仓条款规定保险公司所承担的保险责任,是从被保险货物运离保险单所载明的起运港(地)发货人仓库开始,一直到货物到达保险单所载明的目的港(地)收货人仓库时为止。当货物一进入仓库,保险责任即行终止。但是,当货物从目的港卸离海轮时起算满60天,不论保险货物有没有进入收货人的仓库,保险责任均告终止。

战争险的保险责任起讫不采用仓至仓条款,而是:从货物装上海轮开始至货物运抵目的港卸离海轮为止,即只负责水上风险。如果货物运抵目的港没有卸离海轮,则从海轮到达目的港的当晚零点起算,满15天,保险责任终止。

任务 4 伦敦保险业协会海运货物保险条款

一、伦敦保险业协会海运货物保险条款概述

在国际海运保险业务中,英国是一个具有悠久历史、比较发达的国家。它所制定的保险规章制度,特别是保险单和保险条款对世界各国影响很大。目前,世界上大多数国家在海上保险业务中直接采用英国伦敦保险协会所制定的《英国伦敦协会海运货物保险条款》,一般简称为《协会货物条款》(institute cargo clause,简称 I.C.C.)。

I.C.C. 最早制订于1912年,后来经过多次修改,最近一次的修改是在2008年完成的,从2009年1月1日起实施。

(1)《协会货物条款(A)》(institute cargo clause A,简称 I.C.C.(A));
(2)《协会货物条款(B)》(institute cargo clause B,简称 I.C.C.(B));
(3)《协会货物条款(C)》(institute cargo clause C,简称 I.C.C.(C));
(4)《协会战争险条款(货物)》(institute war clause-cargo);
(5)《协会罢工险条款(货物)》(institute strikes clause-cargo);
(6)《恶意损坏条款》(malicious damage clause)。

以上六种保险条款中,前三种是主险或基本险,后三种则为附加险。

二、伦敦保险业协会海运货物保险主要的承保风险与除外责任

(一) I.C.C.(A)险的责任范围及除外责任

1. I.C.C.(A)险的责任范围

根据伦敦保险协会对新条款的规定,I.C.C.(A)采用"一切风险减除外责任"的办法,即除了"除外责任"项下所列风险保险人不予负责外,其他风险均予负责。

2. I.C.C.(A)险的除外责任

I.C.C.(A)险的除外责任有下列四类。

(1) 一般除外责任。如归因于被保险人故意的不法行为造成的损失或费用;自然渗漏、自然损耗、自然磨损、包装不足或不当所造成的损失或费用;保险标的内在缺陷或特性所造成的损失或费用;直接由于延迟所引起的损失或费用;由于船舶所有人、租船人经营破产或不履行债务所造成的损失或费用;由于使用任何原子或核武器所造成的损失或费用。

(2) 不适航、不适货除外责任。指保险标的在装船时,被保险人或其受雇人已经知道船舶不适航,以及船舶、装运工具、集装箱等不适货。

(3) 战争除外责任。如由于战争、内战、敌对行为等造成的损失或费用;由于捕获、拘留、扣留(海盗除外)等所造成的损失或费用;由于漂流水雷、鱼雷等造成的损失或费用。

(4) 罢工除外责任。罢工者、被迫停工工人造成的损失或费用,以及由于罢工、被迫停工所造成的损失或费用等。

(二) I.C.C.(B)险的责任范围和除外责任

1. I.C.C.(B)险的责任范围

根据伦敦保险协会对(B)险和(C)险的规定,其承保风险的做法是采用"列明风险"的方法,即在条款的首部开宗明义地把保险人所承保的风险一一列出。I.C.C.(B)险承保的风险是:

保险标的物的灭失或损坏可合理地归因于下列任何之一者,保险人予以赔偿:①火灾或爆炸;②船舶或驳船搁浅、触礁、沉没或倾覆;③陆上运输工具的倾覆或出轨;④船舶、驳船或运输工具同水以外的外界物体碰撞;⑤在避难港卸货;⑥地震、火山爆发、雷电;⑦共同海损牺牲;⑧抛货;⑨浪击落海;⑩海水、湖水或河水进入船舶、驳船、运输工具、集装箱、大型海运箱或储存处所;⑪货物在装卸时落海或摔落造成整件的全损。

2. I.C.C.(B)险的除外责任

I.C.C.(B)险与I.C.C.(A)险的除外责任基本相同,但有下列两项区别。

1) I.C.C.(A)险除对被保险人的故意不法行为所造成的损失、费用不负赔偿责任外,对被保险人之外任何个人或数人故意损害和破坏标的物或其他任何部分的损害,要负赔偿责任;但I.C.C.(B)对此均不负赔偿责任。

2) I.C.C.(A)把海盗行为列入风险范围,而I.C.C.(B)对海盗行为不负保险责任。

(三) I.C.C.(C)险的责任范围和除外责任

1. I.C.C.(C)险的责任范围

I.C.C.(C)险承保的风险比I.C.C.(A)、I.C.C.(B)险要小得多,它只承保"重大意外事故",而不承保"自然灾害及非重大意外事故"。其具体承保的风险有以下几种:①火灾、爆炸;②船舶或驳船触礁、搁浅、沉没或倾覆;③陆上运输工具倾覆或出轨;④在避难港卸货;⑤共同海损牺牲;⑥抛货。

2. I.C.C.(C)险的除外责任

I.C.C.(C)险的除外责任与I.C.C.(B)险完全相同。

在《协会货物条款》中,除以上所述的I.C.C.(A)、I.C.C.(B)、I.C.C.(C)三种险外,还有战争险、罢工险和恶意损害险三种。应注意的是,其"战争险"和"罢工险"不同于中国保险条款的规定,一定要在投保了三种基本险别的基础上才能加保,而是可以作为独立险别投保的。恶意损害险所承担的是被保险人以外的其他人(如船长、船员等)的故意破坏行为所致被保险货物的灭失和损害。它属于I.C.C.(A)险的责任范围,但在I.C.C.(B)、I.C.C.(C)险中,则被列为"除外责任"。

此外,《协会货物条款》三种基本险别I.C.C.(A)、I.C.C.(B)、I.C.C.(C)的保险责任起讫,仍然采用仓至仓条款,同中国保险条款的规定大体相同,只是规定得更为详细。战争险的保障期限仍采用"水上危险"原则。同时,罢工险的保险期限与I.C.C.(A)、

I.C.C.(B)、I.C.C.(C)的保险期限完全相同,即也采用"仓至仓"原则。

《协会货物条款》中的(I.C.C.(A)、I.C.C.(B)、I.C.C.(C))与我国海运货物保险期限的规定大体相同,也是"仓至仓",但比我国条款规定更为详细。在我国进出口业务中,特别是以 CIF 条件出口时,有些国外商人如果要求我出口公司按伦敦保险协会货物条款投保,我国出口企业和中国人民保险公司也可通融接受。

任务 5 其他运输方式下的货运保险

在进出口业务中,不仅海洋运输的货物需要办理保险,陆上运输、航空运输、邮包运输的货物也需要办理保险。

一、陆上运输货物保险

陆上运输货物保险的险别分为陆运险和陆运一切险两种,其承保的责任范围如下。

（一）陆运险的责任范围

被保险货物在运输途中遭受暴风、雷电、地震、洪水等自然灾害,或由于陆上运输工具(主要是指火车、汽车)遭受碰撞、倾覆或出轨。如在驳运过程中,驳运工具搁浅、触礁、沉没或由于遭受隧道坍塌、崖崩或火灾、爆炸等意外事故所造成的全部损失或部分损失。由此可见,保险公司对陆运险的承保范围大致相当于海运货物保险中的水渍险。

（二）陆运一切险的责任范围

除包括上述陆运险的责任外,保险公司对被保险货物在运输途中由于一般外来原因造成的短少、短量、偷窃、渗漏、碰损、破碎、钩损、雨淋、生锈、受潮、受热、发霉、串味、沾污等全部或部分损失,也负赔偿责任。

（三）陆上运输货物保险的除外责任

（1）被保险人的故意行为或过失所造成的损失。

（2）属于发货人所负责任或被保险货物的自然消耗所引起的损失。

（3）由于战争、工人罢工或运输延迟所造成的损失。

（四）陆运："仓至仓"条款

保险责任的起讫期限与海洋运输货物保险的"仓至仓"条款基本相同,是从被保险货物运离保险单所载明的启运地发货人的仓库或储存处所开始运输时生效。包括正常陆运和有关水上驳运在内,直到该项货物送交保险单所载明的目的地收货人仓库或储存处所,或被保险人用作分配、分派或非正常运输的其他储存处所为止。但如未运抵上述仓库或储存处所,则以被保险货物到达最后卸载的车站后,保险责任以 60 天为限。

（五）陆运战争险

陆运战争险与海运战争险,就战争险的共同责任范围来说,基本上是一致的。即对直接由于战争、类似战争行为以及武装冲突所导致的损失,如货物由于捕获、扣留、拘留、禁制和扣押等行为引起的损失应负责赔偿。

二、航空运输货物保险

航空运输货物保险也分为航空运输险和航空运输一切险两种。

（一）责任范围

本保险分为航空运输险和航空运输一切险两种。被保险货物遭受损失时，本保险按保险单上订明承保险别的条款负赔偿责任。

1. 航空运输险

本保险负责赔偿：

（1）被保险货物在运输途中遭受雷电、火灾、爆炸或由于飞机遭受恶劣气候或其他危难事故而被抛弃，或由于飞机遭受碰撞、倾覆、坠落或失踪意外事故所造成的全部或部分损失。

（2）被保险人对遭受承保责任内危险的货物采取抢救，防止或减少货损的措施而支付的合理费用，但以不超过该批被救货物的保险金额为限。

2. 航空运输一切险

除包括上列航空运输险的责任外，本保险还负责货物由于外来原因所致的全部或部分损失。

（二）除外责任

本保险对下列损失，不负赔偿责任：

（1）被保险人的故意行为或过失所造成的损失。

（2）属于发货人责任所引起的损失。

（3）保险责任开始前，被保险货物已存在的品质不良或数量短差所造成的损失。

（4）被保险货物的自然损耗、本质缺陷、特性以及市价跌落、运输延迟所引起的损失或费用。

（5）本公司航空运输货物战争险条款和货物运输罢工条款规定的责任范围和除外责任。

（三）责任起讫

（1）本保险负"仓至仓"责任，自被保险货物运离保险单所载明的起运地仓库或储存处所开始运输时生效，包括正常运输过程中的运输工具在内，直至该项货物运达保险单所载明目的地收货人的最后仓库或储存处所或被保险人用作分配、分派或非正常运输的其他储存处所为止。如未运抵上述仓库或储存处所，则以被保险货物在最后卸载地卸离飞机后满三十天为止。如在上述三十天内被保险的货物需要转运到非保险单所载明的目的地时，则以该项货物开始转运时终止。

（2）由于被保险人无法控制的运输延迟、绕道、被迫卸货、重行装载、转载或承运人运用运输契约赋予的权限所做的任何航行上的变更或终止运输契约，致使被保险货物运到非保险单所载目的地时，在被保险人及时将获知的情况通知保险人，并在必要时加缴保险费的情况下，本保险继续有效。保险责任按下述规定终止。

①被保险货物如在非保险单所载目的地出售，保险责任至交货时为止。但不论任何情况，均以被保险的货物在卸载地卸离飞机后满三十天为止。

②被保险货物在三十天期限内继续运往保险单所载原目的地或其他目的地时，保险责任仍按上述第（1）款的规定终止。

（四）被保险人的义务

被保险人应按照以下规定的应尽义务办理有关事项，如因未履行规定的义务而影响本公司利益时,本公司对有关损失有权拒绝赔偿。

(1) 当被保险货物运抵保险单所载目的地以后,被保险人应及时提货。当发现被保险货物遭受任何损失,应立即向保险单上所载明的检验、理赔代理人申请检验,如发现被保险货物整件短少或有明显残损痕迹,应即向承运人、受托人或有关当局索取货损货差证明。如果货损货差是由于承运人、受托人或其他有关方面的责任所造成,应以书面方式向他们提出索赔,必要时还需要取得延长时效的认证。

(2) 对遭受承保责任内危险的货物,应迅速采取合理的抢救措施,防止或减少货物损失。

(3) 在向保险人索赔时,必须提供下列单证:保险单正本、提单、发票、装箱单、磅码单、货损货差证明、检验报告及索赔清单。如涉及第三者责任还需要提供向责任方追偿的有关函电及其他必要单证或文件。

(五) 索赔期限

本保险索赔时效,从被保险货物在最后卸载地卸离飞机后起计算,最多不超过两年。

任务 6　国际货物运输保险实务

货物运输保险就是指投保人,或称被保险人,在货物装运以前,估定一定的投保金额,向承保人,或称保险人,即保险公司投保运输险。投保人按保险险别、投保金额及保险费率,向承保人支付保险费并领取保险单证。承保人负责对投保货物在运输过程遭受投保险别责任范围内的损失,按投保金额及损失程度赔偿保险单证的持有人。

根据上述概念,货物运输保险具体应经过以下步骤来完成。

一、确定投保责任

由谁负责办理保险并支付保险费,由有关贸易术语而决定投保责任。EXW、FCA、FAS、FOB、CFR、CPT 由买方负担投保责任,CIP、CIF、DAF、DES、DEQ、DDU、DDP 由卖方负担投保责任。

合同中的保险条款,以 CIF 为例,保险由卖方按发票金额的 110% 投保一切险、战争险,以中国人民保险公司 1981 年 1 月 1 日的有关海洋运输货物保险条款为准。

二、确定投保金额

投保金额是指发生损失后保险人所负担的最高赔偿金额,也是投保人计算保险费的依据。卖方应按 CIF 或 CIP 价格的总值另加 10% 作为投保金额。这增加部分的投保金额就是买方进行这笔交易所支付的费用和预期利润。如果买方要求较高的投保金额,保险公司同意承接,卖方也可接受,由此增加的保险费原则上应由买方支付。如果只知道货价和运费、CFR 或 CPT,则 CIF 或 CIP 价可以按下列公式计算:

CIF 或 CIP=CFR 或 CPT÷{1－[保险费率×(1＋投保加成率)]}

我国的进口货物投保金额,一般采用预约保险合同,按进口合同不同的贸易术语,计算公式如下。

进口 FOB(或 FCA)合同:

投保金额=FOB(或 FCA)×(1＋平均运费率＋平均保险费率)

进口 CFR(或 CPT)合同：
投保金额＝CFR(或 CPT)×(1＋平均保险费率)

三、交付保险费

保险公司收取保险费的计算方法是：

保险费＝保险金额×保险费率

保险费率是在货物损失率和赔偿率的基础上，参照国际保险市场保险费水平，并适当根据外贸发展需要而确定的。现在中国人民保险公司的保险费率是按照不同商品、不同目的地、不同运输工具和不同险别分别制定的。出口货物保险费率分为"一般货物费率"和"指明货物费率"两大类。凡是未列入"指明货物费率"中的货物，统统属"一般货物费率"的范围。此外，还有"战争险费率表"和"其他规定"。"其他规定"是解决上述三项费率表中不能解决的问题。

从上海海运一批景泰蓝到热那亚转运到米兰保一切险和战争险。

第一步：先查一般商品费率，海运到欧洲意大利的费率为 0.65％。

第二步：从指明货物费率表中查到景泰蓝加费 1％。

第三步：在战争险费率中查出海运战争险费率为 0.04％。

第四步：从其他规定中查明转运另加 0.15％的费率。

这批商品总的保险费率为：(0.65＋1＋0.04＋0.15)％＝1.84％。

如果货物至米兰 CIF 总金额为 10 000 美元，投保加成率为 10％，则保险费为：

10 000 美元×(1＋10％)×1.84％＝202.4 美元。

进口货物保险费率有"特约费率表"和"进口货物保险费率表"。"特约费率表"是针对与保险公司订有预约保险合同的外贸企业给予的优惠费率。

四、领取保险单据

保险单(insurance policy)是保险公司与投保人之间的一种合同，它规定了双方之间的权利和义务。保险单日期按惯例不得迟于货运单据的出单日。保险凭证是一种简化的保险单，它的背面不载明保险人与被保险人的权利和义务条款，其效力等同于保险单。还有一种比保险单凭证更为简化的单据是联合凭证，它是保险公司将承保的险别、保险金额以及保险编号加注在投保人的发票上，其他项目均以发票上列明为准。

预约保单(open policy)是一种预约保险合同，它适用于我国自国外进口货物，一经起运，我国保险公司即自动按预约保单所订立的条件承保。保险单出具后，如果内容有补充或修改，则需要出批单，粘贴在原保险单上，成为保险合同的不可分割的部分。保险单一经批改，保险公司即按批改的内容承担责任。

五、索赔

保险索赔时有发生，如进出口货物在保险责任有效期内发生属于保险责任范围的损失，被保险人可向保险公司提出索赔要求，称为保险索赔。

在 CIF 条件下，买方将办理一切索赔手续：(1)向保险公司发出损失通知；(2)向承运方及海关、港务当局索取货损和货差证明并提出索赔；(3)采取合理的施救、整理措施；(4)备妥索赔单证，如保险单正本、副本提单、发票、检验报告、承运人拒赔信件等。

买方对索赔要求,必须于装运货物的船到达提单所订的目的港后三十天内提出,必须提供经卖方同意的公证机构检验报告。货物如已加工,即丧失索赔权。

【应用案例 3-5-8】

> 上海某造纸厂以 CIF 条件向非洲出口一批纸张,因上海与非洲的湿度不同,货到目的地后因水分过分蒸发而使纸张无法使用,买方能否向卖方索赔?为什么?

小　　结

货物运输保险可分为海洋运输货物保险、陆上运输货物保险、航空运输货物保险和邮包运输货物保险。保险人和被保险人必须共同遵守保险的四个基本原则。

对海上货物运输保险而言,保险人承保的范围主要包括风险、损失和费用。风险分海上风险和外来风险。海上风险包括自然灾害和意外事故;外来风险包括一般外来风险和特殊外来风险。损失分全部损失和部分损失。全部损失包括实际全损与推定全损。部分损失包括单独海损和共同海损。费用分施救费用和救助费用。

中国人民保险公司海运货物保险的险别包括基本险和附加险两类。基本险包括平安险、水渍险和一切险;附加险别包括一般附加险和特殊附加险。目前,世界上有许多国家在海上保险业务中直接采用了英国伦敦保险业协会所制定的《协会货物条款》,或者在制定本国保险条款时参考或部分地采用了该条款,因此有必要了解《协会货物条款》和我国保险条款的异同。

在国际贸易中,陆上运输、航空运输、邮包运输的货物也都需要办理保险。

在海运货物保险的实际操作中,要注意办理保险的基本程序和有关事项。

综 合 训 练

一、单项选择题

1. 在海洋运输货物保险业务中,共同海损(　　)。
   A. 是部分损失的一种　　　　　　　B. 是全部损失的一种
   C. 有时为部分损失,有时为全部损失　D. 是推定全损
2. 根据我国"海洋货物运输保险条款"规定,"一切险"包括(　　)。
   A. 平安险加十一种一般附加险　　　B. 一切险加十一种一般附加险
   C. 水渍险加十一种一般附加险　　　D. 十一种一般附加险加特殊附加险
3. 预约保险以(　　)代替投保单,说明投保的一方已办理了投保手续。
   A. 提单　　　　　　　　　　　　　B. 国外的装运通知
   C. 大副收据　　　　　　　　　　　D. 买卖合同
4. 按国际保险市场惯例,投保金额通常在 CIF 总值的基础上(　　)。
   A. 加一成　　　B. 加二成　　　C. 加三成　　　D. 加四成
5. "仓至仓"条款是(　　)。
   A. 承运人负责运输起讫的条款　　　B. 保险人负责保险责任起讫的条款

C. 出口人负责缴获责任起讫的条款　　D. 进口人负责付款责任起讫的条款

6. 我国某公司出口稻谷一批,因保险事故被海水浸泡多时而丧失其原有用途,货到目的港后只能低价出售,这种损失属于(　　)。
A. 单独损失　　B. 共同损失　　C. 实际全损　　D. 推定全损

7. CIC"特殊附加险"是指在特殊情况下,要求保险公司承保的险别,(　　)。
A. 一般可以单独投保
B. 不能单独投保
C. 可单独投保两项以上的"特殊附加险"
D. 在被保险人同意的情况下,可以单独投保

8. 某批出口货物投保了水渍险,在运输过程中由于雨淋致使货物遭受部分损失,这样的损失保险公司将(　　)。
A. 负责赔偿整批货物
B. 负责赔偿被雨淋湿的部分
C. 不给予赔偿
D. 在被保险人同意的情况下,保险公司负责赔偿被雨淋湿的部分

9. 我方按 CIF 条件成交一批罐头食品,卖方投保时,按下列(　　)投保是正确的。
A. 平安险＋水渍险　　　　　　　　B. 一切险＋偷窃、提货不着险
C. 水渍险＋偷窃、提货不着险　　　D. 平安险＋一切险

10. 在短卸情况下,通常向(　　)提出索赔。
A. 卖方　　　　　　　　　　　　　B. 承运人
C. 保险公司和承运人　　　　　　　D. 卖方,保险公司和承运人

二、多项选择题

1. 海上货物保险中,除合同另有约定外,哪些原因造成货物损失,保险人不予赔偿(　　)。
A. 交货延迟　　　　　　　　　　　B. 被保险人的过失
C. 市场行情变化　　　　　　　　　D. 货物自然损耗

2. 出口茶叶,为防止运输途中串味,办理保险时,可投保(　　)。
A. 串味险　　B. 平安险加串味险　　C. 水渍险加串味险　　D. 一切险

3. 土畜产公司出口肠衣一批,为防止在运输途中因容器损坏而引起渗漏损失,保险时可投保(　　)。
A. 渗漏险　　B. 一切险　　C. 一切险加渗漏险　　D. 水渍险加渗漏险

4. 根据我国海洋运输保险条款规定,一般附加险包括(　　)。
A. 短量险　　　　　　　　　　　　B. 偷窃、提货不着险
C. 交货不到险　　　　　　　　　　D. 串味险

5. 我国海上货物保险的基本险种包括(　　)。
A. 平安险　　B. 战争险　　C. 水渍险　　D. 一切险

6. 共同海损分摊时,涉及的收益方包括(　　)。
A. 货方　　B. 船方　　C. 运费收取方　　D. 救助方

7. 在我国海洋运输货物保险业务中,下列(　　)险别均可适用"仓至仓"条款。
A. all risks　　B. WA or WPA　　C. FPA　　D. war risk

8. 在发生以下( )的情况时,可判定货物发生了实际全损。
A. 为避免实际全损所支出的费用与继续将货物运抵目的地的费用之和超过了保险价值
B. 货物发生了全部损失
C. 货物完全变质
D. 货物不可能归还被保险人

9. 运输工具在运输途中发生了搁浅、触礁、沉没等意外事故,不论意外发生之前或之后货物在海上遭遇恶劣气候、雷电、海啸等自然灾害造成被保险货物的部分损失,属于以下( )的承包范围。
A. 平安险　　　　B. 水渍险　　　　C. 一切险　　　　D. 附加险

10. 共同海损与单独海损的区别是( )。
A. 共同海损属于全部损失,单独海损属于部分损失
B. 共同海损由保险公司负责赔偿,单独海损由受损方自行承担
C. 共同海损是为了解除或减轻风险而人为造成的损失,单独还损是承保范围内的风险直接导致的损失
D. 共同海损由受益方按受益大小的比例分摊,单独海损由受损方自行承担

三、判断题

1. 海上保险业务的意外事故,仅局限于发生在海上的意外事故。( )
2. 保险利益是投保人所投保的保险标的。( )
3. 我国某公司按 CFR 贸易术语进口时,在国内投保了一切险,保险公司的责任起讫应为仓至仓。( )
4. 在海运货物保险业务中,仓至仓条款对驳船运输造成的损失,保险公司不承担责任。( )
5. 在国际贸易中,向保险公司投保一切险后,在运输途中由于任何外来原因造成的一切货损,均可向保险公司索赔。( )
6. 托运出口玻璃制品时,被保险人在投保一切险后,还应加保破碎险。( )
7. 海运保险单的转让,可以无须事前征得保险人的同意,经被保险人背书后而自由转让。( )
8. 保险公司对陆运战争险的承保责任起讫与海运战争险的承保责任都是"仓至仓"。( )
9. 如果被保险货物运达保险单所载明的目的地,收货人提货后即将货物转运,则保险公司的保险责任转运到达目的地仓库时中止。( )
10. 海运提单的签发日期应早于保险单的签发日期。( )

四、计算题

1. 某公司出口货物一批,原报价 USD2000/MT CFR C3% Sydney,客户要求改报 CIF C5% Sydney,按发票金额的110%投保一切险加保战争险。经查,一切险和战争险的保险费率分别为0.8%和0.4%。试计算 CIF C5% Sydney 的价格?

2. 我方以 50 美元/袋 CIF 新加坡出口某商品 1000 袋,货物出口前,由我方向中国人民保险公司投保水渍险、串味险及淡水雨淋险,保险费率分别为 0.6%、0.2%和0.3%,按发票金额110%投保。该批货物的投保金额和保险费各是多少?

五、案例分析题

1. 我方按 CIF 出口银铃牌餐具 100 箱,投保平安险。在装船时有 10 箱因吊钩脱落而落海。请问:

(1) 对此损失保险公司是否赔付,为什么?

(2) 如果按 CFR 条件成交,结果又如何?

2. 某外贸公司按 CIF 术语出口一批货物,装运前已向保险公司按发票总值 110% 投保平安险,6 月初货物装妥顺利开航。载货船舶于 6 月 13 日在海上遇到暴风雨,致使一部分货物受到水渍毁损,损失价值 2100 美元。数日后,该轮又突然触礁,致使该批货物又遭到部分损失,损失价值为 8000 美元。请问:

保险公司对该批货物的损失是否赔偿?为什么?

子项目六　国际结算条款

【学习目标】

知识目标:

1. 熟悉票据的概念和特征;了解汇票的种类、票据法;掌握汇票的概念、要项、当事人;理解各种票据行为;熟悉支票的概念;了解本票概念和要项。

2. 了解汇款的含义和种类,掌握电汇的种类、业务操作流程。

3. 熟悉托收概念、掌握托收的分类,及各种跟单托收方式的操作流程。

4. 掌握信用证的定义、特点、当事人、要项、业务流程及分类。

5. 了解《托收统一规则》(1996 年)、《跟单信用证统一惯例》(2007 年)对托收和信用证两种结算方式的相关规定。

能力目标:

能够简单地填写汇票;能够根据实际贸易情况和业务的需要选择合适的支付方式;能以受益人(出口商)身份根据合同审核信用证,找出不合理条款并提出修改意见。

【重点、难点】

重点:汇票的必要项目;T/T 和 D/D 的流程;托收的分类;信用证的概念、特点、流程、要项、分类。

难点:托收的分类;信用证的业务流程。

【任务情景】

贸易磋商过程再现

2015 年 11 月月初,上海某阀门进出口有限公司参加广交会,与一法籍潜在客户约见,双方就结算方式发生争议。我方建议使用前 T/T 全额预付,但客户提出执行起来有困难,我方做出让步,建议信用证结算,由法商开来信用证,我方交单议付,客户又指出不用如此麻烦,可以采用 D/A,我方当然不愿意,提出如果觉得信用证麻烦,也不必采用 D/A,可以采用 D/P 即期也行。客户并不同意,提议使用 D/P90 天最好,我方同意让步,但建议最好能够彼此互相退让一步,我方同意 D/P 远期,但有两点:(1)按照国际惯例 30% 预付;(2)D/P 期限缩短为 D/P30 天。法商同意。于是最终双方以 30% 前 T/T,70% 金额 D/P30 天。

任务1 国际结算的工具

一、票据的概述

（一）票据的定义

国际结算是为了清偿国际债权债务关系，而发生在不同国家或地区之间的货币收付活动。在国际结算过程中，需要用到一系列票据作为结算的工具。

广义上的票据是指商业上的权利单据，即用来表明某人对不在其实际控制下的资金或物资所有权的书面凭证，如车票、发票、股票、债券、汇票等；而狭义上的票据是指出票人委托他人或自己承诺在特定时期向指定人或持票人无条件支付一定款项的书面证明，常用的狭义上的票据有汇票、本票和支票。

（二）票据的性质

票据具有以下性质。

1. 设权性

票据开立的目的是设定票据上的权利与义务关系，票据上的权利与义务关系在票据做成之前并不存在，它是在票据做成的同时产生的。也就是持票人的票据权利随票据的设立而产生。

2. 要式性

票据是一种要式证券，即票据的制作必须具备法定的必要形式和内容。在形式上，必要项目齐全；在内容上，必要项目的记载也必须符合规定。只有这样，票据才能产生票据的效力。各国的票据法对这些必要项目都已做了详细的规定。

3. 文义性

票据权利、义务依据票据上文字的含义解释，不受票据上所在文字以外事由的影响。

4. 流通转让性

票据是一种可以转让流通的有价证券。根据《英国票据法》规定：除非票据上写出"禁止转让"字样，或有不可转让的意旨以外，持票人以正当手段取得票据后，都有权将其转让他人。具体表现为以下四点：①票据权利通过直接交付或者背书后交付进行转让；②票据转让后不必通知债务人；③受让人获得票据上全部权利，比如说债务人拒不付款，可以向上行使追索权；④善意支付对价的受让人的权利不因前手票据权利的缺陷而受影响。

5. 无因性

就票据的产生和流通而言，我们可能会提出两个原因关系来思考：一是持票人为什么会获得票据；二是付款人为什么会帮出票人付款。持票人可能因为之前的债权原因获得票据，又或者因为向出票人或前手出售了商品而获得票据；而付款人之所以替出票人偿还债务，是因为付款人是出票人的账户行，出票人在该行有存款，又或者有意向出票人贷款；或者付款人是出票人的债务人。

这里所讲票据的无因性，是指持票人行使票据权利时，无须证明其取得票据的原因。所以我们称票据是一种无因的证券，只要票据具备法定要式，只要票据本身合格，持票人就能够享有票据的权利。也就是说，票据一旦出票并进入流通，票据上的权利和义务便和其原因分离,成为独立的债权债务关系,债务人无权了解持票人取得票据的原因,应无条件支付款项,持票人也无须说明取得票据的原因。票据的无因性使得票据顺利流通。

6. 金钱性(或有价性)

票据是以货币金额为付给标的物的有价证券,它必须以一定的货币金额表现并支付,而不能用实物或其他形式替代。

7. 返还性

持票人得到付款人支付的票款时,应将签收的票据交还付款人或者是被追索人。由于票据的返还性,所以它不能无限期的流通,而是在到期日被付款后结束其流通。

(三)票据的作用

1. 结算功能

结算功能,又称为支付功能,是票据的基本功能,是指在经济交易中,用票据代替现金支付,以达到清偿债权债务关系。

2. 信用功能

票据的信用功能,是票据的核心功能,票据本身没有价值,它是建立在信用基础之上的书面支付凭证。它承诺在将来付款,见票即付,或者是在指定日期付款,这种承诺实际上就是一种信用。

3. 流通功能

票据的无因性和流通转让性让票据具有了转手的可能性,或者直接交付,或者背书转让。但这种转让必须经受让人(即债权人)的允许,才能进行。即在债权债务关系中,债务人要用票据偿还债务,必须经过债权人的同意,才能用票据清偿。不需要通知债务人,但必须经债权人的同意方可。

4. 融资功能

这种功能实际上是指对未到期承兑汇票的买卖行为,即票据的持有者将未到期的票据出卖而得到现金的行为,也就是票据的贴现和再贴现,此外,还可以以票据为抵押,从银行取得贷款——如出口押汇。

5. 汇兑功能

实现了货币国际的转移,克服了资金收付的地域间隔。异地结算,一方存,一方取,减少先进往返运送,从而避免风险,节约费用。

(四)票据的法律体系

1. 票据法及两大票据法律体系

票据是一种具有自身特点的有价证券,其各种法律关系也具有一定的特殊性,绝大多数国家都制定了票据法,用以规范票据的种类、形式、内容及当事人权利义务等事项。目前,最有代表性的两大票据法系,即以《英国票据法》为代表的英美法系和以《日内瓦统一汇票、本票法公约》为代表的大陆法系。

目前,采用英美票据法系的国家和地区有英国、爱尔兰、澳大利亚、新西兰、中国香港、新加坡、印度、美国、加拿大等;采用大陆法系的国家有法国、德国、瑞士、瑞典、意大利、荷兰、挪威、葡萄牙、西班牙、奥地利、比利时、丹麦、芬兰、土耳其、希腊、冰岛、波兰、匈牙利、日本、韩国、泰国、印度尼西亚等。

两大票据法律体系在票据的分类、持票人的权利、对伪造背书的处理、提示和承兑的实效等很多方面的规定存在差异,这实际上妨碍了国际经济交往的顺利进行,不利于票据在国际市场上的流通和转让,在一定程度上影响了国际结算的进行。联合国国际贸易法委员会从1971年就开始着手统一各国的票据法,但至今距离统一票据法的目标还有一定距离。

2.《中华人民共和国票据法》

《中华人民共和国票据法》于1996年1月1日起实施,2004年8月进行了修订,在很多方面综合了英美票据法系和大陆法系的有关规定,并总结了我国票据使用的实践经验,既符合国际标准,又适合中国国情。

二、票据行为

票据行为有很多,可以分成两类:主票据行为和附属票据行为。主票据行为是指该行为是其他票据行为得以发生的基础;附属票据行为是其他在主票据行为基础上发生的行为。这里以汇票为例,讲解票据行为。

(一) 出票

出票(issue)就是出票人做成汇票并把票据交付给收款人的行为。通过出票行为,出票人确立了其主债务人的地位,承担第一性付款责任,担保该票据到期将得到承兑或付款,如果收款人遭到拒付,出票人将面临被追索,应承担票款的付款责任;付款人在出票人的出票行为过后,成为票据的次要债务人,付款人并不承担付款的必然责任,可以根据持票人提示时与出票人的资金关系来决定是否付款或承兑,但一经承兑,就必须承担付款责任;而收款人因为出票人的出票行为,成为票据的法定债权人,取得了一切权利,包括付款请求权和追索权。

(二) 提示

提示(presentation)是指持票人向付款人出示票据行使权利,要求承兑或要求付款的行为,包括承兑提示和付款提示。

(三) 付款

付款(payment)可以说是票据的最终目的,是付款人履行汇票责任的行为。即期汇票,付款人应当在持票人提示时付款;远期汇票,付款人经过承兑后,在汇票到期日付款。汇票经付款人或承兑人正当付款以后,汇票责任即告解除。

(四) 拒付和追索

拒付(dishonor)也称为退票,是付款人在持票人提示承兑或付款时,拒绝承兑或拒绝付款的行为。承兑人或付款人死亡或宣告破产,以致付款事实上已经不可能的情况,也视为拒付。

一旦发生退票,持票人就有权行使追索权,向背书人和出票人追索(recourse)。持票人在遭到拒付后3日内做成证明拒付事实的公证证书——拒绝证书(我国虽没有法律的规定,但习惯3日内做成),然后在取得拒绝证书的3日内,将拒付的事实告知所有背书人和出票人,使被追索人(债务人)及早知道拒付,以便做好被追索的准备。

【应用案例3-6-1】

某年7月甲公司向乙公司销售货物价值7.7万美元的商品,7月15日,乙公司作为出票人向甲公司开出以丙银行为付款人,甲公司为收款人的指示性抬头定日付款汇票,金额为7.7万美元,付款日为9月15日。8月3日,收款人甲公司将汇票背书转让给丁公司,8月7日,丁公司再背书转让给戊公司。戊公司于到期日向丙银行做付款提示遭拒绝。戊公司及时做成拒绝证书,并通知全部前手,向出票人乙公司行使追索权,但乙公司以收到的货物与合同不符为理由拒绝偿付票款。试问,戊公司和乙公司的做法是否合理?

(五) 背书

背书(endorsement),是持票人在票据背面签名,或再加上受让人(即被背书人)的名字,并把汇票交给受让人的行为。背书行为实际上是针对指示性抬头的票据而言的,是转让该类型票据的一种法定手续。

在背书这个票据行为中,背书人要向其后手担保前手签名的真实性,以及票据的有效性,背书人一旦签字,就必须对票据的债务负责;背书人还需要对被背书人担保承兑和付款,保证被背书人能够得到全部的权利,即持票人一旦被拒,可向背书人追索。而被背书人在背书行为过后得到票据上全部的权利,而且前手越多,则其得到权利的保证越多。

背书可分成两类:转让背书和非转让背书。

1. 转让背书

转让背书,顾名思义,就是指以转让票据权利为目的的背书类型,有以下几类。

(1) 记名背书,是指记载有被背书人名称的背书行为。

```
      PAY TO THE ORDER OF X COMPANY
              (SIGNED)
            FOR A COMPANY
             NOV. 12, 2015
```

(2) 无记名背书。又称空白背书,是指持票人仅在票据的背面签名,而不注明被背书人的名称的背书行为。在我们国家不承认该类背书。

```
              (SIGNED)
            FOR B COMPANY
             NOV. 13, 2015
```

(3) 限制背书。限制背书是指限定某人为被背书人,或者记载有不得转让字样的背书。《英国票据法》规定限制背书的票据,票据的受让人无权再将票据转让他人,《日内瓦统一汇票、本票法公约》承认不得转让的背书,也允许不得转让的背书再次进入流通,不过原背书人,即作限制背书的背书人只对其直接后手负责,对其他后手不承担责任;我国票据法与《日内瓦统一汇票、本票法公约》规定一致。

```
PAY TO Z COMPANY NOT TRANSFERABLE
           (SIGNED)
         FOR C COMPANY
          NOV.14,2015
```

(4) 有条件背书。有条件背书是指背书带有条件的,被背书人要享有票据权利,必须以履行附加条件为前提,多数国家规定附带了条件的背书无效,我国票据法规定有条件的背书行为是有效的,但背书条件无效。

```
     PAY TO THE ORDER OF Y COMPANY
     ON DELIVERY OF BILL OF LADING NO.123
              (SIGNED)
            FOR D COMPANY
             NOV.15,2015
```

2. 非转让背书

非转让背书是指以非转让票据权利为目的的背书行为。具体来说有以下两种。

(1) 委托收款背书。委托收款背书又称为托收背书,是指记载有"委托收款"字样的背书。在这种背书中,背书人就是代理权授予人,也就是被代理人,被背书人就是代理人,被背书人无权再将票据背书转让,因为票据的所有权利仍属于背书人,而不是被背书人。

```
  PAY TO THE ORDER OF W BANK FOR COLLECTION
                (SIGNED)
              FOR E COMPANY
               NOV.16,2015
```

(2) 设定质押背书。设定质押背书又称为设质背书,或质权背书,是指记载有"质押"字样的背书,是背书人以在票据权利上设定质权为目的而做成的背书。这类背书的目的是作为抵押,保证偿债。

(六) 承兑

承兑(acceptance)是指远期汇票的付款人在汇票上签名,同意按出票人的指示到期付款的行为,其实就是付款人对在汇票到期日支付汇票金额的一种承诺。承兑行为是远期汇票特有的一种票据行为,定日付款和出票后定期付款的汇票都是到期日前提示承兑即可,而见票后定期付款的汇票需要在出票后一个月内提示承兑。无论哪一种远期汇票,付款人在被提示承兑后,均应当在收到提示承兑之日起3日内,予以承兑或者拒绝承兑。

```
           ACCEPTED
          NOV.17,2015
           (SIGNED)
         FOR F COMPANY
```

通过承兑行为,持票人得到了付款人对未来付款的进一步确认,收款得到了进一步的保障;付款人因此变成了票据的主债务人,承担到期付款的责任;而出票人由承兑前的主债务人变成了从债务人。

承兑分为普通承兑和保留承兑。

(1) 普通承兑,是指无保留地、无条件地予以确认的承兑。

(2) 保留承兑,是指在承兑时,对汇票的到期付款加上了某些保留条件或对票据文义加以修改的承兑。又分为有条件的承兑、部分承兑、修改付款期限的承兑和限制地点的承兑。

我国规定付款人承兑汇票不能附有任何条件,否则,视为拒绝承兑。

三、汇票

(一) 汇票的含义

《中华人民共和国票据法》第19条规定:汇票是出票人签发的,委托付款人在见票时或者在指定日期无条件支付确定的金额给收款人或者持票人的票据。其实质就是出票人无条件付款的书面命令。

(二) 汇票的内容

《中华人民共和国票据法》第22条有规定:

汇票必须记载下列事项:①表明"汇票"的字样;②无条件支付的委托;③确定的金额;④付款人名称;⑤收款人名称;⑥出票日期;⑦出票人签章。

汇票样本如图3-6-1所示。

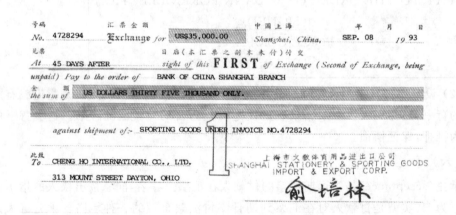

图 3-6-1　汇票样本

1. "汇票"的字样

常用汇票的英文表达有 bill of exchange、exchange、draft。其中 bill of exchange、exchange 常用于汇票本身,而 draft 更多地用在信用证对汇票的描述里。

2. 无条件支付的委托

无条件支付的委托,实则可理解为无条件支付的命令。其中,包含两层意思:这是一种"命令",而非"请求";支付必须是"无条件的"。

1) "命令"而非"请求"

英文的命令是 order,所以在英文汇票的表达中,应该用祈使句,如果出于礼貌加上

"please"亦可,但绝对不可以用虚拟语气的句子。

(1) Pay to B Co. or order the sum of 5 thousand pounds. (命令,有效)

(2) Please pay to B Co. or order the sum of 5 thousand pounds. (please 表示礼貌,仍然为命令,有效)

(3) I will be very pleased if you pay to B Co. or order the sum of 5 thousand pounds. (请求,无效)

2) 支付必须是"无条件的"

不能以收款人履行某项行为为前提,否则票据无效。

(1) Pay to B Co. or order the sum of 5 thousand pound only. (无条件付款,有效)

(2) Pay to B Co. or order the sum of 5 thousand pound and debit our a/c with you. (注明付款后如何如何,无条件付款,有效)

(3) Pay to B Co. or order the sum of 5 thousand pound only if the goods they supplied are complied with contract No. 123. (以对方的货物与合同相符为条件,无效)

(4) Pay to B Co. or order the sum of 5 thousand pound only from our No. 1 account with you. (注明从某账户进行付款的命令,有条件付款,无效)

3. 确定的金额

汇票上的金额一定要是一个以金钱表示的确定的金额,而且大小写必须一致,这里所说确定的金额,或者是一个确定的数字,或者是通过一定的计算可以获得的确定的数字。

4. 付款人名称

付款人(drawee)是指票据上载明的承担付款责任的人,也就是根据持票人的命令支付票据金额的人。一般情况下,付款人和出票人是不同的当事人,但实务中,也可能出现付款人与出票人是同一人的特殊情况。此时,持票人可以选择将其当作本票看待。

5. 收款人名称

收款人(payee)名称,即汇票的抬头。实务中,收款人的填写方法有三种。

1) 来人抬头

谁持有该类汇票,都有权要求付款人付款。来人抬头无须背书即可转让,即只要通过直接交付就可实现转让,具体来说,来人抬头的汇票可以用如下两种表示方式:"pay to bearer"或"pay to A Co. or bearer"。由于来人抬头的汇票容易因丢失而被他人冒领,收款人的权利缺乏保障,所以在我们国家习惯上不做这种抬头。

2) 指示性抬头

指示性抬头是指可以由收款人或其指定人提示取款的汇票,收款人可以通过背书将汇票转让给他人,由受让人以持票人的身份取款。这种汇票既可以流通转让,又可以要求背书,具有一定的转让条件,使转让更加可靠和安全,在实务中使用量最大。常用的表达方式有 pay to order of A Co. ,pay to A Co. or order 或 Pay to A Co.。其中,最后一种做法习惯上称为记名抬头,虽然没有 order(指定人)的字样,但收款人仍有权将票据背书转让。

3) 限制性抬头

这种抬头的汇票只限于付款给指定对的收款人,即票据的债务人只对记明的收款人负责。因此,限制性抬头的汇票不可流通转让。该种抬头的汇票上常见的表达有 pay to A Co. only 或 pay to A Co. not transferable 等。

实务中,收款人也可以是出票人自己,比如信用证业务中,出口商常常既是汇票的出票人,又是汇票的收款人。

6. 出票日期

出票日期是指汇票签发的具体时间。出票日期在使用中,有三个方面的操作意义:(1)确定汇票的提示期限,如见票即付的汇票在出票后1个月内需要提示付款;(2)计算汇票的到期日,如出票后3个月付款汇票需要出票日期算出最终的到期日;(3)判断出票人出票时的行为能力。

7. 出票人签章

出票人在票据上签字,承认自己的债务,票据责任的承担以签字为依据。如果个人代理所在公司签字,应在公司名称前加"for, on behalf of, for or on behalf of"字样,并在个人签字后写上职务名称。例如:

```
        Jonny White, Manager
        For A Co., Ltd., London
```

(三)汇票的类型

1. 按付款期限划分

(1)即期汇票(sight draft, demand draft),是指付款人见票即付的汇票。如果汇票上没有说明,则一律视为即期汇票。

(2)远期汇票(time bill, usance bill),是指载明一定期间或特定日期付款的汇票,一般需要持票人及时向付款人做承兑提示。

2. 按是否有货运单据划分

(1)光票(clean bill),是指不附有货运单据的汇票,在贸易实务中,银行汇票多为光票。

(2)跟单汇票(documentary bill),是指附有货运单据的汇票,这类型汇票的付款人必须付清票款,才能取得货运的单据用以提货,不付清,则无法提货。

3. 按出票人划分

(1)银行汇票(banker's bill),是指出票人和付款人都是银行的汇票。这类汇票以银行信用为基础,风险小,流通性高。

(2)商业汇票(commercial bill),是指出票人是公司、个人或银行的汇票。在国际结算中,出口商常常开立汇票。

4. 按承兑人划分

(1)银行承兑汇票(banker's acceptance bill),是指由银行承兑的远期汇票,它建立在银行信用的基础上。这里需要注意,银行承兑汇票可以是银行汇票,也可以是商业汇票。银行承兑汇票如图3-6-2所示。

(2)商业承兑汇票(trader's acceptance bill),是指商号承兑的远期汇票,以商业信用为基础。

四、本票和支票

(一)本票

本票(promissory note),又称为期票。《英国票据法》的定义是:本票是一人向另一人

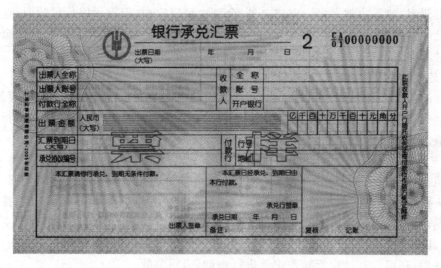

图 3-6-2　银行承兑汇票

签发的,保证即期或定期或在可以确定的将来时间,对某人或其指定人或执票来人支付一定金额的无条件的书面承诺。《日内瓦统一汇票、本票法公约》中本票的定义仅比汇票少了付款人的规定。

《中华人民共和国票据法》第73条规定:本票是出票人签发的,承诺自己在见票时无条件支付确定的金额给收款人或者持票人的票据。从本质上来说,本票是出票人的一种无条件的付款承诺。

本票的基本当事人只有两个:出票人和收款人。《中华人民共和国票据法》第75条规定:

本票必须记载:①表明"本票"的字样;②无条件支付的承诺;③确定的金额;④收款人名称;⑤出票日期;⑥出票人签名。

本票可以根据出票人不同分为商业本票和银行本票,企业、个人签发的本票为商业本票,银行签发的本票为银行本票。商业本票有即期、远期之分,银行本票均为即期的。《中华人民共和国票据法》中,本票仅指银行本票。

(二)支票

1. 支票的含义

支票(check)是一种国内常用的结算工具,企业使用支票进行结算非常方便。《中华人民共和国票据法》第81条规定:支票是出票人签发的,委托办理支票存款业务的银行或者其他金融机构在见票时,无条件支付确定的金额给收款人或持票人的票据。简单来说,支票是银行为付款人的即期汇票,也可以将支票理解为银行存款户根据协定向银行签发的无条件支付命令。

《中华人民共和国票据法》第84条规定:

支票必须记载以下事项:①表明"支票"的字样;②无条件支付的委托;③确定的金额;④付款人名称;⑤出票日期;⑥出票人签章。

和汇票一样,支票基本当事人有三个:出票人、收款人和付款人。但收款人并非支票的必要记载项目,这一项可以空白不填,也可以填上;而付款人特指办理支票存款业务的银行或其他金融机构。

在出票时,除了收款人可以空白之外,金额也可以空白,但提示银行付款时,这个项目必须是已经填好的,否则票据无效,因为金额也是支票的必要记载项目。而且该金额不得超过其付款时在付款人处实有的存款金额,否则即为空头支票,付款人不予付款。

2. 支票出票人应具备一定的条件

支票的出票人必须是银行的存款户,而且出票人必须在银行户头有足够的存款,否则就成了空头支票,此外,出票人与存款银行签订有使用支票的协议,使用存款银行统一印制的支票。

3. 支票的类型

按照支票收款人的不同,也就是抬头不同,可以分为记名支票和无记名支票(又称为空白抬头支票或空白支票);按照出票人的不同,可以分为银行支票和私人支票;按照是否保付不同,可以分为不保付支票和保付支票;按照使用方式不同又可以分为现金支票和转账支票,其中转账支票只能通过银行进行转账,相对比较安全,可以查询款项去向,若丢失后被人冒领,还可以通过银行转账记录进行查询,追回票款。

这里要特别指出的是划线支票(crossed check)。划线支票是在支票正面画两道平行线的支票。划线支票与一般支票不同。一般支票可委托银行收款入账。而划线支票只能委托银行代收票款入账,这一点和转账支票很像,普通支票可以通过画线这一支票中特有的票据行为,变成划线支票,在被人冒领时,可通过银行代收的线索追回票款。

任务 2 国际结算的方式

常见并且传统的国际结算方式主要有汇款、托收和信用证,其中汇款和托收均建立在商业信用的基础上,而信用证结算方式则以银行信用为基础。

一、汇款

(一)汇款的概述

1. 汇款的定义

汇款(remittance)又称汇付,是指汇出行应汇款人(外贸业务中的进口方)的要求,以一定的方式将一定的金额,通过其国外联行或代理行作为汇入行,付给收款人(外贸业务中的出口方)的一种结算方式。

2. 汇款的当事人

汇款业务的基本当事人一共有四个。

1) 汇款人(remitter)

汇款人是进出口双方中的进口方,即债权债务关系中的债务人。在汇款业务中,主要负责填写汇款申请书、交款付费。

2) 汇出行(remitting bank)

汇出行是指接受汇款人的委托,办理汇出汇款业务,将款项汇出的银行。在汇款业务中,汇出行需要仔细审查汇款申请书的内容,如果存在影响汇款顺利解付的问题,要求汇款人补充和更改,如果没有问题,汇出行要按照汇款人的要求将款项通过一定途径汇给收款人,办理汇出汇款。

3) 汇入行(paying bank)

汇入行也称解付行,接受汇出行的委托,协助办理汇款业务的银行。汇入行通常是汇出行的联行或代理行。汇入行在汇入汇款时,首先要证实汇出行委托付款指示的真实性;其次要通知收款人前来取款;最后,当然还要付款给收款人(一般在头寸到位后再解付)。

4) 收款人(payee)

收款人也就是进出口业务中的出口方,又叫作受益人,是款项的最终接受者,也就是债权债务关系中的债权人。

(二)汇款的种类及业务流程

根据汇出行通知汇入行付款方式的不同,汇款可以分为电汇、信汇和票汇。

1. 电汇(T/T)

电汇(telegraphic transfer,简称 T/T)是汇出行应汇款人的申请,通过加押电传或环球同业银行金融电讯协会(SWIFT)方式,指示或授权汇入行支付一定金额给收款人的汇款方式。目前银行一般都采用 SWIFT 系统来操作电汇。电汇相对来说较为安全、高速,但收费相对较高。

电汇业务流程图如图3-6-3所示。

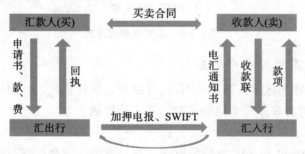

图 3-6-3 电汇业务流程图

2. 信汇(M/T)

信汇(mail transfer,简称 M/T)是指汇出行应汇款人的申请,用航空信函指示汇入行解付一定金额给收款人的汇款方式。但现在这种汇款方式传送速度慢,而且信函易在途中耽搁或遗失,因此已经不多用了。

信汇业务流程图如图3-6-4所示。

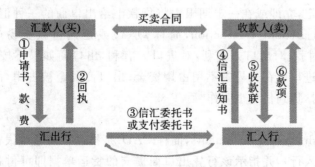

图 3-6-4 信汇业务流程图

3. 票汇(D/D)

票汇(remittance by banker's demand draft,简称 D/D)是指汇出行应汇款人的申请,

开出银行即期汇票交给汇款人,由其自行携带出国或寄送给收款人凭票取款的汇款方式。票汇具有很大的灵活性,只要抬头允许,持票人取得票据后,可以通过背书转让给其他人,但同时,汇票也有遗失和被窃的风险。

票汇中的汇票虽然是一张银行即期汇票,但票汇作为汇款的一种具体方式,仍然以商业信用为基础。

票汇业务流程图如图3-6-5所示。

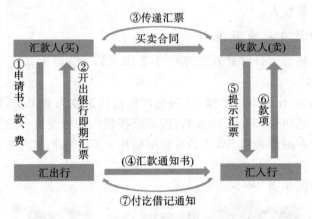

图 3-6-5 票汇业务流程图

(三) 汇款在国际贸易中的应用

根据货款和货物到达时间顺序的不同,可以分为预付货款、货到付款和交单付现三种类型,三种类型下买卖双方所承担的风险都是不一样的。

1. 预付货款

预付货款(payment in advance)是指进口商先将货款的全部或一部分汇给出口商,出口商收到货款后,按约定的时间将货物发运给进口商的一种汇款结算方式。预付货款是对于进口商而言的,对于出口商来说则是预收货款,这是一种对出口方有利,对进口方不利的结算安排,是对进口商的一种约束,如果进口商违约,出口商就可以没收该预收款项。采用电汇时,预付货款也被称为"前 T/T"。

2. 货到付款

货到付款(payment after arrival of the goods)是指进口商在收到出口商发出的货物之后,按照合同规定,立即或在一定期限内将货款汇给出口商的一种汇款结算方式,又称为赊销交易(open account transaction,简称 O/A)或延期付款交易(deferred payment transaction)货到付款,对出口方不利,对进口方有利,出口商如果不按合同履约,进口商可以不付款,而且进口商在交易中不用占用资金;出口商资金被占用,而且要承担交易的风险。采用电汇时,货到付款也叫作"后 T/T"。

3. 交单付现

交单付现(cash against documents,简称 CAD)是指进口商通过银行将款项汇给出口商所在地银行(汇入行),并指示该行凭出口商提交的货运单据即可付款给出口商的一种结算方式。也就是说买方汇款后,卖方交单才能收取货款。交单付现平衡了进出口双方的风险,出口商只要及时交货,便可立即支取全部货款,而对于进口商来说,出口商只有提交了货运单据,才能支走货款,这是一种保障;但双方也都面临一定的风险,如出口商要承担进口商随时退汇的风险,而进口商要承担出口商的单据造假以及货物与合同不符的风险。

(四)汇款的偿付方式

汇款的偿付,即头寸(资金)的调拨,是指汇出行在发出付款委托后,向汇入行拨交头寸或偿付汇款行为。这既是汇出行的责任,也是衡量其信誉高低的重要标志。同时也是汇入行解付的前提条件,很多汇入行在向收款人解付之前都要确认已经得到偿付,以规避风险。汇款的偿付方式,当然在其他结算方式中,涉及两家银行之间款项移动的,也大多采用以下三种具体方式。

1. 账户行直接划拨头寸

1) 汇入行在汇出行有账户时,汇出行采用"主动贷记"的方式

汇入行在汇出行有账户时,汇出行只需要将汇款人交来款项存入汇入行的账户里即可。一般情况下,汇出行会向汇入行发出通知,告知:"In cover, we have credited you're a/c with us"。汇入行得知汇款已经拨入自己的账户,向收款人解付资金。

2) 汇出行在汇入行有账户时,采用"授权借记"的方式

汇出行在汇入行有账户时,汇出行会授权汇入行从自己的账户中取出相应的款项,交付收款人,一般情况下,汇出行会向汇入行发出这样的通知:"In cover, please debit our a/c with you"。汇入行得到授权,借记汇出行账户,然后向收款人付款,再向汇出行发送借记通知书,以供汇出行记账。

2. 通过共同账户行拨交头寸

当汇出行和汇入行之间没有直接的账户往来关系时,如果两者的账户行为同一家银行,我们称此银行为共同账户行。汇出行就会授权共同账户行把钱从其账户中取出,存入会入行的账户,即借记其自己的账户,并将相应资金贷记汇入行的账户,英文表达是:"In cover, we have authorized ×× bank to debit our a/c and credit your a/c with them"。

3. 通过账户行的共同账户行转账

在汇出行和汇入行没有直接联系,而且双方之间不存在共同账户行的情况下,通过它们各自的账户行的共同账户行进行转账。

二、托收

(一)托收的概述

1. 托收的定义

托收(collection)就是委托人向银行提交凭以收款的金融单据或(及)商业单据,委托托收行向付款人收取款项,并凭此向买方交单的一种结算方式。

2. 托收的当事人

托收的当事人一般有四个。

(1) 委托人(principal)也就是进出口业务中的出口方。

(2) 托收行(remitting bank)又称为委托行或寄单行,是指接受委托人委托,转托外国银行代为收款,传递指示,寄送单据的银行。

(3) 代收行(collecting bank)是指接受托收行的委托,向付款人办理收款并交单业务的银行,可能是付款人的账户行,也可能是托收行的联行或代理行,一般位于付款人所

(4) 付款人(drawee)也就是进出口双方中的进口方,根据交单条件付款的当事人。

(5) 托收当事人之间的关系。托收业务四个主要当事人之间的关系可以体现在以下几个方面:①委托人与付款人实际上就是买卖的双方,两者通过贸易合同缔结债权债务关系;②委托人与托收行之间通过托收申请书形成委托代理关系;③托收行与代收行之间也是委托代理关系,书面凭证是两者之间的托收委托书。

(二) 托收的种类及业务流程

1. 光票托收

光票托收(clean collection)是指仅凭金融票据而不附带有商业单据(主要指货运单据)的托收。这类托收不涉及货物的转移或处理,银行只需根据金融票据收款。光票托收并不一定不附带任何单据,有时也附有一些非货运单据,如发票、垫款清单等,这种情况仍被视为光票托收。

光票托收在实务中,一般用于小额款项的收回,如货款的尾款、样品费、佣金、代垫费用、进口赔款或从属费用等。光票托收有即期托收和远期托收,大多数为即期托收。

2. 跟单托收

跟单托收(documentary collection)是指附带有商业单据(主要指货物运输单据)的托收。跟单托收是以货权转移为条件的托收。这种托收业务中,金融票据在跟单托收中可有可无,没有的时候,仅凭票据进行托收,一般适用于彼此信任的客户之间,多数是即期跟单托收。

1) 付款交单(documents against payment,简称 D/P)

付款交单是指代收行以进口商的付款为条件向进口商交单。只有付了款,才可以交单,付款是交单的条件。按照付款的时间又可以将之分为即期付款交单和远期付款交单。

(1) 即期付款交单(D/P at sight)。在这种托收业务中,出口商开立即期汇票,或者不开,连同一定的单据交给托收行;托收行再发给代收行;代收行收到票据后,立即向进口商提示汇票和单据;进口商审核单据,付款;代收行收到款项后,将单据交付进口商。即期付款交单业务流程图如图 3-6-6 所示。

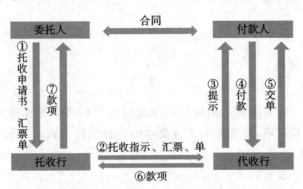

图 3-6-6 即期付款交单业务流程图

对于出口商而言,即期付款交单是所有托收方式中最有利的,而对于进口商来说,只要按期付款,就可以拿到商业单据。

即期付款交单中的汇票可有可无,在彼此信任的客户之间,为了减少印花税的开支,很多时候就免开汇票,仅凭单据提示付款。如果开汇票,汇票的出票人是委托人,也就是卖方。实务中,收款人常常做成代收行,付款人也就是买方,而且开出的汇票必然是一张即期汇票。

(2)远期付款交单(D/P at ×××days after sight)。远期付款交单中,出口商开具远期汇票,连同其他商业单据交给托收行;托收行将单据和汇票一起寄给代收行;代收行收到汇票和单据后,立即向进口商提示;进口商审单后,随即签字承兑;代收行收回汇票及单据;代收行于到期时再向进口商提示,要求其付款;进口商付款;代收行收到货款后向进口商放单。远期付款交单业务流程图如图 3-6-7 所示。

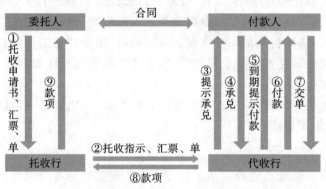

图 3-6-7　远期付款交单业务流程

远期付款交单,对于出口商而言,虽然没有即期付款交单那么有利,但相对于承兑交单方式来说仍然比较有利;对于进口商而言,要到汇票到期付款之后才能拿到商业单据。

远期付款交单业务中,一般都有汇票。与即期付款交单一样,远期付款交单出票人是委托人,付款人是买方,收款人常常做成代收行。远期付款交单中的汇票一定是商业远期汇票。

2) 承兑交单

承兑交单(documents against acceptance)是指代收行以进口商承兑为条件向进口商交单。换言之,即只要进口商对汇票承兑确认到期付款的责任,就能拿到代表物权的货运单据,相当于拿到了货物,然后待汇票承兑到期之日再履行付款责任。承兑交单的业务流程图如图 3-6-8 所示。

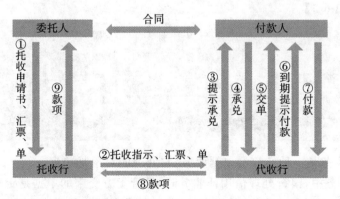

图 3-6-8　承兑交单的业务流程

对于出口商而言,在承兑交单的方式中交单后,无法约束进口商,风险较大。进口商在承兑后可能破产或者无力支付款项,或者是恶意拒付、延期支付,都会给出口商带来不利的影响。因此,非信誉可靠的客户,出口方是不愿意轻易采用这种条件交单的。而对于进口商而言,承兑交单的方式是十分有利的。

承兑交单中,一定会有汇票,而且汇票也都是商业远期汇票。

三、信用证

(一)信用证的含义

信用证(letter of credit,简称 L/C)是开证行按照进口商(申请人)的要求,向出口商(受益人)发出的,授权出口商签发以银行为付款人的汇票,保证在交来符合信用证条款规定的汇票和单据时,必定付款的保证文件。可以说,信用证就是银行开立的一种有条件的承诺付款的书面文件。受益人要取得款项,就必须以提供信用证规定的,并且其内容与信用证条款相符的单据。

在信用证业务中,银行代替进口商成为第一付款人,信用证是一种以银行信用为基础的结算方式,而且不可撤销。

(二)信用证的特点

信用证的特点也就是在处理信用证业务中应该遵循的基本原则。

1. 信用证是一种银行信用,开证行负有第一付款责任

信用证一旦开出,就是一种银行信用,而且不可以撤销,无论申请人到时付不付款,信用证的开证行都必须对受益人履行付款义务,这关系到银行的资信问题。

【应用案例 3-6-2】

> 我国某公司经通知行收到一份国外信用证,该公司按信用证要求将货物装船后,在尚未交单议付时,突然收到开证行的通知,称:"开证申请人(进口商)已经倒闭,本开证行不再承担付款责任。"那么开证行做法是否正确。

2. 信用证是一种自足文件,它不依附贸易合同而独立存在

信用证的开立以合同为基础,按照合同要求开立信用证,但一旦开立就独立存在,不受合同约束。

【应用案例 3-6-3】

> 我国苏州某纺织公司向美国出口一批冬被,合同规定 10 月份装船,后来国外开来信用证将船期定为 10 月 30 日前。但 10 月 30 日前无船去美国,我方立即要求美商将船期延至 11 月 30 日前装运。美商来电称:同意修改合同,将船期、有效期顺延 1 个月。我方于 11 月 25 日装船,11 月 30 日持全套单据向指定银行办理议付,但被该银行以单证不符为由拒付。试问该银行的做法合理吗?

3. 信用证业务是一种纯粹的单据业务,它处理的对象是单据

在信用证业务中,银行处理信用证业务时,只管卖方交来的单据是否在表面构成上与信用证要求相符,而不过问货物、单据真伪,以及贸易合同下的当事人是否履约。

【应用案例 3-6-4】

> 1942年，一进口商为购买花生，申请开立了一份信用证，规定的商品名称为"groundnut"，而出口商在装运后开出的发票却使用了"peanut"的货名，遭到银行拒付。出口商便以韦氏字典为证，称其对两个字的解释一字不差。但银行说"可能字典有误"，出口商又请油籽公会（当地权威公正机构）出具证明，说明两者相同，但银行仍然拒付。出口人不得不上告法院。请分析本案的判决结果。

（三）信用证的当事人

1. 开证申请人

开证申请人（applicant）也就是进出口双方的进口商，如果双方合同约定按照信用证结算，进口商就应该在合理的时间内，向进口商所在地的开证行申请开立信用证。在信用证业务结束之后，开证申请人在单证相符的情况下，要及时向开证行付款赎单，获得单据以获得货物。

2. 开证行

开证行（issuing bank）是指应开证申请人申请和要求，根据开证申请书开立信用证的银行，该行通过信用证，保证向出口商在相符交单的情况下付款。

开证行在信用证业务中承担的责任较大：首先，一旦开证，开证行就做了付款的承诺，即只要单据与信用证要求一致，就必须付款，即使这时候已经明明知道申请人破产或无力支付，都必须完成自己的付款义务；而且开证行的付款是没有追索权的，只能在付款前谨慎审单，如若事后发现单证不符，也不得追索，只可自己承担损失；此外，开证行对指定银行承担偿付责任。

当然开证行在付款之前，有权在交单的次日起五个银行工作日内审单，一次性指出全部不符点；而开证行在付款之后，申请人如果无力支付，可以控制货物，以减少损失。

【应用案例 3-6-5】

> 我国A公司向当地B银行申请开立以德国C公司为受益人的不可撤销即期付款信用证。其中对原产地证的要求：certificate of origin：european union countries（标明产地为欧洲联盟国家的原产地证明书）。开证行B银行按申请人指示开出了信用证。后来，全套单据到达开证行，经审单认为单证相符，并对外付款后要求申请人付款赎单，但申请人A公司认为产地证表明country of origin：France与信用证规定不符，而拒绝付款。试问：申请人A公司的拒付理由是否充分？为什么？

3. 通知行

通知行（advising bank/notifying bank）是指应开证行要求通知信用证或修改的银行。通知行一般位于卖方所在地，在信用证业务流程中，要从验明信用证的真实性，选择是否通知该信用证，决定代为通知之后，缮制通知书传递给受益人。

4. 议付行

议付行（negotiation bank）是指接受开证行的邀请，按照信用证的规定对单据进行谨慎、严格的审核，确定单证相符后向受益人垫付货款，并向信用证指定的银行索回垫付款项的银行。

在业务中,议付行议付后,有权凭相符单据向开证行要求偿付;如果开证行拒付,或者是开证行破产,或者无力支付的时候,议付行向受益人行使追索权。

5. 受益人

受益人(beneficiary)是信用证权利的合法享有者,是受到开证行付款保证的当事人,只要受益人按时提交符合信用证要求的单据,便可取得货款。此外,受益人也是信用证汇票的出票人。

在信用证业务下,受益人必须按合同要求发货并提交信用证要求的单据,做到单货、单证、单单相符。如果议付行在议付后,遭到开证行的拒付,受益人还要接受议付行的追索。

如果信用证与合同不符,或者有受益人无法完成的要求,受益人有权决定是否接受信用证,也有权要求进口商指示开证行修改信用证。当然,作为信用证利益的合法享有者,受益人有权要求开证行(第一付款人)或进口商(第二付款人,在开证行破产或无力付款时)付款。

6. 付款行

付款行(paying bank)是被开证行指定为信用证项下的汇票付款人,或者代开证行执行付款责任的银行。可以是开证行自己,也可以是保兑行,还可以是出口地银行或第三国的其他银行。如果开证行资信不佳,付款行有权拒绝代为付款。但是,付款行审单、付款行为没有追索权,不得向受益人追索,而只能向开证行索偿。

7. 保兑行

保兑行(confirming Bank)是根据开证行的授权或要求对信用证加具保兑的银行。一般是位于出口地资信较好的银行,通常是通知行,目的是为了增强信用证的可接受性。

在信用证业务中,保兑行与开证行同责,无先后之分,承担第一性付款责任,且没有追索权,和开证行的开证行为一样,一旦保兑便不得撤销;承担对指定银行的偿付责任。

保兑行有权决定是否对信用证保兑,也有权决定是否对修改保兑,但保兑行的决定不影响修改的成立,与开证行一样,保兑行有权审单,单据不符可以拒付。但是与开证行不一样的是,保兑行有权向开证行索偿,并要求开证行支付保兑费用,这是保兑行与开证行的区别。

【应用案例 3-6-6】

> 某公司接到一份经 B 银行保兑的不可撤销信用证。该公司按信用证规定办完装运手续备齐单据后,向 B 银行提交符合信用证各项要求的单据要求付款时,B 银行声称:该公司应该先要求开证行付款,如果开证行无力偿付时,则再由保兑行保证付款,因为开证行承担着第一性的付款责任。试问 B 银行的拒付是否合理?

【应用案例 3-6-7】

> 某银行于 2015 年 3 月 1 日开出了一份信用证,金额为 5 万美元,有效期到 2015 年 5 月 31 日,通知行应开证行要求保兑了信用证,2015 年 4 月 15 日信用

证金额增加了 23 万美元,有效期延展至 2015 年 7 月 31 日。试问该保兑行是否必须对信用证的增加额和展期进行保兑?如果该保兑行不愿意再加保兑,该保兑行应如何操作?

8. 偿付行

开证行与议付行之间没有账户往来关系,进行资金划拨就需要第三家银行辅助完成结算业务时,开证行就会指定一家银行对议付行进行偿付,被指定的这家银行就是偿付行(reimbursing bank)。偿付行实质上就是开证行的出纳银行,只负责偿付,不负责审核单据是否与信用证相符,它仅在收到索偿行的索偿书后,核实其是否与授权偿付书相符,若相符,即可支付。

(四)信用证的流程及信用证的修改

1. 信用证的业务流程

跟单信用证的业务流程因信用证的类型不同而不同,但基本环节大致相同。信用证业务流程(见图 3-6-9)一般有九个步骤。

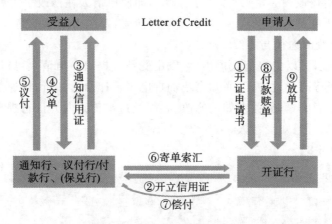

图 3-6-9 信用证业务流程图

说明:

(1)开证申请人通过开证申请书,向开证行申请开证,缴纳一定的担保金,要求开证行向受益人开立信用证。

(2)开证行开立信用证,将信用证传递给位于出口商所在地的通知行。

(3)通知行审核信用证的真实性后,通知受益人。

(4)受益人收到通知行的信息后,首先审核信用证的内容,判断是否与合同相符,以及是否存有软条款,确定无误之后,按规定条件交货,之后制作信用证规定的单据,并在规定的实践内,向议付行(或付款行)交单。

(5)议付行(或付款行)按照信用证条款审核受益人交来的单据,在单证相符、单单相符的条件下,当天垫款议付,有追索权地购买跟单汇票。

(6)议付行(或付款行)将汇票和单据寄往开证行(或偿付行)索汇。

(7)开证行(或偿付行)审单无误后,偿付议付行(或付款行)。

(8)开证行通知申请人付款赎单,申请人审核单据无误后,付款。

(9)开证行向申请人放单,申请人凭单取货。

2. 信用证的修改

信用证在开立之后,由于各种原因,可能需要对信用证某些条款进行修改,如受益人审核信用证后,发现有些条款与合同不一致,或者有些条款不能接受,可以要求申请人通过开证行对信用证进行修改。

1) 信用证修改规则

信用证的修改应该遵循如下修改规则。

（1）信用证的修改须经各主要当事人的全部同意,也就是开证行、申请人、受益人必须全部同意,修改才能够成立。

（2）开证行一旦发出修改通知书,即受修改书的约束,且与信用证一样,不得撤销。

（3）保兑行有权对修改不加保兑,保兑行不加保兑不影响该修改的成立；保兑行同意修改时,并不一定要对新的修改内容加以保兑,若不对修改保兑,应立即通知开证行和受益人。

（4）受益人应对修改内容发出接受或拒绝的表态,或者明确表明接受或拒绝的态度,或者在交单的时候用实际行动表示接受或拒绝。

（5）受益人对修改内容"沉默不等于接受",即使申请人在修改书中有声明。

（6）受益人不能部分接受修改,要么就全部接受,要么就全部拒绝。

2) 信用证修改的途径与手续

信用证的修改,可以由申请人提出,可以由受益人提出。申请人可以直接向开证行提出修改申请,开证行同意后,修改通知书或加押电报传递给通知行,再通知受益人,受益人同意修改,修改才能成立；受益人如需修改,必须通过申请人向开证行提出申请修改,再由开证行通过原通知行通知受益人。

【应用案例 3-6-8】

> 一份信用证于 2005 年 3 月 1 日开立,金额为 3 万美元,有效期至 2005 年 5 月 31 日,通知行应开证行的要求,保兑了信用证。2005 年 4 月 15 日,开证行发来信用证修改通知书,称:信用证额增加了 20 万美元,有效期延展至 2005 年 8 月 31 日。试问:保兑行是否必须对增加额及展期进行保兑？如果保兑行不愿意保兑,信用证修改是否有效？

（五）信用证的内容

可以将信用证的内容分成三大部分:关于信用证本身的内容、要求受益人履行的条件和其他项目。

1. 关于信用证本身的内容

信用证的本身内容也就是信用证中,关于信用证的各项要素的记载项目,是对信用证的各种描述项目。

（1）开证行（issuing bank）全称及详细地址。

（2）信用证号码（L/C number）。

（3）开证地点和日期（place and date of issue）。

（4）有效日期和地点（expiry date and place）。

所谓有效日期,也就是到期日,有效期,是指提交单据的截止日期,即议付的截止日期。在信用证中,交单不得迟于发运日后的21天内进行,同时任何情况下,也不得迟于信用证的到期日,两者以期限短的为准。

【应用案例3-6-9】

> 我国某外贸公司与英国某进口企业签订合同,出口一批货物数量为1500公吨,每公吨价格为GBP120 CIF London。英方通过开证行按时开来信用证。该信用证规定,货物总金额不得超过GBP 180 000,最迟装船期为当年8月5日,信用证有效期为当年8月31日,信用证根据国际商会跟单信用证统一惯例500号办理。我方于8月3日完成装船,并取得提单。试问:我方向银行交单的最后日期是哪一天?
>
> 有效地点是指交单地点,也就是到期地,是指单据必须在到期日或之前进行提示的地点,一般位于卖方(也就是受益人)所在地。

(5) 申请人(applicant,进口商)的全称和详细地址。
(6) 受益人(beneficiary,出口商)的全称和详细地址。
(7) 通知行(advising bank,一般为出口商所在地的银行)的全称和详细地址。
(8) 信用证金额(amount):一般情况下,要用大小写分别记载。
(9) 信用证的使用条款(credit available),是指信用证的兑现地点和兑现方式,包括:

①指定银行(nominated bank),也就是开证行指定的信用证可在其处兑用的银行,可以是保兑行、付款行、承兑行或者议付行。

②信用证类型(kinds of L/C):受益人取得货款的具体方式——即期付款、延期付款、承兑还是议付方式。

2. 要求受益人履行的条件

1) 汇票条款

若信用证要求出具汇票,必须在信用证中说明汇票的付款期限,以及付款人名称等内容。这是受益人作为出票人开立以银行为付款人的汇票的依据。

信用证项下汇票比较特别,首先,出票人与收款人为同一当事人:出票人是受益人,也就是卖方,而收款人也是卖方,两者重叠;其次,信用证项下汇票付款人一定是一家银行,多数是开证行。

2) 货物描述

货物描述是指信用证对货物的具体描述,也是受益人交货和交单的依据。一般包括货品名、品质规格、数量、单价以及包装、唛头、价格术语和合同号码等重要内容。

货物数量前面有about等词语时,则数量有10%增减付款。如以重量、长度、容积作为数量,则有5%的增减幅度,但任何时候应以信用证总金额为限,不得超过信用证的总金额。

3) 单据条款

单据条款是指信用证对信用证受益人在履行条件时,提供的单据的要求,包括单据的种类和份数,以及具体要求。常用的单据有商业发票、提单、保险单、装箱单,并视情况决定是否需要汇票,其中发票和提单在一般的交易中都有,采用CIF和CIP成交时,卖方除了发票和提单之外,还要提交保险单。

4) 运输条款

运输条款是指信用证对有关运输方面做出的规定。运输条款包括的内容:运输方式、装运地、目的地、最迟装运日期、分批装运、转运。

这里值得注意的是:同一运输工具、同次航程、运往相同目的地,同次提交数张运输单据,不被视为分批装运;如果信用证中没有注明是否允许分批装运和转运,则视为允许分批装运和转运。

3. 其他项目

1) 保证条款

保证条款是开证行在信用证中,用以单方面做出付款承诺的项目,表明其付款的责任。

2) 指示条款

指示条款是开证行对通知行、指定银行的指示。如:议付行何时何地通过何种方式获得偿付——贷记、借记在彼此银行里开设的账户;通知行是否对信用证加具保兑等。

3) 开证行签字

信开本信用证,由开证行有权签名人签字,并盖开证行章;电开本信用证中通过开证行密押来实现。

4) 特别条款

特别条款是开证行在开证时,在信用证中用以说明与《跟单信用证统一惯例》相悖的特殊要求。

(六) 信用证的类型

1. 按用途及是否随附物权单据分类

(1) 光票信用证:是指不附单据,受益人可以凭开立收据或汇票分批或一次在通知行领取款项的信用证。

(2) 跟单信用证:是指凭规定的单据或跟单汇票付款的信用证。

2. 按信用证的性质分类

(1) 不可撤销信用证。

(2) 可撤销信用证。

注:《跟单信用证统一惯例》规定,所有信用证都必须是不可撤销的。

3. 按信用证的兑现方式划分

1) 即期付款信用证

信用证规定受益人开立即期汇票,或不需要即期汇票仅凭单据就可以向开证行或指定银行提示,请求付款的信用证。开证行或指定银行收到符合信用证规定的单据后,立即履行付款义务。

即期付款信用证的付款行,可以是开证行自己,也可以指定出口地的银行。无论谁担当付款行的角色,都是没有追索权的,也就是说一旦付款便不能通过追索要回款项。而出口地银行担当付款行的情况对受益人有利,因为可以尽快取得货款且不会被追索。正因如此,外贸实务中越来越多地由出口地银行承担付款行的角色。

2) 延期(迟期)付款信用证

延期付款信用证是远期信用证的一种,也被称为无汇票远期信用证,是指开证行在信用证中规定货物装船后若干天付款,或受益人交单后若干天付款或者固定在将来日期付款的信用证。

延期付款信用证从交单日期到付款日期,时间较长,如一年以上或两年不等。到期受益人只要提交符合信用证规定的单据时,达到单单相符,单证相符的要求,银行必须按期付款,不得以任何理由,更不能以买方获得的产品质量有问题等而拒绝付款。受益人在这类型信用证业务中不开立远期汇票,不能在市场上进行贴现,保证受益人能够得到付款,开证银行一般会在信用证中载明保证条款,保证到期付款。在到期日前,指定银行要根据指示进行索偿,以保证到期日能够收到款项支付给受益人。

3) 承兑信用证

承兑信用证是指开证行或指定银行在收到符合信用证条款的单据及远期汇票后,予以承兑,等到汇票到期时再行付款的信用证。

这种信用证要求受益人开立以指定银行(承兑行)为付款人的远期汇票,连同规定的单据向承兑行做承兑交单,承兑行收下单据后将已承兑的汇票(或者以承兑通知书的形式)交还给受益人(或受益人的委托银行),并到期付款。

因为承兑信用证业务中存在远期汇票,这就涉及"承兑"的问题,指定的承兑银行可以是通知行,也可以是保兑行或开证行,但两种银行承担的责任不同,对是否承兑的选择权也不同:如果是通知行或其他银行,可以拒绝承兑;如果是保兑行或开证行,不得拒绝,必须承兑。无论是谁,只要承兑,承担到期付款;无论是谁付款,最终付款责任都在开证行。

使用承兑信用证大多是以远期付款为背景,卖方如果急需用钱,可以持远期汇票到市场上通过贴现获得资金融通,因此绝大多数贴现费用应该由卖方负担,但交易中存在买方负担的情况——假远期信用证。交易中买卖双方签订即期付款买卖合同,但买方出于自身的原因无法进行即期付款,要求开证行开立承兑信用证。卖方在收到此信用证后,开立远期汇票、备单、交单,接着受益人再将远期汇票拿到指定银行承兑,承兑后贴现,即获得货款。银行对承兑信用证承担到期付款责任,买方到期付款(相当于得到融资),费用由其负责。

在假远期信用证中,卖方(受益人)即期收到货款;买方(申请人)远期付款。所以,对卖方我们可以将假远期信用证视为即期信用证,对买方,可以将之视为远期信用证,而实质上,假远期信用证是一种承兑信用证。

4) 议付信用证(negotiation L/C)

议付信用证是其指定银行对受益人提交的相符单据进行议付的信用证。因为进行议付的银行不能是付款行,所以开证行不能自行议付。根据是否指定银行,可以将议付信用证分为限制议付信用证和自由议付信用证。

4. 按信用证是否有另一家银行加以保兑划分

1) 保兑信用证(confirmed credit)

保兑信用证是指除了开证行以外,有另一家银行承诺对相符交单履行承付或议付责任的信用证。

这种信用证对于受益人来说,相当于有了多一重的保险,因为信用证规定的单据交到保兑行或其他指定银行,且符合信用证条款,构成在开证行确定付款承诺以外的保兑行的确定付款承诺,这种承诺与开证行的承诺完全相同。进口商会因为保兑费用可能转嫁给进口商而不愿意开立这种信用证。开证行也会为了证明自己信誉良好,一般不愿意开立保兑信用证。

2) 不保兑信用证(unconfirmed credit)

不保兑信用证指只有开证行承担付款责任的信用证,国际上使用的信用证绝大多数都是不保兑信用证。一般通知行会在传递信用证的过程中加上免责的字句。

5. 可转让信用证(transferable credit)

转让信用证是指银行应受益人(第一受益人)的要求,可转让信用证可以全部或部分转让给其他受益人(第二受益人)兑用的信用证。即唯有开证行在信用证上明确注明"可转让"字样时,信用证方可转让。

凡未注明可转让字样的,一般的信用证都是不可转让信用证(non-transferable credit)。

可转让信用证适用于中间贸易。交易中,可转让信用证的开证申请人是货物的真正买主;受益人是中间商,一般称为第一受益人,通过转让获得信用证的是真正的供货商,一般称为第二受益人。

在可转让信用证中,转让时,应该遵循一定的转让原则:可转让信用证可以同时转让给多个受益人,但第二受益人不可再将信用证转让;转让只能够在开证行指定的银行进行,因为只有指定银行才能对第一和第二受益人办理议付,而第二受益人的交单也必须经过转让行进行;转让信用证条款必须与原信用证严格保持一致;转让中申请人、受益人名称可以变更,单价可以降低,总金额可以减少,投保比例可以提高,有效期、装运期、最后交单日需要提前,而其他项目,比如货物的描述等项目则不可变更;办理转让的费用由第一受益人承担;对旧证的修改,第一受益人保留是否通知第二受益人的决定权(如当中间商出售价格上涨时,中间商可以选择不告知供应商,但当中间商价格被压制时,中间商就可以主动告知供应商);在多个第二受益人的情况下,一个第二受益人拒绝,不影响其他第二受益人接受。

【应用案例 3-6-10】

> 2007年1月30日中国银行寄出某可转让信用证下全套单据,金额共 USD1 223 499.12。单寄新加坡某转证行,由新加坡的第一受益人换单后将单转寄德国的原始开证行要求付款。2月14日,中国银行收到新加坡银行转来的德国银行的拒付电。拒付原因为正本提单弄混。
>
> 中国银行查信用证及单据留底,认为单据留底记录表明,提单提交新加坡银行时完整无缺,没有问题。单据是否为新加坡银行搞混不得而知。因此正本提单即使搞混也不是中国银行的责任。据此,中国银行向新加坡银行发出反拒付电报,新加坡银行在回电中声明已将中国银行电文内容转达德国开证行听候回复,同时声明作为转让行本身对单据的拒付和最终的付款与否不负责任。

6. 背对背信用证(back to bank credit)

背对背信用证,简称对背信用证,或从属信用证、抵押信用证,是指某信用证的受益人以自己为申请人,以原证作为保证,要求一家银行以开证行身份开立的以实际供货人为受益人的信用证。

背对背信用证与可转让信用证最大的区别是:背对背信用证中,实质上有两个信用证,两个开证行,两次交单议付;可转让信用证实质上就是一份信用证,只有一家开证行对受益人(包括第一受益人和第二受益人)保证付款,只有一次交单议付(第二受益人交给转让行的单据被第一受益人换掉)。

【应用案例 3-6-11】

> 某年,我国上海 M 进出口公司与港商 N 贸易公司签订一份总价值为 242 万美元的钢材出口合同,该港商将合同项下的货物转售,并以下家(实际进口商)向 J 银行申请开出的信用证为抵押,通过香港 K 银行向 M 公司开出背对背信用证。但该港商在转售时,无意中搞错了钢材的规格,因为无法向其下家履约和收款。该港商遂伙同开证行,利用 M 公司所提交结汇单据的非原则性瑕疵,拒绝付款。M 公司与上海议付行 H 银行长时间分别与客户(港商)及开证行(对背信用证开证行,指 K 银行)交涉均无结果,从而遭受了重大损失。问:
> (1) 背对背信用证适用于什么类型的贸易?
> (2) 该对背信用证的开证行是哪家银行?
> (3) 该案例中,责任在于哪位当事人或者哪些当事人?当事人错在什么地方?

7. 预支信用证(anticipatory credit)

预支信用证是在信用证上列入特别条款,授权议付行或保兑行,在交单前,预先垫付款项(部分或全部货款)给受益人的信用证。或允许受益人在收到信用证后,可立即签发光票取款的信用证。出口商取得货款后,收购及包装货物,所以这种信用证又叫作打包放款信用证。开证行为醒目起见,往往用红字打印,所以该类信用证又被称为红色条款信用证。

8. 对开信用证(reciprocal credit)

对开信用证是用在易货贸易、补偿贸易和来料加工中通过相互向对方开立信用证进行结算的一种方式。对开信用证业务包含两份信用证。

9. 循环信用证(revolving credit)

循环信用证是在信用证的部分金额或全部金额被使用之后能恢复原金额再被利用的信用证。循环信用证比一般信用证多了一个循环条款,用以说明循环方法、循环次数、循环金额及总金额等。循环信用证适用于大额的、长期合同下的分批交货。这样进口商可以节省手续费和保证金;出口方也省去等待开证和催证的麻烦。但由于通信的发达和开证费用的降低,循环信用证已不多见。

小 结

国际贸易结算条款一般包括两个部分:一是国际结算的工具,二是国际结算方式。结算工具是进行国际结算的媒介,常见的有汇票、本票和支票,其中汇票使用量最大。作为一种无条件支付的命令,由卖方开立(托收、信用证业务中)或银行(票汇业务中)开立,有些时候也可以由买方开立,买方或代表买方的银行(比如信用证业务中的开证行)见票或指定的日期付款。

国际结算方式传统上有三种:汇款、托收和信用证。从简便的角度出发,进、出口商会选择汇款,其中 T/T(电汇)更因为其快捷的特性,使用量与日俱增;而从安全性的角度出发,进、出口商往往会选择信用证进行结算,因为信用证是以银行信用作为结算的保障,开证行承担第一性的付款责任,相当于以自己银行的信誉为保证,承诺向买方凭相符交单付款。然而业务中究竟选择什么样的结算方式,应该综合考虑、协调买卖双方的利益,结合各种结算方式的特点来进行选择。

作为初学者,应该将各种结算方式的流程、各种细分作为学习要点,掌握各种结算方式的特点,在信用证的学习中,还应对信用证的内容有所了解,学会根据合同审核信用证,并能够根据信用证的内容填制各种外贸单据。

综合训练

一、单项选择题

1. 信用证规定某银行为议付行,则该银行( )。
   A. 只要未对该信用证加保兑,就有追索权
   B. 任何情况下,均有追索权
   C. 任何情况下,均无追索权
   D. 当开证行破产时,才有追索权

2. 根据下列的汇票记载,可判定记载为( )的汇票为有效汇票。
   A. Would you please Pay to AB Co. or order the sum of one thousand US dollars.
   B. Pay to AB Co. providing the goods they supply are complied with contract the sum of one thousand US dollars.
   C. Pay to AB Co. out of the proceeds in our No. 1 account the sum of one thousand US dollars.
   D. Pay to AB Co. or order the sum of one thousand US dollars and charge/debit same to applicant's account maintained with you.

3. 银行在办理国际结算时选择往来银行的先后顺序,最先选择的应是( )。
   A. 账户行 B. 非账户行 C. 联行 D. 代理行

4. 托收业务的结算基础是商业信用是因为( )。
   A. 没有银行参与   B. 出票人开立的汇票是商业汇票
   C. 银行不承担保证付款的义务   D. 使用了出口商签发的商业汇票

5. 下列关于票据权利特征的描述,哪一个不正确?
   A. 票据权利是一种双重性权利   B. 票据权利是一种证券性权利
   C. 票据权利是一种单一性权利   D. 票据权利是一种单向性权利

6. 根据贸易方式和信用证的特点,来料加工贸易可采用( )办理结算,以利交易的进行。
   A. 背对背信用证   B. 对开信用证
   C. 可转让信用证   D. 循环信用证

7. ( )信用证规定受益人开立远期汇票,但能即期收款,受票人到期支付、开证申请人承担贴现息和承兑费。
   A. 即期付款 B. 延期付款 C. 假远期 D. 预支

8. ( )只能由被指定的银行办理转账业务。
   A. 保付支票   B. 普通划线支票
   C. 特别划线支票   D. 记名支票

9. 只有（　　）必须通过背书的形式转让。
   A. 限制性抬头汇票　　　　　　　　B. 来人抬头汇票
   C. 指示性抬头汇票　　　　　　　　D. 空白抬头汇票
10. 若汇出汇款为付款地货币，而且汇出行在汇入行有该货币账户，则这两地银行之间的头寸拨付采取（　　）。
    A. 汇出行主动贷记汇入行账户　　　B. 汇入行付讫借记汇出行账户
    C. 汇出行把头寸划交汇入行的账户行　D. 汇入行向汇出行的账户行要求划拨
11. 在国际上，根据附加的付款保障方式，支票分为（　　）。
    A. 现金支票和转账支票　　　　　　B. 普通支票和现金支票
    C. 记名支票和不记名支票　　　　　D. 划线支票和保付支票
12. 采用托收结算方式的买卖合同项下，出口商制单的首要依据是（　　）。
    A. 买卖合同　　　　　　　　　　　B. 信用证
    C.《托收统一规则》　　　　　　　　D.《跟单信用证统一惯例》
13. 在落实信用证的过程中，对于出口商来说（　　）是必不可少的重要环节。
    A. 开证　　　B. 催证　　　C. 改证　　　D. 审证
14. 以 CFR 术语、信用证支付方式进口一批货物，业务环节不包括（　　）。
    A. 申请开证　　　B. 交单议付　　　C. 付款赎单　　　D. 接货报关
15. 出口公司收到银行转来的信用证后，侧重审核（　　）。
    A. 信用证内容与合同是否一致　　　B. 信用证的真实性
    C. 开证行的政治背景　　　　　　　D. 开证行的资信能力
16. 保兑行的责任是（　　）
    A. 在开证行不履行付款义务时履行付款义务
    B. 在开证申请人不履行付款义务时履行付款义务
    C. 承担第一性的付款义务
    D. 开证行承担第一性的付款责任，保兑行承担第二性的付款责任
17. 规定装运期限为3月份，有效期为4月14日，没有规定交单期。出口公司装船后，提单签发日为3月8日，出口人应于（　　）前（包括当日）去交单。
    A. 3月28日　　　　　　　　　　　B. 3月29日
    C. 4月14日　　　　　　　　　　　D. 3月23日
18. 外贸实务中，通常使用的信用证到期地点为（　　）。
    A. 出口地　　　B. 进口地　　　C. 第三地　　　D. 开证行所在地
19. 所规定的信用证金额、单价及商品的数量单位，其前面如有"about"字样，允许的最大差额为（　　）。
    A. 10%　　　B. 5%　　　C. 8%　　　D. 15%
20. 采用信用证方式结算时，常用的汇票是（　　）。
    A. 银行汇票　　　　　　　　　　　B. 商业汇票
    C. 商业承兑汇票　　　　　　　　　D. 光票
21. 汇票条款注明"drawn on us"，则汇票的付款人是（　　）。
    A. 开证申请人　　B. 开证行　　C. 议付行　　　D. 受益人
22. 按 CIF London USD120 Per M/T 向英国出口数量为 10 000 M/T 的散装货，国

外开立信用证金额为120万美元且不能增减,则卖方发货(　　)。

　　A. 数量和金额不能增减

　　B. 数量和金额可在5%以内增减

　　C. 数量和金额可在10%以内增减

　　D. 数量在9500~10 000公吨之间,金额不得超过120万美元

23. 按《跟单信用证统一惯例》规定,若信用证中对是否分批装运与转运未予规定,则受益人(　　)。

　　A. 可以分批装运,也可转运　　　　B. 不得分批装运,也不得转运

　　C. 可分批装运,但不得转运　　　　D. 不得分批装运,但可转运

24. 如信用证规定"shipment on or about 15th Oct. 2013",那么装运期应为(　　)

　　A. 9天　　　　B. 10天　　　　C. 11天　　　　D. 12天

25. 就出口商的收汇时间来说,假远期信用证相当于(　　)。

　　A. 循环信用证　　B. 远期信用证　　C. 备用信用证　　D. 即期信用证

二、多项选择题

1. 信用证如果需要修改或撤销,必须经(　　)的明确同意。

　　A. 受益人　　　　　　　　B. 议付行　　　　　　　　C. 保兑行

　　D. 开证行　　　　　　　　E. 申请人　　　　　　　　F. 通知行

2. 银行在国际贸易结算中居于中心地位,具体而言,其作用是(　　)。

　　A. 办理国际汇兑　　　　　B. 提供信用保证　　　　　C. 融通资金

　　D. 承担第一性付款责任　　E. 减少汇率风险

3. 采用即期付款交单托收方式,出口方发货后出具的汇票不可能是(　　)。

　　A. 光票　　　　　　　　　B. 跟单汇票　　　　　　　C. 即期汇票

　　D. 银行汇票　　　　　　　E. 远期汇票　　　　　　　F. 商业汇票

4. 采用远期付款交单托收方式,出口方发货后出具的汇票不可能是(　　)。

　　A. 光票　　　　　　　　　B. 跟单汇票　　　　　　　C. 即期汇票

　　D. 远期汇票　　　　　　　E. 银行汇票　　　　　　　F. 商业汇票

5. 开证行在信用证业务中受到(　　)的约束。

　　A. 贸易合同　　　　　　　　　　　B. 开证申请书

　　C. 所开立的信用证　　　　　　　　D. 信用证修改书

　　E. 与通知行/议付行的代理协议

6. 信用证业务中,(　　)付款属于终局性付款。

　　A. 保兑行　　　　　　　　B. 通知行　　　　　　　　C. 议付行

　　D. 开证行　　　　　　　　E. 付款行

7. 在我国,(　　)都属于以银行为出票人的银行票据。

　　A. 银行汇票　　　　　　　B. 本票　　　　　　　　　C. 支票

　　D. 银行承兑汇票　　　　　E. 商业汇票

8. 由出口商签发的要求银行在一定时间内付款的汇票不可能是(　　)。

　　A. 商业汇票　　　　　　　B. 银行汇票　　　　　　　C. 即期汇票

　　D. 远期汇票　　　　　　　E. 跟单汇票　　　　　　　F. 光票

9. 可转让信用证被转让时,(　　)条款可以变动。

A. 信用证金额 B. 商品的单价
C. 商品的品质规格 D. 交单日
E. 最迟装运日

10. 根据《中华人民共和国票据法》汇票上必须记载的事项包括（　　）等内容。
A. 确定的金额 B. 汇票日期 C. 付款人名称
D. 汇票编号 E. 付款期限

11. 用于议付信用证项下的汇票可以是（　　）。
A. 即期汇票 B. 远期汇票 C. 商业汇票
D. 银行汇票 E. 以上都对

三、判断题

1. 在汇款业务中，只要解付行尚未将款项交付给收款人，汇款人有权要求撤回所汇款项。（　　）
2. 通知行如选择通知信用证，就必须合理谨慎地验核信用证的表面真实性。（　　）
3. 根据汇款和托收的概念，对于进口商来说，汇款方式总是比托收方式来得有利。（　　）
4. 坚持"世界上只有一个中国"的原则，我国内地（大陆）与香港、澳门、台湾之间的货币收付结算不应属于国际结算的范畴，而只能按国内结算办理。（　　）
5. 可转让信用证经转让后，由于真正的出口业务已由第二受益人所承担，因此，第一受益人在转让信用证后，就解除了对该信用证的责任。（　　）
6. 不论是即期汇票还是远期汇票，都要先承兑后付款。（　　）
7. 在汇票上注明付款人应于"见票后若干天付款"和"出票后若干天付款"，都属于远期汇票，对于出票人/持票人来说，都是一样的。（　　）
8. 只要受益人是在信用证的有效期内交单，开证行就必须向受益人付款。（　　）
9. 议付信用证是指允许受益人向某一指定银行或任何银行交单议付的信用证。（　　）
10. 票据的无因性是指票据的出票和转让可以没有任何原因。（　　）

四、应用题

1. 甲公司欲向乙公司出售一批货物，为收取货款，甲公司开出远期汇票，以乙公司为付款人，甲公司为收款人，甲公司开出汇票后，将之背书转让交给丙公司，丙公司得到汇票后，随即拿到乙公司提示承兑，但乙公司承兑后，甲公司并没有向乙公司交货。丙公司持汇票向乙公司请求付款，乙公司拒绝付款。丙公司又去找甲公司，甲公司不予理睬，无奈，丙公司将甲、乙两家公司告上了法庭。试问：

(1) 在此案例中，你认为法庭会判谁对汇票承担主债务责任？为什么？

(2) 如果汇票到了丙公司的手上，而丙公司没有立即拿到乙公司承兑，又是谁应该承担主债务人责任？为什么？

2. 请根据下列条件填制汇票：

(1) A bill is drawn by A Co. Ltd on Bank of Europe at London pay to Bank of China Shanghai Branch the sum of six thousand pound.

> Exchange for GBP①   Shanghai, 5ᵗʰ April, 2001
>   At② pay to Bank of China Shanghai Branch
> the sum of③.
> To Bank of Europe
> London
>   For A Co. ,Ltd
> Johnny

(2) Bills payable at 60 days after sight.

3. 根据下列表格的内容,按照不同的跟单托收条件分别填写承兑日,付款日和交单日。

交易合同中规定的托收条件	代收行向进口商提示汇票和单据的日期	进口商在汇票上做出承兑的日期	进口商向代收行支付票款的日期	代收行向进口商提交货运单据的日期
即期付款交单	8月8日			
30天远期付款交单	8月8日			
30天承兑交单	8月8日			

4. 请填写即期不可撤销议付信用证收付的基本程序。

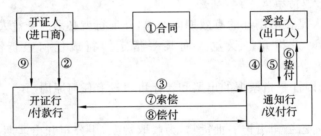

②
③
④
⑤
⑨

5. 某公司从国外某商行进口一批钢材,货物分两批装运,支付方式为不可撤销即期信用证,每批分别由中国银行开立一份信用证。第一批货物装运后,卖方在有效期内向银行交单议付,议付行审单后,即向该商行议付货款,随后,中国银行对议付行做了偿付。我方在收到第一批货物后,发现货物品质与合同不符,因而要求开证行对第二份信用证项下的单据拒绝付款,但遭到开证行拒绝。问:开证行这样做是否合理?为什么?

子项目七 争议条款的拟订

【学习目标】
知识目标：
1. 了解仲裁协议的形式以及相关规定；了解我国通用的仲裁条款格式等问题；了解合同中索赔条款的意义与内容。
2. 掌握商品检验的时间和地点规定、不可抗力条款的性质与范围。
技能目标：能拟订检验条款、不可抗力条款和仲裁条款；能用所学知识分析相关业务案例、处理合同纠纷。

【重点、难点】
重点：掌握商品检验的时间和地点规定，仲裁协议的作用。
难点：不可抗力条款的性质、范围与应用。

【任务情景】
我国从阿根廷进口普通豆饼20 000公吨，交货期为8月月底，拟转售欧洲。然而，4月份阿商原定的收购地点发生百年未见洪水，收购计划落空。阿商以不可抗力为理由，要求免除交货责任，我方回电拒绝。阿商拒不履约，我方只能在阿商交货时间从国际市场上补进，然后向阿商提出索赔，但对方拒绝，于是，我方根据仲裁条款规定，向仲裁机构提出仲裁。①阿商以不可抗力为理由要求免除交货责任是否充足？②我方的索赔要求是否合理？③仲裁庭将做出怎样的裁决？④如果阿商设法履约了，我方是否需要对所交商品检验合格后才转售欧洲？这些问题涉及商品的一般交易条件。

本模块是国际贸易合同中的"一般交易条件"模块，在国际贸易中，所谓的"一般交易条件"是指出口商为出售或进口商为购买货物而拟订的对每笔交易都适用的一套共性交易条件。主要包括商品的检验、索赔、不可抗力和仲裁等内容。要求通过本章的学习，理解和掌握国际货物买卖中涉及商品检验、索赔、不可抗力和仲裁有关的知识，明确如何在贸易合同中拟订商品检验、索赔、不可抗力和仲裁条款。

任务1 检验与索赔条款的拟订

【应用案例3-7-1】

> 我国某外贸公司与欧洲G国签订了出口半漂布合同。根据双边贸易协定，凡从对方进口货物，均按G国国家标准进行验收，我国出口到对方的货物按我国家标准验收。但是这批出口半漂布合同的品质条款规定交货品为一等品，每100米允许10个疵点，每个疵点让码10厘米，实际上要求我方供应0分布。我国出口后即遭对方索赔，G国对我国出口的500多万米半漂布，认为不符合合同品质条款，提出高达110万美元的索赔要求。G国方也承认，这个合同的品质要求实际做不到，但已签订了合同，就要赔偿，最后我方公司赔偿了金额后了结此案。问题：出现上述问题的主要原因有哪些？对方也承认，这个合同的品质要求实际做不到，我们为什么还赔偿。

在国际贸易买卖合同中,检验条款(inspection clause)和品质、数量条款是有密切联系的。进出口商品的检验就是指对卖方交付商品的品质和数量进行鉴定,以确定交货的品质、数量和包装是否与合同的规定一致。买卖双方为了在索赔和理赔工作中有所依据,便于处理,一般在合同中订立索赔条款(claim clause)。在买卖大宗商品和成套设备的合同中,除订有异议和索赔条款外,一般还另订罚金条款(penalty clause)。不少索赔条款是同检验条款合并起来规定的。如"买方应于货物运抵目的港后若干天内进行检验,如有品质、数量方面的索赔,应当在合同规定的时间内提出,逾期提出索赔,卖方可不予受理。"这种条款称为检验与索赔条款(inspection and claim clause)。

(一)检验条款

1. 商品检验的含义和作用

1)商品检验的含义

进出口商品检验(commodity inspection)是指由国家设立的检验机构或向政府注册的独立机构,对进出口货物的数量、质量、规格、卫生、安全或装运技术、货物残损短缺等情况等进行检验、鉴定,并出具证书的工作。目的是经过第三者证明,以确定其是否符合买卖合同中的有关规定或国家法律规定、确定事故的起因和责任的归属。国家规定,重要进出口商品,非经检验发给证件的,不准输入或输出。

换言之,商品检验就是对在生产领域和进入流通领域的商品,依据合同、标准或国际、国家的有关法律、法规和惯例,运用科学手段进行检验、鉴定,以证实或判断该商品在物流过程中的品质、数量、重量、安全、卫生、包装及其运载工具等方面的情况和状态,为贸易有关方面提供交接、结算、计费、计税、处理风险责任的客观凭证。

2)商品检验的作用

商品检验是国际贸易发展的产物,它随着国际贸易的发展成为商品买卖的一个重要环节和买卖合同中不可缺少的一项内容,是买卖双方能顺利履行合同的保证。

在国际贸易中,买卖双方分别处于不同国家,要经过货物运输,有可能发生货物残损缺少等情况。买卖双方对交接货物一般都经过交付、检验或察看、接受或拒收三个环节。按照一般的规则:当卖方履行交货义务后,买方有权对货物进行检验,如果发现货物与合同规定不符,而的确是卖方的责任,买方有权向卖方提出索赔。如果未经检验就接受了货物,即使事后发现货物有问题,就不能再行使拒收的权利。而且,如果发生进出口商品的品质不合格或数量短缺等情况,会牵涉发货人、承运人、保险人、装卸部门、仓储部门等多方面的责任,为了避免发生纠纷及在纠纷发生后,便于确定责任的归属,就需要一个与有关各方没有利害关系的、公正的、有权威的机构来检验和鉴定,提供正确的证明,并以其检验结果作为交接货物、结算货款和提出索赔、理赔的依据,以维护对外贸易关系中有关各方的合法权益。因此,商品检验在对外贸易中占有重要的地位和重要的作用。

商品检验又体现不同国家对进出口商品实施品质管制。因为某些进出口商品的检验工作还直接关系到本国的国民经济能否顺利协调发展、生态环境能否保持平衡、人民的健康和动植物的生长能否得到保证,以及能否促进本国出口商品质量的提高和出口贸易的发展,通过这种管制,从而在出口商品生产、销售和进口商品按既定条件采购等方面发挥积极的作用。《中华人民共和国进出口商品检验法》第4条规定:进出口商品检验应当根据保护人类健康和安全、保护动物或者植物的生命和健康、保护环境、防止欺诈行为、维护国家安全的原则,由国家商检部门制定、调整必须实施检验的进出口商品目录(以下简称目录)并公布实施。第 5 条规定:"列入目录的进出口商品,由商检机构实施检验。前款规定的进口商品未经检验的,不准销售、使用;前款规定的出口商品未经检验合格的,不准出口。本条第一款规定的进出口商品,其中符合国家规定的免予检验条件的,由收货人或者发货人申请,经国家商检部门审查批准,可以免予检验。"

由于商品检验直接关系到买卖双方在货物交接方面的权利与义务,故许多国家的法律和国际公约都对商品检验的问题做了明确规定。有的国家把买方检验货物的权利以立法的形式予以支持和保护。检验权是指合同当事人中哪一方行使对货物的检验,也就是说,谁享有对货物的品质、数量、重量、包装等项内容进行最后评定的权利。

《英国1893年货物买卖法案》第34条规定:除非双方另有约定外,当卖方向买方交付货物时,买方有权要求有合理的机会检验货物,以确定它们是否与合同规定的相符。买方在未有合理机会检验货物之前,不能认为买方已经接受了货物。

美国《统一商法典》第2-606条1款规定:

凡属下列情况均表明买方接受货物:①在合理时间内检验货物后,买方向卖方表明货物是否符合合同要求的,或虽然货物与合同不符,但愿意收受或保留此项货物;②在有合理机会检验货物后,买方没有做出有效的拒收;③买方做出与卖方所有权相抵触的行为。

CISG第58条3款规定:买方在未有机会检验货物前,无义务支付货款,除非这种机会与双方当事人议定的交货或支付程序相抵触。

CISG第38条规定:①买方必须在按情况实际可行的最短时间内检验货物或有他人检验货物;②如果合同涉及货物的运输,检验可以推迟到货物到达目的地后进行;③如果货物在运输途中改运或买方再发运货物,没有合理机会加以检验,而卖方在订立合同时已知道或理应知道这种改运或再发运的可能性,检验可推迟到货物到达新目的地后进行。

2. 商品检验的内容、程序和依据

1) 商品检验的内容

(1) 商品质量检验。商品质量检验包括成分、规格、等级、性能和外观质量等。

(2) 商品重量和数量的检验。商品的重量和数量是贸易双方成交商品的基本计量和计价单位。

(3) 商品包装检验。商品包装检验是根据贸易公司或契约规定,对商品的包装标志、包装材料、种类、包装方法等进行检验,查看商品包装是否完好、牢固等。

(4) 安全、卫生检验。商品安全检验主要是指电子电器类商品的漏电检验,绝缘性能检验和X光辐射等。商品的卫生检验是指商品中的有毒有害物质及微生物的检验。

对进出口商品的检验内容除上述内容外,还包括海损鉴定、集装箱检验、进出口商品的残损检验、出口商品的装运技术条件检验、货载衡量、产地证明、价值证明以及其他业务的检验。

2) 商品检验的程序

出口商品检验程序主要有报验、抽样、检验或鉴定、签发检验证书四个环节。

(1) 申请检验,亦称报验。报验指对外贸易关系人按照商检法规的规定,合同的要求,向商检机构申请办理商品检验、鉴定工作的手续。报验时需要填写"报验申请单",填明申请检验、鉴定工作项目和要求,同时提交对外所签买卖合同,凭样本成交的,还须提供成交小样及其他必要的资料。

（2）抽样。商检机构接受报验后，及时派员到货物堆存地，按规定的方法和一定的比例，在货物的不同部位抽取一定量的、能代表此批货物质量的样品供检验之用。

（3）检验或鉴定。商检机构接受报验之后，认真研究申报的检验项目，确定检验内容，仔细审核合同（信用证）对品质、规格、包装的规定，弄清检验的依据，确定检验标准、方法，然后抽样检验，仪器分析检验；物理检验；感官检验；微生物检验等。

（4）签发检验证书。在出口方面，凡列入《商检机构实施检验的进出口商品种类表》内的出口商品，经检验合格后签发放行单（或在"出口货物报关单"上加盖放行章，以代替放行单）。凡合同、信用证规定由商检部门检验出证的，或国外要求商检证书的，根据规定签发所需书面证书；不向国外提供证书的，只发放行单。《商检机构实施检验的进出口商品种类表》以外的出口商品，应由商检机构检验的，经检验合格发给证书或放行单后，方可出运。在进口方面，进口商品经检验后，分别签发"检验情况通知单"或"检验证书"，供对外结算或索赔用。凡由收、用货单位自行验收的进口商品，如发现问题，应及时向商检局申请复验。如复验不合格，签发商检证书，以供对外索赔之用。

3）商品检验的依据

检验依据是检验进出口商品的根据，也是据以确定进出口货物是否合格的标准。凡我国法律，行政法规所规定的强制性检验标准或其他必经执行的检验标准，或对外贸易合同所约定的检验标准，均构成进出口商品的检验依据。主要以买卖合同（包括信用证）中所规定的有关条款为准。如果合同规定的成交样品或标样表示商品品质的，就以样品或标样作为商品的检验依据。

3. 商品检验的条款

1）商品检验的条款内容

（1）检验时间与地点。这是双方在商定检验条款时的一个核心问题，关系到交易双方的切身利益，通常都在合同中对如何行使检验权的问题做出规定，即规定检验的时间和地点。

①在出口国检验。a. 产地（工厂）检验。发货前，由出口国产地（工厂）检验人员会同买方验收人员进行检验，离开产地（工厂）前货物品质责任由卖方承担，而在运输途中发生的品质、数量变化等方面的风险由买方负担。b. 装运港（地）检验。货物在装运港（地）装运前或装运时，由双方约定的检验机构对货物的品质、数量/重量等进行检验鉴定，并以其检验结果作为交货质量和数量的最后依据。只要检验证书合格，就说明卖方已按质按量交货，对交货后货物所发生的变化不承担责任。买方原则上不得以到货时品质数量不符而提出异议，除非买方能证明，这种不符是由于卖方的违约或货物的固有瑕疵所造成的。这一规定方法，习惯上称为"离岸品质、重量（或数量）为准"。由于买方对到货品质和重量也无权向卖方提出异议，对买方不利，故买方一般不愿意采取这种做法。

②在进口国检验。a. 目的港（地）检验。货物到达目的港（地）卸货后在约定的时间内，由双方约定的检验机构就地检验，并以其检验结果作为交货质量和数量的最后依据。这一规定方法，习惯上称为"到岸品质、重量（或数量）为准"。在采用这种方法时，卖方要承担货物在运输途中品质、重量变化的风险。买方有权根据货物到达目的港（地）时的检验结果，在分清卖方、船方和保险人责任的基础上，对属于卖方应负的责任向卖方提出索赔。由于买方对到货品质和重量有权向卖方提出异议，对卖方不利，故卖方一般不愿意采用。b. 买方营业处所或用户所在地检验。对一些不便在目的港卸货时检验的货物，例如，

密封包装的货物在使用之前打开有损于货物质量,或者会影响使用的货物,或是规格复杂、需要在特定条件下用精密仪器或设备才能完成检验的货物,或需要安装调试后才能检验的产品,可在用户所在地检验。使用这种条件时,货物的品质和重量(数量)以用户所在地由双方认可的检验机构的检验结果为准。

③出口国检验、进口国复验。卖方在办理交货时,以装运港(地)商检机构出具的合格的检验证书作为卖方收取或议付货款的单据之一,但不作为最后依据,货物抵达目的港(地)后,允许买方对货物进行复验。经过复验后,如经双方认可的商检机构复验后,发现货物的品质、数量等与合同规定不符,并确属卖方责任时,买方可凭目的港(地)检验机构出具的检验证书,在规定时间内向卖方提出异议和索赔,直至拒收货物。由于这种做法肯定了卖方的检验证书是有效的交接货物和结算凭证,同时又确认买方在收到货物后有复验权,在检验问题上做到公平合理,对交易双方都有利,故在我国进出口合同中一般都采取这种办法。

④装运港(地)检验重量和目的港(地)检验品质。大宗商品交易中,为了调和交易双方在检验问题上的矛盾,采取了一种较为折中的办法,即以装运港的检验机构检验货物的重量,并出具重量证明作为最后依据,以目的港的检验机构检验货物品质,并出具品质证明作为最后依据,这一规定方法,习惯上称为"离岸重量和到岸品质"。

【应用案例 3-7-2】

> 某合同商品检验条款中规定以装船地商检报告为准,但在目的港交付货物时却发现品质与约定规格不符。买方经当地商检机构检验并凭其出具的检验证书向卖方索赔,卖方却以上述商检条款拒赔。卖方拒赔是否合理?

(2)检验机构。国际贸易中的商品检验工作,一般是由独立于买卖双方之外的第三者——专业性的检验部门承担的。国际上进出口商品检验机构名目繁多,但大致上可以分为下列几种。

①官方机构:由国家或地方政府投资设立的检验机构,根据国家的有关法令,对进出口商品执行法定检验、委托检验和监督管理。如美国食品药品管理局(FDA)。

②非官方机构:由私人或同业公会、协会等开设的检验机构,如公证人、公证行,瑞士日内瓦通用鉴定公司(S.G.S.)。

③半官方机构:一些由国家政府授权可以代表政府进行某类商品的检验工作或某方面的检验管理工作的民间机构。

在我国,从事进出口商品检验工作的部门主要是"国家出入境检验检疫局"及其在各地的分支机构。国家出入境检验检疫局的上级单位为国家质量监督检验检疫总局。2018年3月,国务院机构改革将国家质量监督检验检疫总局的职责整合,组建中华人民共和国国家市场监督管理总局。将国家质量监督检验检疫总局的出入境检验检疫管理职责和队伍现统一划入海关总署。

我国商检机构的基本职责有三项:①对重点进出口商品实施法定检验;②对所有进出口商品的质量和检验工作实施监督管理;③办理各项进出口商品的鉴定业务。

其中,法定检验是指商检机构或者国家商检部门、商检机构指定的检验机构,根据国家的法律、行政法规,对规定的进出口商品和有关的检验事项实施强制性检验。凡属于法定检验范围的进出口商品,有关单位必须及时向检验机构办理报验。未经检验合格的出口商品,不准出口,未经检验的进口商品,不准销售、使用。

商检机构和国家商检部门、商检机构指定的检验机构对进出口商品实施法定检验的范围包括:①对列入《商检机构实施检验的进出口商品种类表》的进出口商品的检验;②对出口食品的卫生检验;③对出口危险货物包装容器的性能鉴定和使用鉴定;④对装运出口易腐烂变质食品、冷冻品的船舱、集装箱等运载工具的适载检验;⑤对有关国际条约规定须经商检机构检验的进出口商品的检验;⑥对其他法律、行政法规规定必须经商检机构检验的进出口商品的检验。

监督管理主要是通过行政管理手段,推动和组织出口商品的生产、经营单位和进口商品的收货单位、用货单位,对进出口商品按规定要求进行检验,商检机构可派员进行检查,同时,接受社会监督。

鉴定业务不是强制性检验,而是商检机构受托办理进出口商品的检验鉴定,其业务范围已大大超出了商品品质、数量、包装的检验。

(3)检验证书。检验证书是商检机构对进出口商品进行检验、鉴定后出具的证明文件。是各种进出口商品检验证书、鉴定证书和其他证明书的统称。

①检验证书的种类。检验证书的种类有如下几种。

品质检验证书:运用各种检测手段,对进出口商品的质量、规格、等级进行检验后出具的书面证明。

重量检验证书:根据不同的计量方法证明进出口商品的重量。

数量检验证书:根据不同计量单位证明商品的数量。

兽医检验证书:证明动物产品在出口前经兽医检验,符合检疫要求,如冻畜肉、皮张、毛类、绒类、猪鬃及肠衣等商品,经检验后出具此证书。

卫生检验证书:出口食用动物产品,如肠衣、罐头食品、蛋品、乳制品等商品,经检验后使用此种证明书。

消毒检验证书:证明出口动物产品经过消毒,使用此种证书,如猪鬃、马尾、羽毛、人发等商品。

验残检验证书:证明进口商品残损情况,估定残损贬值程度,判断残损原因,供索赔时使用。

价值检验证书:需要证明产品的价值时使用此种证书。

产地检验证书:证明出口产品的产地时使用此种证书。

在具体业务中,卖方究竟需要提供哪种证书,要根据商品的种类、性质、贸易习惯以及政府的有关政策法令而定。

②商品检验证书的作用。商品检验证书的作用有以下几种。

第一,作为证明卖方所交货物的品质、数(重)量、包装,以及卫生条件等方面符合合同规定的依据。在国际货物买卖中,交付与合同规定相符的货物是卖方的基本义务之一。因此,合同或信用证中通常都规定,卖方交货时必须提交规定的检验证书,以证明所交货物是否与合同规定一致。如检验证书中所列结果与合同或信用证规定不符,银行有权拒绝议付货款。

第二,作为买方对所收货物的品质、数量等方面提出异议、拒收货物或要求索赔的凭证。当合同或信用证中规定在进口国检验,或规定买方有复验权时,如果买方所收到的货物经指定的商检机构检验与合同规定不符,此时,买方必须在合同规定的索赔有效期内,凭指定的商检机构签发的检验证书向有关责任方提出索赔或要求解除合同,有关责任方也需要根据商检机构出具的检验证书办理理赔。

第三,作为卖方向银行议付贷款的单据之一(信用证支付方式下)。当合同或信用证中规定在出口国检验,或规定在出口国检验、进口国复验时,一般合同中都规定,卖方须提交规定的检验证书。此种情况下,卖方在向银行办理货款结算时,在所提交的单据中,必须包括检验证书。

第四,作为海关验关放行的凭证。凡属法定检验范围的商品,在办理进出口清关手续时,必须向海关提供商检机构签发的检验证书。否则,海关不予放行。

【应用案例 3-7-3】

> 某公司从国外采购一批特殊器材,该器材指定由国外某检验机构负责检验合格后才能收货。后接到此检验机构的报告,报告称质量合格,但在其报告附注里说明,此项报告的部分检验纪录由制造商提供。这种情况下,买方能否以质量合格而接受货物?

(4) 检验标准与检验方法。商品检验的标准很多,有生产国标准、进口国标准、国际通用标准以及买卖双方协议的标准等。一般按合同和信用证规定的标准作为检验的依据,如合同和信用证未规定或规定不明确时:进口商品首先采用生产国现行标准;没有生产国标准的,则采用国际通用标准;这两项标准都没有时,可按进口国家的标准检验,出口商品以买卖双方约定的标准作为检验的依据,无约定或约定不明确的,按国家标准;无国家标准,按部标准;无部标准,按企业标准。目前,我国有许多产品按国际标准生产和提供出口,并以此标准作为检验商品的依据,例如,按国际标准化组织的 ISO9000 的国际标准、国际羊毛局的"IWS"、美国的"UL"和美国巴布科克·威尔科克斯公司"B&W"等项标准。

在我国,检验方法的标准由主管部门制定。有些商品,检验方法不同,其结果完全不同,容易引起争议,为避免争议,必要时应在合同中订明检验方法。凡按样品达成的交易,合同中应对抽样检验的方法和比例做出规定。有些商品如粮食,在国际上有一些惯用的标准化取样和定级技术,运用时应明确规定采用哪一种方法。

(5) 复验期限、地点和机构。在买方有复验权时,合同中应对复验的期限与地点以及复验机构做出明确的规定。

复验期限就是复验时间,实际上就是买方就品质、数量等问题的有效索赔时间。买方只有在合同规定的时间内进行复验,并取得适当的检验证书,其复验的结果才能作为提出索赔的有效依据。如果超过规定的期限复验和提出索赔,卖方就有权拒赔。因此,复验期限是一个十分重要的问题,必须在合同中做出明确的规定。按照某些国家法律的规定,如果合同中对复验时间没有做出明确的规定,就表示买方可以在"合理时间"内进行复验。至于何谓"合理时间",是一个富有伸缩性的概念,一旦发生争议,须由法院或仲裁机构根据具体案情进行解释,这往往是对卖方不利的。复验期限的长短,应视商品的性质、复验地点和检验条件等情况而定。

①要考虑商品的特性。不同性质的商品,检验要求不同,复验期限也应有所不同。农副产品和易腐、易变质的商品,复验时间不能订得太长。五金、工矿、化工等产品,如品质较稳定,而且检验标准和要求比较复杂的,复验时间可以稍长一些,一般可订为 60 天至 90 天。某些机电产品和成套设备,不仅技术结构复杂,而且往往需要经过安装、试车或投

产一段时间之后,才能发现其在品质或性能上的缺陷。因此,对这类商品除应规定货到目的港后若干天内进行初步检验外,还应规定保证期。如在保证期内发现品质、性能方面有缺陷,未达到合同规定的要求,买方可凭适当的检验证书向卖方提出索赔。

②要考虑港口情况。目前,由于我国港口的装卸能力和国内疏运能力还不能适应形势发展的需要,港口拥挤、压船、压货的现象暂时还难以完全避免。故在确定进口商品的复验期限时须把港口的装卸、调拨、疏运等因素,以及口岸的检验力量通盘加以考虑。安排到货不宜过分集中,复验时间也要相应订得稍长一些,以免超越实际可能,使我方无法在合同规定的时间内进行复验,而丧失了对外索赔的权利。目前,我国各进出口公司在签订进口合同时,对复验时间的计算有两种办法:一种是规定在货物到达目的港后若干天内(如60天)进行复验;另一种是规定在目的港卸货后若干天内(如60天)进行复验。虽然两者规定的复验期限相同(都是60天),但由于前者是从货到目的港时起算,不包括卸货时间,而后者则从卸货完毕后起算。故实际执行结果,两者在时间上可能会有很大的差别。根据我国当前港口的实际情况,在确定进口商品的复验时间时,一般以采用后一种方法为妥。

检验地点也是检验条款的一项主要内容。按照国际贸易的惯例,在 FOB、CFR 和 CIF 合同中,除双方当事人另有协议以外,检验地点一般都不是在货物的装运地点,而是在到货的目的地。有些国家的判例还认为,目的地的卸货码头和关栈都不是进行检验的适当地点,而应以买方的营业处所作为适当的检验地点。如果到货的目的地不是港口而是在内地,则检验地点还可以延展到到货的最后目的地。对这种解释,我们也应加以注意。我们在对外签订合同时,必须对检验地点做出明确的规定,以免引起误解。目前,我国各进出口公司在进出口合同中,一般都规定以目的口岸作为买方进行复验的地点。而对有些商品(如机器设备),则规定以最后目的地作为复验地点。

复验机构是指实施复验的检验机构。出口商品的复验机构一般用经我方事先认可的买方提出的机构为宜。至于复验费用由何方负担的问题,也应在合同中订明。

【应用案例 3-7-4】

我国出口公司 A 向新加坡公司 B 以 CIF 新加坡条件出口一批土特产品,B 公司又将该批货物转卖给马来西亚公司 C。货到新加坡后,B 公司发现货物的质量有问题,但 B 公司仍将原货转销至马来西亚。其后,B 公司在合同规定的索赔期限内凭马来西亚商检机构签发的检验证书,向 A 公司提出退货要求。请问:A 公司应如何处理?为什么?

【应用案例 3-7-5】

我方向马来西亚客商出口一批土特产品,CIF 槟城。订约时我方已知道该批货物要转销美国,该货物到达槟城港后,立即转运美国,其后买主在合同规定的索赔期限内凭美国商检机构签发的检验证书向我方提出索赔。试问:我方能否依据美国检验证书进行处理?为什么?

2) 订立检验条款应注意的问题
(1) 检验条款应与合同其他条款一致,不能相互矛盾。在检验条款中,规定检验时间和地点时,不能与使用的贸易术语相矛盾。例如,出口合同规定采用CIF贸易术语成交,卖方的责任是在装运港交货后,即可凭单据议付货款,若规定是否付款决定于经买方检验后的到岸品质、数量或重量,则将使得贸易术语与检验条款发生矛盾,改变了合同的性质,使此合同成为名不符实的CIF合同了。

(2) 检验条款的规定切合实际,不能接受国外商人提出的不合理的检验条件。有的合同检验条款的规定与出口货物的生产与检验实际情况相脱离,如规定出口的山鸡应在死前检验,卖方根本做不到,山鸡往往在猎获之后就死掉了,根本无检验之机会,所以接受这种检验条件必然使卖方变得被动。

(3) 要明确规定复验的期限、地点和机构。出口合同,买方如有复验权,应对其复验的期限、地点做出明确规定。按照一般的解释,复验的期限实际就是买方索赔期限,买方只有在规定的期限内行使其权利,索赔才有效,否则无效。我们应根据货物性质、运输港口等情况决定适宜的复验期限和地点。至于复验机构的选择,必须是在政治上对我国友好、在业务上有能力的商检或公证机构。

(4) 应在检验条款中明确规定检验标准和方法。业务中出现异议案件,有时是由于两地商检机构采用的检验标准不一致和采用的检验方法不同造成的。为了避免或减少这种现象出现,有的货物应该明确其检验标准和检验方法。

(5) 进口合同检验条款应规定我方有复验权。进口货物到达目的港后应允许我方复验,经复验如果发现所交货物与合同不符,有权向国外商人提出索赔或退货。同时,应根据进口货物的实际规定复验期限和地点,对一些货物如大型机械、矿山使用大载重汽车,应在目的地复验且时间应该稍长一些,进口的成套设备的复验期限应更长一些,必须经过安装、试车和正式投产几个阶段,再决定其性质质量。

【应用实例3-7-1】

商品的检验条款

1. 出口合同中的检验条款

(1) 装运港检验:"双方同意以装运港中国出入境检验检疫局所签发的品质/数量检验证书为最后依据,对双方具有约束力。""It is mutually agreed that the Certificate of Quality/Quantity issued by the China Entry-Exit Inspection and Quarantine at the port of shipment shall be regarded as final and binding upon both parties."

(2) 装运港检验,目的港买方复验:"买卖双方同意以装运港中国出入境检验检疫局所签发的品质和数量(重量)检验证书作为信用证项下议付所提交单据的一部分。买方有权对货物的品质或数量(重量)进行复验。复验费由买方负担。如发现品质和数量(重量)与合同不符,买方有权向卖方索赔,但须提供经卖方同意的公证机构出具的检验报告。索赔期限为货到目的港后××天内。""It is mutually agreed that the Certificate of Quality and Quantity (weight) issued by the China Entry-Exit Inspection and Quarantine at the port of shipment shall be part of the documents to be presented for negotiation under the relevant L/C. The Buyers shall have the right to reinspect the Quality and Quantity(weight) of the cargo. The reinspection fee shall be borne by the Buyers.

> Should the Quality and/or Quantity (weight) be found not in conformity with that of the contract, the Buyers are entitled to lodge with the Sellers a claim which should be supported by survey reports issued by a recognized surveyor approved by the Sellers. The claim, if any, shall be lodged with in ×× days after arrival of the cargo at the port of destination."
>
> 2. 进口合同中的检验条款:"双方同意以制造厂(或××公证行)出具的品质及数量或重量检验证明书作为有关信用证项下付款的单据之一。但货物的品质及数量或重量的检验应按下列规定办理:货到目的港××天内经中国出入境检验检疫局复验,如发现品质、数量或重量与本合同规定不符,除属保险公司或船运公司负责外,买方凭中国进出口商品检验局出具的检验证明书,向卖方提出退货或索赔。所有因退货或索赔引起的一切费用(包括检验费)及损失均由卖方负担。在此情况下,凡货物适于抽样的,卖方应向买方要求,将有关货物的样品寄交卖方。""It is mutually agreed that the Certificate of Quality and Quantity/weight issued by the Manufacture (or ×× Surveyor) shall be part of the documents for payment under the relevant L/C. In case the quality, quantity or weight of the goods be found not in conformity with those stipulated in this contract after reinspection by the China Entry-Exit Inspection and Quarantine within ×× days after arrival of the goods at the port of destination, the Buyers shall return the goods to or lodge claims against the sellers for compensation of losses upon the strength of this claim for which the insurers or the carriers are liable. All expenses (including inspection fees) and losses arising from the return of the goods or claim should be borne by the sellers. In such cases, the Buyers may, if so requested, send a sample of the goods in question to the Sellers, provided that the sampling is feasible."

(二) 索赔条款(claim clause)

1. 违约责任

1) 违约与争议

买卖双方通过订立合同,各自都要求承担合约中规定的义务,同时享有一定的权利。在实际履约中,一方未能履行或未能全部履行自己的义务,即构成违约。

争议,又称争端或争执,是一方当事人认为对方未能全部或部分履行合同规定的责任和义务而引起的纠纷。

引起争议的原因大致有卖方违约、买方违约、合同条款规定不明确、交易的一方或者双方在理解上有误或不统一而造成违约等。如果双方对违约的认识有分歧,对违约的责任及其后果的认识不一致,就会产生争议。

2) 对违约行为的不同解释

买卖合同是对当事人双方具有约束力的法律文件,违反了合同义务,就应承担违约的法律后果。违约的行为不同,所引起的法律后果及应承担的责任有所不同。在这方面,各个国家在法律上的规定不完全统一。

(1)《英国1893年货物买卖法案》把违约分为违反要件和违反担保。

所谓违反要件,是指违反合同的主要条款,而违反担保,则是指违反合同的次要条款。至于合同中哪些条款属于要件,哪些条款属于担保,英国法律中并无明确规定,需要根据"合同所做的解释来判断"。不过一般都认为与交易的标的物直接相关的品质、数量、包装、交货期等条件属于要件,与标的物不直接联系的为担保。根据英国法律的规定,如果一方违反要件,受到损害的另一方有权因之解除合同并要求损害赔偿;而如果违约方违反的是合同的担保,受害方只能要求损害赔偿,而不能解除合同。值得注意的是,英国法律同时规定,受害方有权把违反要件作为违反担保处理,只要求赔偿损失,不主张解除合同。此外,还有一种违约类型,称为"违反中间性条款"或"无名条款",所谓中间性条款或无名条款,是既不是要件,也不是担保的合同条款。违反这类条款应承担的责任要视违约的性质及其后果是否严重而定。如性质和后果严重,受损害的一方有权解除合同,并要求损害赔偿,否则,只能要求损害赔偿,而不能解除合同。

(2)CISG把违约分为根本性违约和非根本性违约。

所谓根本性违约,是指由于一方当事人违反合同的行为给另一方当事人造成实质性的损害,如卖方完全不交付货物、买方无理拒收货物、拒付贷款等。这种根本性违约是由于当事人的主观行为所致。如果是当事人不能预知而且处于相同情况的另外一个通情达理的人也不能预知会发生这种结果,那就不属于根本性违约。如果一方当事人根本违反合同,另一方当事人可以宣告合同无效,并要求损害赔偿,否则,只能要求损害赔偿。

(3)美国的法律把违约分为重大违约和轻微违约。

若双方当事人中任何一方违约,以致另一方无法取得该交易的主要利益,则是"重大违约"。在此情况下,受损害的一方有权解除合同,并要求损害赔偿。如果一方违约,情况较为轻微,并未影响对方在该交易中取得的主要利益,则为"轻微违约",受损害的一方只能要求损害赔偿而无权解除合同。

(4)我国的法律规定。

我国合同法中没有根本违约的概念,也没有与之对应的概念,只是在规定受害方可以解除合同时,提到不能实现合同目的,但并没有作为违约的一种类型加以规定。我国《合同法》第94条规定:"有下列情形之一的,当事人可以解除合同:(一)因不可抗力致使不能实现合同目的;(二)在履行期限届满之前,当事人一方明确表示或者以自己的行为表明不履行主要债务;(三)当事人一方迟延履行主要债务,经催告后在合理期限内仍未履行;(四)当事人一方迟延履行债务或者有其他违约行为致使不能实现合同目的;(五)法律规定的其他情形。"

由此可见,对不同违约行为应承担的责任,不同法律和国际条约有不同的规定。因此,交易双方应在合同中订好索赔条款,在实际业务中灵活运用并严格执行。

【应用案例3-7-6】

1. 有份CIF合同,出售矿砂5000公吨,合同装运条款规定:"CIF Hamburg,2002年2月份:由一船或数船装运。"买方于2月15日装运了3100公吨,余数又在3月1日装上另一艘轮船。当卖方凭单据向买方要求付款时,买方以第二批货物延期装运为由,拒绝接受全部单据,并拒付全部贷款,卖方提出异议,认为买方无权拒收全部货物。问:买方拒绝收货和付款是否合理?

> 2. 有一份按 FOB 条件出口的合同,出售一批小麦。合同规定:重量以一张或数张提单的重量为准,共计 5000 吨,可以有 2% 的伸缩度,卖方可以比合同规定的重量多运或少运 8%。事后买方实际交货的重量比合同规定的许可限度仍少 55 公斤。买方已交货数量违反合同为由,并要求卖方退回买方已付的货款。
> 请问:买方有无权利拒收货物?

2. 索(理)赔及索赔对象

1) 索(理)赔的含义

索赔是指买卖合同的一方当事人(受损方)因另一方当事人违约致使其遭受损失而向另一方当事人(违约方)提出损害赔偿的行为。违约方对受损方所提出的赔偿要求予以受理并进行处理,称为理赔。索赔与理赔是一个问题的两个方面,对受损方而言,称作索赔,对违约方而言,称作理赔。

2) 索赔对象

(1) 当事人。①卖方。由于卖方原因造成的损失主要有货物品质规格与合同不符(包括掺杂使假、以次充好、以旧顶新、样品成交时所交货物与成交样品不符等);交货数量不足、重量短少(包装不良或不符合合同要求造成货物残损);未按合同规定的交货期限交货或不交货;卖方其他违反合同或法定义务的行为。买方可凭商检部门出具的检验证书,在索赔有效期内向卖方提出索赔。②买方。由于不开或迟开信用证,不按合同付款赎单,无理由拒收货物,未按期派船接货等原因以及买方其他违反合同或法定义务的行为,而使卖方造成货物积压、收不到货款等损失。卖方可向买方提出索赔。

(2) 承运人。承运人未履行基本义务所造成的货物损失主要有以下几点:承运人短卸、误卸造成货物短少;托运货物在运输途中遗失;承运人未履行"管制货物"的基本义务,如积载不良、配载不当、装卸作业疏忽等造成货物损坏。当事人可凭商检证书向承运人提出索赔。但须注意,轮船公司对其承运货物的责任范围以提单所注明的海关规则和其他有关规则、公约规定为限,超出这些规定的,轮船公司则概不负责。承运人责任还需要分清是船方、铁路运输部门,还是航空、邮政部门的责任,应对真正责任人提出索赔。

(3) 保险公司。运输途中发生的保险项下的事故导致被保险货物受到的损失,保险人可向保险公司提出索赔。

3. 索赔条款

1) 索赔条款的内容

买卖双方为了在索赔和理赔工作中有所依据,便于处理,一般在合同中订立索赔条款。买卖双方商订合同时,可根据不同情况做不同的规定。在一般的商品买卖合同中,大多只规定异议和索赔条款,有的还同检验条款合并起来规定,在买卖大宗商品和成套设备的合同中,除订有异议和索赔条款外,一般还另订罚金条款。

(1) 异议和索赔条款。异议和索赔条款主要是针对卖方交货的品质、数量或包装不符合合同的规定而在买卖合同中订立的。在异议和索赔条款中,应规定索赔的依据、索赔期限、索赔的办法或金额等项内容。

①索赔依据。索赔依据主要是指双方认可的商检机构出具的检验证书,包括法律依据和事实依据两个方面。前者是指贸易合同和适用的法律、惯例,后者是指违约事实的书面文件,即指有资格的机构出具的书面证明,当事人的陈述和其他旁证。如果证据不全、

不清,出证机构不符合要求,都可能遭到对方拒赔。

②索赔期限。索赔期限是指索赔方向违约方提出索赔的有效时限,逾期提赔,受损害的一方即丧失索赔权,违约方可以不受理。索赔期限的长短因商品的不同类型由双方约定。此外,还要对索赔期限的起算时间做出具体规定。起算时间的规定方法主要有以下几种:

a. 货物抵达目的港后××天起算。
b. 货物到达目的港卸离海轮后××天起算。
c. 货物到达买方营业处所或用户所在地后××天起算。
d. 货物经检验后××天起算。

CISG 规定,如买卖合同未规定索赔期限,且到货检验又不易发现货物缺陷的,则买方行使索赔权的最长期限为实际收到货物起不超过 2 年。

【拓展阅读 3-7-1】

索赔期限

(1) 向卖方提出索赔的时效。

①合同中具体规定的索赔时效;②若合同中无索赔时效,品质保证期为索赔时效;③若均无,则按 CISG 第 39 条的规定:买方必须在发现或理应发现不符情况后一段合理时间内通知卖方,否则就丧失索赔的权利。索赔时效最长不超过 2 年。

(2) 向运输公司提出索赔的时效。

①海运:按《统一提单的若干法律规定的国际公约》(简称《海牙规则》),索赔从提货日起 3 天之内,若索赔未被受理,诉讼时效为 1 年;按《汉堡规则》,索赔从提货日起 15 天之内,诉讼时效为 2 年。②空运:按《关于统一国际航空运输某些规则的公约》(简称《华沙条约》),索赔从提货日起 7 天之内,诉讼时效为 2 年。③国际多式联运:按《联合国国际货物多式联运公约》,索赔从提货日起 6 天之内,诉讼时效为 2 年。

(3) 向保险公司提出索赔的时效。

PICC 制定《海洋运输货物保险条款》规定的索赔时效为 2 年。

③索赔的办法或金额。由于违约的情况比较复杂,究竟在哪些业务环节上违约和违约的程度如何等,在订约时难以预计,因此,对索赔的办法或索赔的金额,也难做出明确具体的规定。在一般的买卖合同中,对这一问题都只做笼统规定。根据国际惯例,买方向卖方索赔的金额应与因卖方违约造成的实际损失相等。向运输公司和保险公司索赔的金额,根据规定方法计算。

2) 罚金条款(penalty clause)

罚金条款又称违约金条款,针对当事人不按期履约而订立。主要是规定一方未按合同规定履行其义务时,如卖方未按期交货或买方未按期派船、开证,应向对方支付一定数额的约定罚金,以补偿对方的损失。罚金实质上就是违约金。

罚金条款的主要内容是规定罚金或违约金的数额以补偿对方的损失。

罚金条款一般适用于卖方延期交货,或者买方延迟开立信用证或延期接货等场合。

罚金的数额大小取决于违约时间的长短,但罚金条款中要规定罚金的最高限额。另外,在条款中规定罚金的起算日期时,有两种不同的做法,一种是合同规定的交货期或开证日期终止后立即起算,另一种是规定优惠期,既在合同规定的有关期限终止后再宽限一段时间,在优惠期内免予罚款,待优惠期届满后起算罚金。需要注意的是,违约方在支付罚金后并不能解除其履行合同的义务,违约方支付罚金外,仍应履行合同义务,如因故不能履约,则另一方在收受罚金之外,仍有权索赔。

【应用实例3-7-2】

索赔条款

1. 异议与索赔条款:"买方对于装运货物的任何异议,必须于货物抵达提单所列明的目的港××天内提出,并须提供经卖方认可的公证机构出具的检验报告。属于保险公司、轮船公司或其他有关运输机构责任范围内的索赔,卖方不予受理"。"Any claim by the Buyers regarding the goods shipped shall be filed within ×× days after the arrival of the goods at the port of destination specified in relative Bill of Lading and supported by a survey report issued by a surveyor approved by the Sellers. Claims in respect of matters within responsibility of insurance company, shipping company/other transportation organization will not be considered or entertained by the Seller."

2. 罚金条款:"如卖方不能如期交货,在卖方同意由付款行从议付的贷款中或从买方直接支付的贷款中扣除罚金的条件下,买方可同意延期交货。延期交货的罚金不得超过延期交货部分金额的5%。罚金按每7天收取延期交货部分金额的0.5%,不足7天者按7天计算。如卖方未按合同规定的装运期交货超过10周时,买方有权撤销合同,并要求卖方支付上述延期交货罚金。""In case of delayed delivery, the Sellers shall pay the Buyers for every week of delay a penalty amounting to 0.5% of the total value of the goods whose delivery has been delayed. Any fractional part of a week is to be considered a full week. The total amount of penalty shall not, however, exceed 5% of the total value of the goods involved in the late delivery and is to be deducted from the amount due to the Sellers by the paying bank at the time of negotiation, or by the Buyers direct at the time of payment. In case the period of delay exceeds 10 weeks after the stipulated delivery time the Buyers have the right to terminate this contract but the Sellers shall not thereby be exempted from payment of penalty."

任务2 不可抗力和仲裁条款的拟订

一、不可抗力条款(force majeure clause)

(一)不可抗力的范围及事件的认定

1. 不可抗力含义

不可抗力是指买卖合同签订后,不是由于合同当事人的过失或疏忽,而是由于发生了合同当事人无法预见、无法预防、无法避免和无法控制的事件,以致不能履行或不能如期履行合同,发生意外事故的一方可以免除如期履行合同的责任,对方无权要求赔偿。

在英美法系国家的法律中,有"合同落空"原则的规定,在大陆法系国家的法律中,有所谓"情势变迁"或"契约失效"的原则的规定。尽管各国对不可抗力有不同叫法与说明,但其精神原则大体相同。

不可抗力条款属于一种免责条款。在买卖合同中对交易双方各自承担的义务做出明确规定后,一般情况下当事人应严格遵照执行,任何一方未能履行义务,都应承担损害赔偿责任。但是,如果一方当事人未按合同规定办事,是由于不可抗力事故造成的,那么,该方就可以免除不履约或不完全履约的责任。

2. 不可抗力形成原因

不可抗力形成原因通常有两种:一种是自然原因引起的,如水灾、旱灾、暴风雪、地震等;另一种是社会原因引起的,如战争、罢工、政府禁令、封锁禁运等。

3. 不可抗力应具备条件

并非所有能够阻碍合同履行的意外事故都可以构成不可抗力事故。根据不可抗力的一般解释,可以认为,构成不可抗力事故需要具备以下三个条件。

(1) 事故必须是订立合同之后发生的。在订立合同时,并没有这种事故发生。而如果订立合同时,这种事故已经存在,对当事人来讲,不具备偶然性、突发性,当事人在订立合同条款时已考虑到了该事故对合同的影响,那么,这种事故就不属于不可抗力事故。

(2) 事故不是当事人的过失或故意行为造成的。遭受事故的一方对该事故的发生并无责任。而如果是由于当事人的错误行为导致合同无法履行,则不能作为不可抗力事故。

(3) 事故是当事人无法预见、无法预防、不能控制的。当事人在订约时,并不能预料到该事故必然会发生,即使估计到事故发生的可能性,也没有能力避免或防止它的发生。

(二) 不可抗力条款

1. 不可抗力条款的内容

买卖合同签订之后,由于一些意外事故的出现,使得合同的履行受阻的情况,在国际贸易中时有发生。为了妥善处理这一问题,避免不必要的争执,防止一方当事人任意扩大或缩小对不可抗力事故范围的解释,或在不可抗力事故发生后,在履约问题上提出不合理的要求,双方当事人应在合同中合理规定尽可能明确具体不可抗力条款。

2. 不可抗力事故的范围规定

在买卖合同中规定不可抗力条款时,首先应对哪些事故属于不可抗力事故规定一个范围。因为这一问题与双方当事人的利益有密切关系。在我国的进出口合同中,对规定不可抗力事故的范围,基本上有三种不同做法。

(1) 列举式规定。在合同中详细列出不可抗力事故。对合同中没有明确的,均不作为不可抗力事故对待。

(2) 概括式规定。在合同的不可抗力条款中不具体订明哪些属于不可抗力事故,而只是以笼统的语言做出概括的规定。

(3) 综合式规定。将上述列举式和概括式规定方法结合起来,列明经常可能发生的不可抗力事故(如战争、洪水、地震、火灾等)的同时,再加上"以及双方同意的其他不可抗力事故"的文句,如果发生合同未列明的意外事故,双方当事人可以协商解决。

列举式规定明确肯定,在理解和解释上不容易产生分歧,但一旦出现未列举的其他事故,就丧失了引用不可抗力条款达到免责的权利,因此,不是最好的办法。概括式规定虽然包括面广,但过于笼统,含义模糊,解释伸缩性大,容易引起争议,一般不宜采用。综合式规定方法,弥补了前两种规定方法的不足,做到了既明确具体,又有一定的灵活性,因此,是一种可取的办法。在我国进出口合同中,一般都采取这种规定办法。

3. 不可抗力事故的后果

不可抗力事故引起的后果主要有两种:一种是解除合同,一种是变更合同。至于什么情况下可以解除合同,什么情况下不能解除合同,只能变更合同(延迟履行、减量履行、替代履行合同),则要根据该项事故的性质及对履行合同的影响程度来决定,也可以由双方当事人通过协商在买卖合同中加以具体规定。如果合同中未做出明确规定,一般遵循的原则是:如果不可抗力事故的发生使合同的履行成为不可能,则可解除合同,而如果不可抗力事故只是暂时地阻碍了合同的履行,那就只能延迟履行合同。国外有些合同中规定,发生不可抗力事故后,遭受事故的一方可以暂不履行合同至一段时间(如2~3个月),届时,如果仍无法履行合同,则可以解除合同,如果影响履约的事故已不存在,则可以继续履行合同。

4. 发生事故后通知对方的期限和方式

按国际惯例,当发生不可抗力事故影响到合同的履行时,遭受事故的一方必须按约定的通知期限和通知方式,将事故情况如实及时以电报通知对方,并应在15天内以航空挂号信提供事故的详情及其对合同履行的影响程度的证明文件,对方也应在接到通知后予以答复,如有异议,应及时提出。为了明确责任,一般在合同的不可抗力条款中规定一方发生不可抗力事故后通知对方的期限和方式。

5. 出具有关证明文件的机构

当一方援引合同中的不可抗力条款要求免责时,都必须按约定向对方提供一定机构出具的证明文件,作为发生不可抗力事故的证据。在国外,一般是由当地的商会或公证机构出具。在我国,是由中国国际贸易促进委员会及其设在各地的分支机构出具。为明确起见,在不可抗力条款中应对出证机构的名称做出具体规定。

【应用实例3-7-3】

不可抗力条款

"如由于战争、地震、水灾、火灾、暴风雨、雪灾或其他不可抗力的原因,致使卖方不能全部或部分装运或延迟装运合同货物,卖方对于这种不能装运或延迟装运本合同货物不负有责任。但卖方须用电报或电传通知买方,并须在××天内以航空挂号信件向买方提交由中国国际贸易促进委员会出具的证明此类事件的证明书。"

"If the shipment of the contracted goods is prevented or delayed in whole or in part by reason of war, earthquake, flood, fire, storm, heavy snow or other causes of Force Majeure, the seller shall not be liable for non-shipment or late shipment of the goods of this contract. However, the Seller shall notify the Buyer by Cable or telex and furnish the latter within××days by registered airmail with a certificate issued by the China Council for the Promotion of International Trade attesting such event or events."

【应用案例 3-7-7】

> 1. 我某企业与某外商按国际市场通用规格订约进口某化工原料。订约后不久,市价明显上涨。交货期限届满前,外商所属生产该化工原料的工厂失火被毁,外商遂以该厂火灾属不可抗力事件为由要求解除其交货义务。对此,我方应如何处理?为什么?
>
> 2. 国内某公司于 1990 年 11 月 2 日与伊朗签订了一份进口合同,交易条件为 FOB。后因海湾战争爆发,我方接货货轮无法驶抵伊朗,到 1991 年 2 月海湾战争结束后,我方方能派船接货,而外商以我方未能按时派船接货为由,要求我方赔偿其仓储费。外商这一要求是否合理?

二、仲裁条款(arbitration clause)

(一)仲裁含义

仲裁,是指国际商事关系的双方当事人在争议发生后,依据仲裁条款或仲裁协议,自愿将争议提交某一临时仲裁机构或某一国际常设仲裁机构审理,由其根据有关法律或公平合理原则做出裁决,从而解决争议。

(二)仲裁是解决争议的途径之一

在国际贸易中,情况复杂多变,买卖双方签订合同后,由于种种原因,没有如约履行,从而引起交易双方间的争议。对国际贸易中发生的争议,可以采取不同的解决方式,归纳起来主要有协商、调解、诉讼和仲裁四种做法。

1. 协商

协商又称友好协商,指在发生争议后,由当事人双方直接进行磋商,自行解决纠纷。在协商过程中,当事人通过摆事实讲道理,弄清是非曲直和责任所在,必要时,由双方各自做出一定的让步,最后达成和解。这种做法可节省费用,而且气氛和缓、灵活性大,有利于双方贸易关系的发展,是解决争议的好办法,但这种办法有一定的限度。

2. 调解

发生争议后,双方协商不成,则在争议双方自愿基础上,邀请第三者出面从中调解。调解人的作用是帮助当事人弄清事实,分清是非,并找到一种双方均可接受的解决办法。调解在性质上与协商并没有什么区别。最后的解决办法还须经当事人一致同意才能成立。实践表明,这也是解决争议的一种好办法,我国仲裁机构采取调解与仲裁相结合的办法,收到了良好的效果,但这种办法也有一定的限度。

3. 诉讼

诉讼即打官司,由司法部门按法律程序来解决双方的贸易争端。这通常是由于争议所涉及的金额较大,双方都不肯让步,不愿意或不能采取友好协商或仲裁方式,或者一方缺乏解决问题的诚意,可以通过向法院提出诉讼来解决。

4. 仲裁

仲裁亦称公断。仲裁方式既不同于协商和调解,又不同于诉讼。因为协商和调解强调自愿性,双方都同意才能进行。而诉讼不存在自愿问题,诉讼的提起可以单方面进行,只要在双方当事人有管辖权的法院起诉,另一方就必须应诉,争议双方都无权选择法官,审理后做出的判决也具有强制性。仲裁方式既有自愿性的一面,又有强制性的一面。自愿性主要体现在仲裁的提起,要有双方达成的协议,强制性则表现在仲裁裁决是终局性的,双方必须遵照执行。对于双方当事人来说,仲裁比诉讼具有较大的灵活性,因为仲裁员不是由国家任命而是由双方当事人指定的,而且仲裁员一般都是贸易界的知名人士或有关方面的专家,比较熟悉国际贸易业务,处理问题一般比法院迅速及时,费用也比较低。由于这些原因,当争议双方通过友好协商不能解决问题时,一般都愿意通过仲裁方式裁决。

(三) 仲裁协议

1. 仲裁协议形式

仲裁协议(arbitration agreement)是双方当事人表示愿意将他们之间的争议交付仲裁机构进行裁决的书面协议,也是仲裁机构和仲裁员受理争议案件的依据。仲裁协议必须采用书面形式,其有两种形式。一种是在争议发生之前,双方当事人在合同中订立的,表示同意把将来可能发生的争议提交仲裁裁决的协议。通常为合同中的一个条款,称为仲裁条款(arbitration clause)。另一种形式是,当事人在争议发生之后达成的,表示同意将已经发生的争议提交仲裁解决的协议,这种协议称为"提交仲裁的协议"。这两种仲裁协议形式,其法律效力是相同的。

2. 仲裁协议作用

(1) 约束双方当事人按协议规定以仲裁方式解决争议,而不得向法院起诉。

(2) 排除法院对有关争议案的管辖权。各国法律一般都规定法院不受理双方订有仲裁协议的争议案件,包括不受理当事人对仲裁裁决的上诉,如果一方违背仲裁协议,自行向法院起诉,另一方可根据仲裁协议要求法院不予受理,并将争议案件交仲裁庭裁断。

(3) 使仲裁机构和仲裁员取得对有关争议案的管辖权是仲裁机构受理案件的依据,任何仲裁机构都无权受理无书面仲裁协议的案件。

仲裁协议的以上三方面作用是互相联系的。双方当事人在签订合同时如果愿意把日后可能发生的争议交付仲裁,而不愿意诉诸法律程序,就应在合同中订立仲裁条款,以免一旦发生争议,双方因不能达成提交仲裁的协议而不得不诉诸法律。在业务中,如果买卖双方没有事先在合同中订立仲裁条款,待争议发生之后,由于双方处于对立地位,往往无法就提交的仲裁问题取得一致意见,原告就有可能直接向法院起诉,在这种情况下,任何一方都无法迫使对方接受仲裁。

(四) 仲裁条款

1. 仲裁条款的内容

仲裁条款内容一般应包括仲裁地点、仲裁机构、仲裁程序规则、仲裁裁决的效力、仲裁费用的负担等。仲裁条款的规定,应当明确合理,不能过于简单,其订得妥当与否,关系到日后发生争议时能否得到及时合理的解决,关系到买卖双方的切身利益。

1) 仲裁地点

仲裁地点即在什么地点进行仲裁,是仲裁条款的一项重要内容。因为仲裁地点与仲裁适用的程序和合同争议所适用的实体法密切相关,通常均适用于仲裁所在地国家的仲裁法和实体法。当事人没有选择的,适用于合同有最密切联系的国家的法律,通常是指仲裁所在地法,也可以根据具体情况适用合同签订地或履行地所在国的法律。由于仲裁地点不同,适用的法规法律不同,对交易双方权利和义务的解释也会有所差别。而且,当事人对本国的仲裁法规比较了解,面对外国的仲裁制度则往往不太熟悉,难免有所疑虑。因此,双方当事人都很重视仲裁地点的确定,都力争在本国仲裁,或者在自己比较了解和比较信任的国家进行仲裁。

在我国的对外贸易合同中,规定仲裁地点时,根据具体情况,一般采用以下规定方法:①力争规定在我国仲裁;②规定在被诉方所在国仲裁;③规定在双方同意的第三国仲裁。

如果双方决定采用上述第三种规定方法,一般是选择仲裁法规允许受理双方当事人都不是本国公民的争议案,并且该仲裁机构又具有较好声誉的。

2) 仲裁机构

在买卖合同中规定了仲裁地点后,还要同时具体规定由该国(地区)的哪个仲裁机构审理争议案。国际上的仲裁机构有两种:一种是常设仲裁机构,另一种是临时仲裁机构。

常设仲裁机构是指依据国际条约或国内法成立的具有固定组织和地点、固定的仲裁程序规则的永久性仲裁机构。世界上许多国家和一些国际组织都设有专门从事国际商事仲裁的常设机构,如国际商会仲裁院、英国伦敦仲裁院、英国仲裁协会、美国仲裁协会、瑞典斯德哥尔摩商会仲裁院、瑞士苏黎世商会仲裁院、日本国际商事仲裁协会以及香港国际仲裁中心等。我国的涉外仲裁机构为中国国际经济贸易仲裁委员会、中国海事仲裁委员会。

临时仲裁机构是指根据当事人的仲裁条款或仲裁协议,在争议发生后由双方当事人推荐的仲裁员临时组成的,负责裁断当事人的争议,并在裁决后即行解散的临时性仲裁机构。

3) 仲裁程序规则

仲裁程序规则主要是规定进行仲裁的手续、步骤和做法。对当事人和仲裁员来讲,仲裁程序规则是他们提出仲裁和进行仲裁审理必须遵循的行为准则。

各国仲裁机构的仲裁规则对仲裁程序都有明确规定。按我国仲裁规则规定,仲裁程序如下。

(1) 申请仲裁。申请人应提交仲裁协议和仲裁申请书,并附交有关证明文件和预交仲裁费。仲裁机构立案后应向被诉人发出仲裁通知和申请书及附件。被诉人可以提交答辩书或反请求书。

(2) 仲裁庭的组成。当事人双方均可在仲裁机构所提供的仲裁员名册中指定或委托仲裁机构指定一名仲裁员,并由仲裁机构指定第三名仲裁员作为首席仲裁员,共同组成仲裁庭。如果用独任仲裁员方式,可由双方当事人共同指定或委托仲裁机构指定。

(3) 仲裁审理。仲裁审理案件有两种形式:一种是书面审理,也称不开庭审理,又根据有关书面材料对案件进行审理并做出裁决,海事仲裁常采用书面仲裁形式。另一种是开庭审理,这是普遍采用的一种方式。仲裁庭审是不公开的,以保护当事人的商业机密。

(4) 仲裁裁决。仲裁庭做出裁决后,仲裁程序即告终结。仲裁裁决必须是书面的,裁决书做出的日期即为仲裁裁决生效日期。

4) 仲裁裁决的效力

仲裁裁决是终局的,双方当事人均有约束力。双方都必须遵照执行,任何一方当事人不得向法院起诉,也不得向其他任何机构提出变更裁决的请求。

5) 仲裁费用的负担

应在仲裁条款中订明。通常由败诉方负担,也可规定由仲裁庭裁决。

(五) 仲裁裁决的承认与执行

仲裁裁决对双方当事人都具有法律上的约束力,当事人必须自行执行。仲裁机构自身不具有强制执法的能力。若双方当事人都在本国,如一方不执行裁决,另一方可请求法院强制执行。若一方当事人在国外,涉及一个国家的仲裁机构所做出的裁决要由另一个国家的当事人执行的问题。在此情况下,如国外当事人拒不执行裁决,则要到国外的法院去申请执行,或通过外交途径要求对方国家有关主管部门或社会团体(如商会、同业公会)协助执行。

对外国仲裁裁决的执行,因为不仅涉及双方当事人的利益,而且涉及两国之间的利害关系,国际上除通过双边协定就相互承认与执行仲裁裁决问题做出规定外,还订立了多边国际的公约。关于承认与执行外国仲裁裁决的国际公约先后有三个:①1923年缔结的《1923年日内瓦仲裁条款议定书》;②1927年缔结的《关于执行外国仲裁裁决的公约》;③1958年6月联合国在纽约缔结的《承认及执行外国仲裁裁决公约》,简称《1958年纽约公约》,是一个重要的国际公约。该公约强调了两点:一是承认双方当事人所签订的仲裁协议有效;二是根据仲裁协议所做出的仲裁裁决,缔约国应承认其效力并有义务执行。只有在特定的条件下,才根据被诉人的请求拒绝承认与执行仲裁裁决。例如裁决涉及仲裁协议未提到的,或不包括在仲裁协议之内的原因引起的争议,仲裁庭的组成或仲裁程序与当事人所签仲裁协议不符等。这一公约于1987年4月正式对我国生效。但有两项保留:一是仅适用两个缔约国之间做出的裁决;二是只适用于商事法律关系所引起的争议。

我国政府对上述公约的加入和所做的声明,为我国承认和执行外国仲裁裁决提供了法律依据。同时,我国涉外仲裁机构的仲裁裁决也可以在世界上已加入该公约的国家和地区得到承认和执行。至于所在国既未参加《1958年纽约公约》,又未与我国签订双边条约的,只要对方所在国执行外国仲裁裁决无特殊限制,一般情况下,当事人可以直接向有管辖权的外国法院申请承认和执行。

【应用实例3-7-4】

仲裁条款示例

1. 规定在我国仲裁的条款:

凡因执行本合同所发生的或与本合同有关的任何争议,双方应通过友好协商解决。如经协商不能解决,应提交中国北京中国国际经济贸易仲裁委员会,根据其仲裁规则进行仲裁。仲裁裁决是终局性的,对双方都有约束力。

"Any dispute arising out of the performance of, or relating to this contract shall be settled amicably through negotiation. In case no settlement can be reached through negotiation, the case shall then be submitted to the China International Economic and Trade Arbitration Commission, Beijing, China, for arbitration in accordance with its Rules of Arbitration. The arbitral award is final and binding upon both parties."

2. 规定在被诉方所在国仲裁的条款:

凡因执行本合同所发生的或与本合同有关的任何争议,双方应通过友好协商解决,如经协商不能解决,应提交仲裁,仲裁在被诉方所在国进行。如在中国,由北京中国国际经济贸易仲裁委员会根据其仲裁规则进行仲裁。如在××,由××根据该仲裁机构的仲裁规则进行仲裁。仲裁裁决是终局性的,对双方都有约束力。

"Any dispute arising out of the performance of or relating to this contract shall be settled amicably through negotiation. In case no settlement can be reached through negotiation, the case shall then be submitted for arbitration. The location of arbitration shall be in the country of the domicile of the defendant. If in China, the arbitration shall be conducted by The China International Economic and Trade Arbitration Commission, Beijing, in accordance with its Rules of Arbitration. If in ××, the arbitration shall be conducted by ×× in accordance with its arbitral rules of procedure. The arbitral award is final and binding upon both parties."

3. 规定在第三国仲裁的条款:

凡因执行本合同所发生的或与本合同有关的任何争议,双方应通过友好协商解决。如经协商不能解决,应提交××根据该仲裁机构的仲裁程序规则进行仲裁。仲裁裁决是终局性的,对双方都有约束力。

"Any dispute arising out of the performance of, or relating to this contract shall be settled amicably through negotiation. In case no settlement can be reached through negotiation, the case shall then be submitted to ×× for arbitration in accordance with its rules of arbitration. The arbitral award is final and binding upon both parties."

【应用案例 3-7-8】

我国某公司与外商订立一项出口合同,在合同中明确规定了一旦在履约过程中发生争议,即将争议提交中国国际经济贸易仲裁委员会,在中国仲裁。后来,双方对商品的品质发生了争议,对方在其所在地法院起诉我方,法院也发来了传票,传我公司出庭应诉。对此,我方应该如何处理?为什么?

【应用实例 3-7-5】

销售合同实例(争议条款汇总)

销售合同　SALES CONTRACT

卖方 SELLER:	中国化工进出口公司	编号 NO.:	SC07102
		日期 DATE:	2007-3-13
		地点 SIGNED IN:	中国大连开发区辽河西路10号
买方 BUYER:	Smith & Sons Co., Ltd.	地点:	新加坡国兴大街36号
		通信方式:	65-76328701

买卖双方同意以下条款达成交易：This contract is made by and agreed between the BUYER and SELLER, in accordance with the terms and conditions stipulated below.			
1. 品名及规格 Commodity & Specification	2. 数量 Quantity	3. 单价及价格条款 Unit Price & Trade Terms	4. 金额 Amount
锌钡白(Lithopone)硫化锌含量最低28%（ZnS content 28% min.）	50公吨	CIF 新加坡每公吨110美元含佣3%	5500美元
Total:	50公吨		5500美元
允许 With	5%	溢短装：卖方可多装或少装百分之五，价格按合同单价计算。 More or less of shipment allowed at the sellers' option.	
5. 总值　Total Value	伍仟伍佰美元整		
6. 包装　Packing	内衬纸袋的玻璃纤维(glass-fiber)袋装		
7. 唛头　Shipping Marks	SINGAPORE NO. 1 —— up		
8. 装运期及运输方式 Time of Shipment & means of Transportation	2007年5月装运，允许分批和转船		
9. 装运港及目的地 Port of Loading & Destination	大连港装船运往新加坡		
10. 保险 Insurance	由卖方按中国人民保险公司海洋货物运输保险条款，按发票总值110%投保一切险加战争险		
11. 付款方式 Terms of Payment	买方应由卖方可接受的银行于装运月份前30天开立并送达卖方不可撤销即期信用证，至装运月份后第15天在中国议付有效		
12. 品质与数量异议 Quality/Quantity Discrepance	货到港后7天内提出数量异议，60天内提出品质异议		
13. 仲裁 Arbitration	双方发生争议提请中国国际经济贸易仲裁委员会仲裁，仲裁裁决是终局的		
14. 不可抗力 Force Major	如发生洪水、火灾、地震等不可抗力事故，当事人必须于15天内通知对方，当事人可免责		
The Buyer	The Seller		
Smith(signature)	张建华　(signature)		

小　　结

在国际贸易中，买卖双方交易的商品，一般都要经过检验，法定检验的商品一定要进行检验,否则不能进口或出口,要明确规定商品检验的时间和地点、检验机构、检验证书、检验标准和方法。交易中一方如果违约,给对方造成损失,受损害方有权向其提出索赔。不可抗力条款是一种免责条款,如果是人力不可抗拒事件,致使合同不能或不能如期履行,可按不可抗力条款的规定免除合同当事人的责任。交易双方在履行合同中若产生争议,首先进行友好协商,其次调解,若还不能解决,可通过仲裁方式解决,尽力争取在我国仲裁,仲裁的裁决是终局的。交易双方在达成交易商订合同时,要在合同中分别订立检验、索赔、不可抗力和仲裁条款。

综 合 训 练

一、不定项选择题

1. 在国际货物销售合同商品检验条款中关于检验时间与地点,目前使用最多的是( )。
   A. 在出口国检验
   B. 在进口国检验
   C. 在出口国检验,在进口国复验
   D. 出口国检验,进口国复检,再到第三国检验

2. 商检部门对进出口商品的质量、规格、等级进行检验后出具的是( )。
   A. 品质检验证书   B. 重量检验证书
   C. 数量检验证书   D. 卫生检验证书

3. 我国出口冻禽、冻兔、皮张、毛类、猪鬃、肠衣等货物时,需要提供( )。
   A. 品质检验证书   B. 重量检验证书
   C. 价值检验证书   D. 兽医检验证书
   E. 残损检验证书

4. 我国商检机构的基本任务是( )。
   A. 实施法定检验   B. 实施监督管理
   C. 办理公证鉴定业务   D. 进行对外索赔

5. 商品检验证书在国际贸易中的作用是( )。
   A. 证明卖方所交货物是否符合合同规定的依据
   B. 对外索赔的依据
   C. 仲裁机构受理案件的依据
   D. 海关通关放行的有效证件
   E. 银行付款的主要依据

6. 我国进出口商品检验的范围主要包括( )。
   A. 现行《商检机构实施检验的进出口商品种类表》规定的商品
   B. 我国食品卫生法和进出境动植物检疫法规定的商品
   C. 我国进出境动植物检疫法规定的商品
   D. 我国食品卫生法规定的商品

7. 交易一方认为对方未能全部或部分履行合同规定责任与义务而引起的纠纷是( )。

A. 争议　　　　　B. 违约　　　　　C. 索赔　　　　　D. 理赔

8. CISG规定的索赔期限为买方实际收到货物后（　　）内。
A. 半年　　　　　B. 1年　　　　　C. 1年半　　　　D. 2年

9. 涉及国际货物买卖的索赔，通常包括（　　）。
A. 买卖双方之间的贸易索赔　　　　B. 卖方向承运人提出的运输索赔
C. 买方向承运人提出的运输索赔　　D. 卖方向保险人提出的保险索赔

10. 进出口合同中索赔条款有两种规定方式（　　）。
A. 异议条款　　　　　　　　　　　B. 索赔条款
C. 罚金条款　　　　　　　　　　　D. 异议和索赔条款

11. 不可抗力事故是指当事人（　　）。
A. 不能预见、不能避免的事故
B. 不能预见、不能避免、不能克服的事故
C. 不能预见、不能避免、不能克服、可以预防的事故
D. 可以预见、不能避免的事故

12. 当卖方因不可抗力事故造成履行出口交货困难时，按照法律和惯例（　　）。
A. 只能免除交货责任
B. 只能展延交货日期
C. 减少交货的数量
D. 有时可以免除交货责任，有时可以展延交货日期，视具体情况而定

13. 下列属于不可抗力事故的是（　　）。
A. 水灾　　　　　B. 地震　　　　　C. 政府禁令　　　D. 通货膨胀

14. 不可抗力引起的后果主要是（　　）。
A. 支付违约金　　　　　　　　　　B. 解除合同
C. 延期履行合同　　　　　　　　　D. 订立新合同

15. 某公司对外订立出口合同后，发生火灾，全部供出口的商品被毁。如果该合同中订有不可抗力条款，该公司可援引该条款（　　）。
A. 要求进口方按期付款　　　　　　B. 要求免除对买方的赔偿责任
C. 要求撤销合同　　　　　　　　　D. 要求延期履行合同

16. 仲裁协议是仲裁机构受理争议案件的必要依据。仲裁协议（　　）达成。
A. 必须在争议发生之前
B. 只能在争议发生之后
C. 既可以在争议发生之前，也可以在争议发生之后
D. 必须在争议发生的过程中

17. 诉讼与仲裁的相同点是（　　）。
A. 两者审理案件的机构性质相同　　B. 两者审理制度相同
C. 两者均是按照一定程序进行审理　D. 两者审理的依据相同

18. 以仲裁方式解决交易双方争议的必要条件是（　　）。
A. 交易双方当事人订有仲裁协议　　B. 交易双方当事人订有合同
C. 交易双方当事人订有意向书　　　D. 交易双方当事人订有交易协议

19. 中国国际经济贸易仲裁委员会是我国的（　　）。
A. 官方性常设仲裁机构　　　　　　B. 民间性常设仲裁机构

C. 官方性临时仲裁机构　　　　　　　D. 民间性临时仲裁机构
20. 多数国家都认定仲裁裁决是(　　)。
A. 终局性的　　　B. 可更改的　　　C. 无约束力　　　D. 不确定的

二、判断题

1. 买方对货物的检验权是强制性的,是接受货物的前提条件。(　　)
2. 按照我国商检法的规定,法定检验的商品仅指《商检机构实施检验的进出口商品种类表》所列的商品。(　　)
3. 如果合同中作为商检依据的品质条款和信用证规定不符,则商检机构按信用证的有关规定检验。(　　)
4. 如果合同中未对进出口商品的检验标准做出明确规定的话,应首先以进口国标准作为检验依据。(　　)
5. 凡是出口商品,必须经过商检机构的检验之后才能出口。(　　)
6. 在出口国检验是指在产地检验出口商品。(　　)
7. 在国际贸易中,买卖双方凭样成交的,进行商品检验时应按合同进行检验。(　　)
8. 在进出口业务中,进口商收货后发现货物与合同规定不符,在任何时候都可向供货方索赔。(　　)
9. 不可抗力事故一定不是因合同当事人自身的过失或疏忽导致的。(　　)
10. 一旦在合同订立后出现不可抗力事故,遭受损害的一方当事人即可解除合同。(　　)
11. 供货方如果生产机器发生故障,可援引不可抗力条款要求延期交货。(　　)
12. 在不可抗力条款中必须订明一方发生不可抗力事故后通知对方的期限和方式。(　　)
13. 援引不可抗力条款的法律后果是撤销合同或推迟合同的履行。(　　)
14. 不可抗力属于免责条款。(　　)
15. 受理争议的仲裁机构是国家政权机关,对争议案件的受理具有强制管辖权。(　　)
16. 仲裁裁决一般是终局性的,对双方当事人均有约束力。(　　)
17. 仲裁协议必须由合同当事人在争议发生之前达成,否则不能提请仲裁。(　　)
18. 仲裁协议约束双方当事人只能以仲裁方式解决争议,不得向法院起诉。(　　)
19. 仲裁协议的核心作用是排除法院对该争议案件的管辖权。(　　)
20. 仲裁比诉讼的程序简单,处理问题比较迅速及时,而且费用也较为低廉。(　　)

三、案例分析题

1. 某公司以 CIF 鹿特丹出口食品 1000 箱,即期信用证付款,货物装运后,凭已装船清洁提单和已投保一切险及战争险的保险单,向银行托收货款。货到目的地后经进口人复验发现下列情况:(1)该批货物共有 10 个批号,抽查 20 箱,发现其中 2 个批号涉及 200 箱内含沙门菌超过进口国标准;(2)收货人只实收 998 箱,短少 2 箱;(3)有 15 箱货物外表情况良好,但箱内货物共短少 60 公斤。试问以上情况,进口人应分别向谁索赔,为什么?
2. 中国从阿根廷进口普通豆饼 2 万吨,交货期为 8 月月底,拟转售欧洲。然而,4 月份阿商原定的收购地点发生百年未见的洪水,收购计划落空。阿商要求按不可抗力处理免除交货责任,问:中方应该怎么办?

项目四　国际货物买卖合同的履行

子项目一　出口合同的履行

【学习目标】

知识目标：
1. 了解出口合同履行的主要程序、基础知识。
2. 理解规范出口合同有关的法律规则和操作要求。
3. 掌握出口合同发行的业务做法。

技能目标：能应用出口贸易中的买卖合同履行的实务操作知识,有效解决在工作中遇到的实际问题。

【重点、难点】

重点：出口合同履行的主要程序。

难点：出口合同的实务操作。

【任务情景】

我某公司凭即期不可撤销信用证出口马达一批,合同规定装运期为2003年8月份。签约后,对方及时开来信用证,我方根据信用证的要求及时将货物装运出口。但在制作单据时,制单员将商业发票上的商品名称以信用证的规定缮制为"MACHINERY AND MILL WORKS,MOTORS",而海运提单上仅填写了该商品的统称"MOTORS"。

问：付款行可否以此为由拒付货款？为什么？

在我国出口贸易中,多数按CIF条件成交,并按信用证支付方式收款,本节主要介绍这类合同的履行程序。履行这种出口合同,涉及面广、工作环节多、手续繁杂,且影响履行的因素很多,为了提高履行约率,各外贸公司必须加强同有关部门的协作与配合,力求把各项工作做到精确细致,尽量避免出现脱节情况,做到环环扣紧、井然有序。履行出口合同的程序,一般包括备货、催证、审证、改证、租船、订舱、报关、报验、保险、装船、制单结汇等工作环节。在这些工作环节中,以货(备货)、证(催证、审证和改证)、船(租船、订舱)、款(制单结汇)四个环节的工作最为重要。只有做好这些环节的工作,才能防止出现"有货无证""有证无货""有货无船""有船无货""单证不符"或违反装运期等情况。

任务1　备货和报检

为了保证按时、按质、按量交付约定的货物,在订立合同之后,卖方必须及时落实货源,备妥应交的货物,并做好出口货物的报验工作。

一、备货

备货工作的内容主要包括：按合同和信用证的要求生产加工或让仓储部门组织货源和催交货物，核实货物的加工、整理、包装和刷唛情况，对应交的货物进行验收和清点。在备货工作中，应注意下列事项。

1. 发运货物的时间

为了保证按时交货，应根据合同和信用证对装运期的规定，并结合船期安排，做好供货工作，使船货衔接好，以防止出现船等货的情况。

2. 货物的品质、规格

合同中的品质条件是构成商品说明的重要组成部分，是买卖双方交接货物的依据，是国际货物买卖合同的重要条款。商品品质问题是买卖双方产生争议的主要原因。英国货物买卖法把品质条件作为合同的要件；CISG 规定，卖方交付货物，必须符合约定的质量。如卖方交货不符合约定的品质条件，买方有权要求损害赔偿，也可要求修理或交付替代货物，甚至拒收货物和撤销合同。交付货物的品质、规格，必须符合约定的要求，如果不符，应进行筛选和加工，整理直至达到要求为准。

3. 货物的数量

商品的数量是国际贸易中的主要条件之一。数量是买卖双方交接货物的依据。按照某些国家的法律规定，卖方交货数量必须与合同规定相符，否则，买方有权提出索赔，甚至拒收货物。CISG 第 35 条规定：卖方支付的货物必须与合同所规定的数量、质量和规格相符，并须按照合同所规定的方式装箱和包装。如果卖方交付货物数量大于合同规定的数量，买方可以拒收多交的部分，也可以收取多交部分中的一部分或全部，但应按合同价款执行；如卖方交货数量少于合同规定，卖方应在规定的交货期内补交不足部分，但不得给买方造成不合理的不便或承担不合理的开支，即便如此，买方也保留要求损害赔偿的权利。必须按约定数量备货，而且应留有余地，以备必要时作为调换之用，如约定可以溢短装百分之若干时，则应考虑满足溢装部分的需要。

4. 货物的包装

CISG 规定，卖方交付的货物，如未按合同规定的方式装箱或包装，即构成违约。按照 CISG 的规定，如果一方违反了所约定的包装条件，另一方有权提出索赔，甚至可以拒收货物。一些国家的法律规定，如卖方交付的货物未按约定的条件包装，或者货物的包装与行业习惯不符，买方有权拒收货物。如果货物虽按约定的方式包装，但却与其他货物混杂在一起，买方可以拒收违反规定包装的那部分货物，甚至可以拒收整批货物。按约定的条件包装，核实包装是否适应长途运输和保护商品的要求，如发现包装不良或有破损，应及时修整或调换。

在包装的明显部位，应按约定的唛头式样刷制唛头，对包装上的其他各种标志是否符合要求，也应注意。

二、报检

凡按约定条件和国家规定必须法定检验的出口货物，在备妥货物后，应向中国进出口商品检验局申请检验，只有经检验出具商检局签发的检验合格证书，海关才放行，凡检验不合格的货物，一律不得出口。

申请报验时，应填制出口报验申请单，向商检局办理申请报验手续，该申请单的内容，一般包括品名、规格、数量或重量、包装、产地等项，在提交申请单时，应随附合同和信用证副本等有关文件，供商检局检验和发证时做参考。

当货物经检验合格后，商检机构发给检验合格证书，外贸公司应在检验证规定的有效期内将货物装运出口，如在规定的有效期内不能装运出口，应向商检机构申请展期，并由商检机构进行复验，复验合格后，才准予出口。

任务2　催证、审证和改证

在履行凭信用证付款的出口合同时，应注意做好下列工作。

一、催证

在按信用证付款条件成交时，买方按约定时间开证是卖方履行合同的前提条件，尤其是大宗交易或按买方要求而特制的商品交易，买方及时开证更为必要；否则，卖方无法安排生产和组织货源，在实际业务中，由于种种原因买方不能按时开证的情况时有发生，因此，我们应结合备货情况做好催证工作，及时提请对方按约定时间办理开证手续，以利于合同的履行。

二、审证

在实际业务中，由于种种原因，买方开来的信用证常有与合同条款不符的情况，为了维护我方的利益，确保收汇安全和合同的顺利履行，我们应对国外来证按合同进行认真的核对和审查。

在审证时，应注意下列事项。

1. 政治性、政策性审查

在我国对外政策的指导下，对不同国家和不同地区的来证从政治上、政策上进行审查，如来证国家同我国有无经济贸易往来关系，来证内容是否符合政府间的支付协定，证中有无歧视性内容等。

2. 开证行与保兑行的资信情况

为了确保安全收汇，对开证行和保兑行所在国的政治、经济状况，开证行和保兑行的资信及其经营作风等，都应注意审查，如发现有问题，则应酌情采取适当的措施。对信用证的性质和开证行的付款的责任，要注意审查信用证是否为不可撤销的信用证，信用证是否生效，在证内，对开证行的付款责任是否加有"限制性"条款或其他"保留"条件。

3. 审查信用证与合同的一致性（受益人是否曾经同意）

一般来讲，受益人审核信用证时的主要依据就是买卖双方签订的交易合同。合同是买卖双方意思表示一致的书面表达形式。合同中包括诸如品质、数量、包装、价格、装运、保险、支付、检验、索赔理赔等条款。支付条款中规定了信用证的支付方式，那么才有信用证的出现。信用证虽然一经开立就成为独立于合同的法律文件，但信用开立的前提是进出口双方之间的销售合同。作为出口方，在审证时就应该严格按照合同的规定来审查信用证。凡是有合同之外的额外要求的，都可以要求买方修改信用证。具体要求如下。

(1) 信用证金额及其采用的货币，信用证金额应与合同金额一致，如合同订有溢短装条款,则信用证金额还应包括溢短装部分的金额,来证采用的货币与合同规定的货币一致。

(2) 有关货物的记载。来证中对有关品名、数量或重量、规格、包装和单价等项内容的记载,是否与合同的规定相符,有无附加特殊条款,如发现信用证与合同规定不符,应酌情做出是否接受或修改的决策。

(3) 有关装运期,信用证有效期和到期地点的规定,按惯例,一切信用证都必须规定一个交单付款,承兑或议付的到期日,未规定到期日的信用证不能使用,通常信用证中规定的到期日是指受益人最迟向出口地银行交单议付的日期。如信用证规定在国外交单到期日,由于寄单费时,且有延误的风险,一般应提请修改,否则,就必须提前交单,以防逾期,装运期必须与合同规定一致,如来证太晚,无法按期装运,应及时申请国外买方延展装运期限,信用证有效期与装运期应有一定的合理间隔,以便在装运货物后有足够的时间办理制单结汇工作,信用证有效期与装运期规定在同一天的,称为"双到期",对这种情况,受益人是否就此提出修改,应视具体情况而定。

(4) 装运单据,对来证要求提供的单据种类份数及填制方法等,要仔细审查,如发现有不适当的规定和要求,应酌情做出适当处理。其他特殊条款。审查来证中有无与合同规定不符的其他特殊条款,如发现有对我方不利的附加特殊条款,一般不宜接受,如对我方无不利之处,而且能办到,也可酌情灵活掌握。

4. 审查信用证条款的可接受性(受益人是否能够做到)

有些名为"不可撤销"的信用证中会出现各种限制信用证生效的条款、有条件的付款条款和限制出口人履约、交单等的条款,极大地损害了出口人的利益,这些条款通常被称为软条款,应要求删除或修改。我们同时也要注意,信用证带有软条款,并非一定是出于诈骗的目的,但总体上来说,软条款削弱了信用证付款保证的完整性和可靠性,容易被不法商人作为行骗或者赖账的手段来使用。

【知识拓展 4-1-1】

> 常见的软条款种类:
> (1) 开证人(买家)在信用证中规定,受益人(出口商)装船出运,必须要得到开证行的书面通知,并且在议付单据中明确要求提供该通知。
> (2) 要求提供特定人或机构的检验、验货、确认出运的签章,且该特定人或机构的签章已经在开证行留底。
> (3) 收货收据须由开证申请人签发或核实。
> (4) 规定受益人不易提交的单据,如要求使用 CMR 运输单据。

三、改证

在审证过程中如发现信用证内容与合同规定不符,应区别问题的性质,分别同有关部门研究,做出妥善的处理。一般来说,如发现我方不能接受的条款,应及时提请开证人修改,修改信用证应注意以下几点。

(1) 凡是需要修改的内容,应做到一次性向客人提出,避免多次修改信用证的情况。

(2) 对不可撤销信用证中任何条款的修改,都必须取得当事人的同意后才能生效。对信用证修改内容的接受或拒绝有两种表示形式:①受益人做出接受或拒绝该信用证修改的通知；②受益人以行动按照信用证的内容办事。

（3）收到信用证修改后，应及时检查修改内容是否符合要求，并根据情况表示接受或重新提出修改。

（4）对修改内容要么全部接受，要么全部拒绝，部分接受修改中的内容是无效的。

（5）有关信用证修改必须通过原信用证通知行才是真实、有效的；通过客人直接寄送的修改申请书或修改书复印件不是有效的修改。

（6）明确修改费用由谁承担。一般按照责任归属来确定修改费用由谁承担。

任务3 运输、投保、报关

一、租船订舱

按CIF条件成交时，卖方应及时办理租船订舱工作，如系大宗货物，则需要办理租船手续，具体流程如下。

1. 办理托运

外贸公司在收到国外开来的信用证经审核（或经修改）无误后即可办理托运。按信用证或合同内有关装运条款填写订舱委托书，随附商业发票、装箱单等必要单据，委托货代代为订舱。

2. 领取装运凭证

外运公司收到有关单证后，即缮制海运出口托运单，并会同有关船公司安排船只和舱位；船公司如接受订舱，则将配舱回单、装货单等单据还给托运人，并标注提单号、船名、航次等信息。

然后由船公司据以签发装货单，作为通知船方收货装运的凭证。

3. 出口报关

托运人持船公司签署的装货单填制出口报关单，连同商业发票、装箱单等去申请报关。海关部门查验后，在装货单上盖放行章。

4. 装货、装船

外运公司根据船期，代各外贸公司往发货仓库提取货物运进码头，由码头理货公司理货，凭外轮公司签发的装货单装船。

5. 换取提单

货物装船完毕，由船长或大副签发"大副收据"或"场站收据"，载明收到货物的详细情况。托运人凭上述收据向有关船公司换取提单。

6. 发出装船通知

货物装船后，托运人即可向国外买方发出装船通知，以便对方准备付款、赎单、办理收货。如为C&F或FOB合同，由于保险由买方自行办理，及时发出装船通知尤为重要。

二、投保

凡按CIF条件成交的出口合同，在货物装船前，卖方应及时向中国人民保险公司办理投保手续，出口货物投保都是逐笔办理，投保人应填制投保单，将货物名称、保险金额、运输路线、运输工具、开航日期、投保险别等一一列明，为了简化投保手续，也可利用出口货物明细单或货物出运分析单来代替投保单,保险公司接受投保后,即签发保险单或保险凭证。投保具体过程如下。

1. 确定投保国际运输保险的金额

投保金额是收取保险费的依据,又是货物发生损失后计算赔偿的依据。按照国际惯例,投保金额应按发票上的CIF的预期利润计算。但是,各国市场情况不尽相同,对进出口贸易的管理办法也各有异。向中国人民保险公司办理进出口货物运输保险,有按两种办法:一种是逐笔投保;另一种是按签订预约保险总合同办理。

2. 填写国际运输保险投保单

保险单是投保人向保险人提出投保的书面申请,其主要内容包括被保险人的姓名、被保险货物的品名、标记、数量及包装、保险金额、运输工具名称、开航日期及起讫地点、投保险别、投保日期及签章等。

3. 支付保险费,取得保险单

保险费按投保险别的保险费率计算。保险费率是根据不同的险别、不同的商品、不同的运输方式、不同的目的地,并参照国际上的费率水平而制定的。它分为"一般货物费率"和"指明货物加费费率"两种。前者是一般商品的费率,后者系指特别列明的货物(如某些易碎、易损商品)在一般费率的基础上另行加收的费率。

交付保险费后,投保人即可取得保险单。保险单实际上已构成保险人与被保险人之间的保险契约,是保险人与被保险人的承保证明。在发生保险范围内的损失或灭失时,投保人可凭保险单要求赔偿。

4. 提出索赔手续

当被保险的货物发生属于保险责任范围内的损失时,被保险人可以向保险人提出赔偿要求。

被保险货物运抵目的地后,收货人如发现整件短少或有明显残损,应立即向承运人或有关方面索取货损或货差证明,并联系保险公司指定的检验理赔代理人申请检验,提出检验报告,确定损失程度;同时向承运人或有关责任方提出索赔。属于保险责任的,可填写索赔清单,连同提单副本、装箱单、保险单正本、磅码单、修理配置费凭证、第三者责任方的签证或商务记录以及向第三者责任方索赔的来往函件等向保险公司索赔。索赔应当在保险有效期内提出并办理,否则保险公司可以不予办理。

三、报关

报关是履行海关进出境手续的必要环节之一。报关是指进出口货物的收发货人、进出境运输工具的负责人、进出境物品的所有人或者其代理人向海关办理货物、物品或运输工具进出境手续及相关海关事务的过程,包括向海关申报、交验单据证件,并接受海关的监管和检查等。报关的基本程序如下。

1. 申报

(1) 出口货物的发货人在根据出口合同的规定,按时、按质、按量备齐出口货物后,即应当向运输公司办理租船订舱手续,准备向海关办理报关手续,或委托专业(代理)报关公司办理报关手续。

(2) 需要委托专业或代理报关企业向海关办理申报手续的企业,在货物出口之前,应在出口口岸就近向专业报关企业或代理报关企业办理委托报关手续。接受委托的专业报关企业或代理报关企业要向委托单位收取正式的报关委托书,报关委托书以海关要求的格式为准。

(3) 准备好报关用的单证是保证出口货物顺利通关的基础。一般情况下,报关应备单证除出口货物报关单外,主要包括托运单(即下货纸)、发票一份、贸易合同一份、出口收汇核销单及海关监管条件所涉及的各类证件。

申报应注意的问题:报关时限。报关时限是指货物运到出口口岸后,法律规定发货人或其代理人向海关报关的时间限制。出口货物的报关时限为装货的24小时以前。不需要征税费、查验的货物,自接受申报起1日内办结通关手续。

2. 查验

查验是指海关在接受报关单位的申报并以已经审核的申报单位为依据,通过对出口货物进行实际的核查,以确定其报关单证申报的内容是否与实际进出口的货物相符的一种监管方式。

(1) 通过核对实际货物与报关单证来验证申报环节所申报的内容与查证的单、货是否一致,通过实际的查验发现申报审单环节所不能发现的有无瞒报、伪报和申报不实等问题。

(2) 通过查验可以验证申报审单环节提出的疑点,为征税、统计和后续管理提供可靠的监管依据。海关查验货物后,均要填写一份验货记录。

验货记录一般包括查验时间、地点、进出口货物的收发货人或其代理人名称、申报的货物情况,查验货物的运输包装情况(如运输工具名称、集装箱号、尺码和封号)、货物的名称、规格型号等。需要查验的货物自接受申报起1日内开出查验通知单,自具备海关查验条件起1日内完成查验,除需要缴税外,自查验完毕4小时内办结通关手续。

3. 征税

根据《中华人民共和国海关法》的有关规定,进出口的货物除国家另有规定外,均应征收关税。关税由海关依照《中华人民共和国海关进出口税则》征收。需要征税费的货物,自接受申报1日内开出税单,并于缴核税单2小时内办结通关手续。

4. 放行

一般出口货物,在发货人或其代理人如实向海关申报,并如数缴纳应缴税款和有关税费后,海关在出口装货单上盖"海关放行章",出口货物的发货人凭此单装船起运出境。

任务4　制单结汇

按信用证付款方式成交时,在出口货物装船发运之后,外贸公司应按照信用证规定,及时备妥缮制的各种单证,并在信用证规定的交单有效期内交银行办理议付和结汇手续。在制单工作中,必须细致认真,做到"单证(信用证)相符"和"单单一致",以利及时、安全收汇。

在办理议付结汇时,通常提交的单据有下列几种。

一、汇票

汇票一般都是开具一式两份,只要其中一份讨讫,则另一份即自动失效。

二、发票

商业发票简称发票,是卖方开立的载有货物的名称、数量、价格等内容的清单,是买卖双方凭以交接货物和结算货款的主要单证,也是办理进出口报关和纳税所不可缺少的单证之一。

在托收方式下,发票内容应按合同规定并结合实际装货情况填制,在信用证付款方式下,发票内容应与信用证的各项规定和要求相符,如信用证规定由买方负担的选港费或港口拥挤费等费用,可加在发票总额内,并允许凭本证一并向开证行收款,卖方可照此办理,但应注意,发票总金额不得高过信用证规定的最高金额,因按银行惯例,开证行可以拒绝接受超过信用证所许可金额的商业发票。

三、海关发票

在国际贸易中,有些进口国家要求国外出口商按进口国海关规定的格式填写海关发票,以作为估价完税,或征收差别待遇关税,或征收反倾销税的依据。此外,也可供编制统计资料之用。

四、领事发票

有些进口国家要求国外出口商必须向该国海关提供该国领事签证的发票,其作用与海关发票基本相似,各国领事签发领事发票时,均须收取一定的领事签证费。有些国家规定了领事发票的特定格式,也有些国家规定可在出口商的发票上由该国领事签证。

五、厂商发票

厂商发票是出口厂商所出具的以本国货币计算价格,用来证明出口国国内市场的出厂价格的发票,其作用是供进口国海关估价、核税以及征收反倾销税之用,如国外来证要求提供厂商发票,应参照海关发票有关国内价格的填写办法处理。

六、提单

提单是各种单据中最重要的单据,它是确定承运人和托运人双方权利与义务、责任与豁免的依据,各船公司所负责制的提单格式各不相同,但其内容大同小异,其中包括承运人名称、托运人名称、收货人名称、通知人名称、船名、装卸港名称、有关货物和运费的记载以及签发提单的日期、地点及份数等。

七、保险单

按 CIF 条件成交时,出口商应代为投保并提供保险单,保险单的内容应与有关单证的内容衔接。例如:保险险别与保险金额,应与信用证的规定相符;保险单上的船名,装运港目的港,大约开航日期以及有关货物的记载,应与提单内容相符;保险单的签发日期不得晚于提单日期,保险单上的金额,一般应相当于发票金额加一成的金额。

八、产地证明书

有些不使用海关发票或领事发票的国家,要求出口商提供产地证明书,以便确定以进口货物应征收的税率,产地证明书一般由出口地的公证行或工商团体签发,在我国,通常由中国出入境检验检疫局或中国国际贸易促进委员会签发。

九、普惠制产地证

新西兰、日本、加拿大和欧洲联盟成员国等20多个国家给我国以普惠制待遇,凡向这些国家出口的货物,须提供普惠制单据,作为对方国家海关减免关税的依据,对各种普惠制单据内容的填写,应符合各个项目的要求,不能填错,否则,就有可能丧失享受普惠制待遇的机会。

十、检验证书

检验证书包括品质检验证书、重量检验证书、数量检验证书、兽医检验证书、卫生检验证书、价值检验证书和残损检验证书等,要提供何种检验证书,应事先在检验条款中做出明确规定。

十一、装箱单和重量单

装箱单又称花色码单,它列明每批货物的逐件花色搭配,重量单则列明每件货物的净重和毛重,这两种单据可用来补充商业发票内容的不足,便于进口国海关检验和核对货物,在这里,需要特别指出的是,提高单证质量,对保证安全迅速收汇有着十分重要的意义,特别是在信用证付款条件上,实行的是单据和货款对流的原则,单证不相符,单单不一致,银行和进口商就可能拒收单据和拒付货款,因此,缮制结汇单据时,要求做到以下几点。

(1) 正确。单据内容必须正确,既要符合信用证的要求,又要能真实反映货物的实际情况,且各单据的内容不能相互矛盾。

(2) 完整。单据份数应符合信用证的规定,不能短少,单据本身的内容,应当完备,不能出现项目短缺情况。

(3) 及时。制单应及时,以免错过交单日期或信用证有效期。

(4) 简明。单据内容应按信用证要求和国际惯例填写,力求简明,切勿加列不必要的内容。

(5) 整洁。单据的布局要美观大方,缮写或打印的字迹要清楚醒目,不宜轻易列改,尤其对金额、件数和重量等,更不宜改动。

【知识拓展 4-1-2】

四排、三平衡

为了做好货(备货)、证(催证、审证和改证)、船(租船、订船)、款(制单结汇)四个环节的工作,并使各环节的工作互相衔接,做到环环扣紧,防止出现脱节现象,我们必须根据多年来行之有效的经验,做好"四排""三平衡"的工作。

所谓"四排"就是指以买卖合同为对象,根据履行合同的进程卡片反映的情况(其中包括信用证是否开到,货源是否落实)进行分类,排出四种类型(一是有证有货,二是有证无货,三是无证有货,四是无证无货)。通过"四排",发现问题,及时解决问题。所谓"三平衡"就是指以信用证为对象,根据信用证规定的装运期和信用证有效期的远近,结合货源、船源情况,分别轻重缓急,力争做到货、证、船三方面的衔接和平衡,防止出现有货无船、有船无货、拖延装运或制单结汇赶不上在信用证有效内进行等脱节现象。做好上述"四排""三平衡"的工作,使货证船互相衔接,做到环环扣紧,有利于提高履约率和经济效益。

履行凭信用证付款的 CIF 出口合同时,上述四个基本环节是不可缺少的,但是,在履行按其他付款方式或其他贸易术语成交的出口合同时,其工作环节则有所不同。例如:在采用汇付或托收的情况下,就没有我方催证、审证和改证的工作环节;在履行 CFR 出口合同时,就没有我方负责投保的工作环节;在履行 FOB 出口合同时,我方既无负担租船订舱的任务,也无投保货物运输险的责任。由此可见,履行出口合同的环节和工作内容,主要取决于合同的类别及其所采用的支付方式。

任务 5　违约及其法律救济

国际货物买卖法律关系的核心内容是合同双方当事人的权利义务关系。总的来说,根据合同法"意思自治"的原则,CISG 及各国的买卖法或合同法关于买卖双方当事人违约的救济性措施都属于非强制性的规定,双方当事人可以根据实际需要和自己的意志做出不同于法律的规定,灵活地进行国际货物买卖。

在国际货物买卖合同的履行上,违约则是指买方或卖方在不存在合同约定的不可抗力事故的情况下未能全部或者部分履行其合同义务(包括不符合合同约定的内容)的一种行为。例如:卖方不交付合同约定的货物、迟延交付货物、交付与合同规定不符的货物等;买方不按约定支付货款、不及时办理进口证件、不按约定接收货物或对货物进行复验等,都属于合同当事人的违约行为。除合同或法律上规定的属于不可抗力的原因造成的以外,违约都要承担违约的责任。

在国际货物买卖中,卖方的违约行为主要表现在不交货、延迟交货、货物(品质、数量等)不符、货物上存有第三方权利或要求、提交的单证有瑕疵等。CISG 作为专门调整国际货物买卖合同双方权利义务关系的规范性文件,对买卖双方在一方违约时,另一方实施救济的权利和途径在一般性规定的基础上又分别做了具体的安排。鉴于卖方违约的主要形式有不交货、延迟交货或所交的货物与合同不符,买方除了可以采用买卖双方均可使用的救济方法外,还可以有针对性地采取以下相应的救济措施。

1. 要求卖方交付替代货物

若卖方所交付的货物与合同规定不符,而且这种不符合同的情况已构成根本违约,买方有权要求卖方另外再上交一批符合合同要求的货物,以替代原来不符合合同的货物。

2. 要求对货物不符之处进行修补

即买方对卖方所交付的与合同不符的货物,在不服的情形不是很严重的情况下,要求卖方进行修补的救济权利。

3. 购买替代货物

如果买卖合同被宣告无效,在宣告无效后的一段合理时间内,买方以合理的方式购买替代物,则有权要求卖方赔偿合同价格与替代货物价格之间的差额。这实际上承认了买方在卖方根本违约时有权解除合同,并通过购买替代货物使自己的合同目的得以实现的救济方式。

4. 卖方应对不履行义务做出补救

CISG 第 48 条规定：卖方即使在交货日期之后，仍可自负费用，对任何不履行义务做出补救。从某种意义上说，这不是买方主动采取的救济措施，但它最终起到了对双方订立合同的预期利益的维护效用，因此对于买方来说也是一种对利益损害的救济。

5. 要求减价

CISG 第 50 条规定：如果卖方所交付的货物与合同不符，且这种不符是买方愿意容忍的，不论买方是否已支付货款，买方都可以要求降低价格，减价按实际交付的货物在交货时的价值与符合合同的货物在当时的价值两者之间的比例计算。

"要求减价"的这个救济措施是实际操作中最常用到的。台湾某出口商与斯里兰卡某进口商在签订的货物买卖合同中约定以 CIF Colombo 价格条件销售丝绸，合同价款共计 514.50 美元。但在产品接受出口检验时被发现其中混有不合格产品，约占货物全部的 39.4%，且卖方未予清理。因卖方在合同与信用证上均未标明在货物中混有不合格产品的比例，故当买方发现货物存在瑕疵后拒绝支付货款，并要求卖方减价赔偿损失。在这个案例中，买方认为卖方虽在产品出口检验时发现大量不合格产品，未做任何清理即装船出口，且合同中未约定允许货物中混有不合格产品，致使卖方交货品质与合同不符，构成违约的卖方应承担相应法律责任，但如果按照正常的渠道去申请索赔，必然费时费力，所以减少价金的救济方法值得提倡。通过该种方式不仅补偿了买方因卖方违约遭受之损失，同时，因卖方不必向本国主管机关申请准许赔偿的汇款手续，使今后的交易能够顺利进行，不受任何影响。通过该种救济方法，买方达到了与请求赔偿损失同样的索赔目标。

6. 拒绝收取货物

CISG 规定如果卖方在规定的日期前交付货物，买方可以收取货物，也可以拒绝收取货物。如果卖方交付的货物数量大于合同规定的数量，买方可以收取也可以拒绝收取多交部分的货物。如果买方收取多交部分货物的全部或一部分，买方必须按合同价格付款。

小　　结

出口合同的履行是指出口人按照合同规定履行交货等一系列义务，直至收回货款的整个过程。

以 CIF 条件成交并按信用证支付方式收款的出口合同的履行，一般程序包括货（备货）、证（催证、审证和改证）、船（租船、订舱）、款（制单结汇）四个基本环节，也可能涉及索赔和理赔（违约及其法律救济）等问题。

要做好这些环节的工作，防止有货无证、有证无货、有货无船、有船无货、单证不符等情况的发生。为更好地履行出口合同，加强对出口合同的科学管理，应做好"四排""三平衡"工作。

综 合 训 练

一、单项选择题

1. 所谓单证"相符"的原则，是指受益人必须做到（　　）。

A. 单据与合同相符 B. 单据和信用证相符
C. 信用证和合同相符 D. 修改后信用证与合同相符

2. 若 L/C 中只规定了议付有效期,而未规定装运期,则根据《跟单信用证统一惯例》规定,(　　)。

A. 装运的最后期限与 L/C 的到期日相同
B. 该证无效
C. 该证必须经修改才能使用
D. 装运期可视为与有效期相差一个月

3. 国外来证规定:"针织布 1000 克,每克 2 美元;总金额约为 2000 美元,禁止分批装运。"则卖方向银行支取金额最多应为(　　)美元。

A. 2000　　　　B. 2200　　　　C. 2100　　　　D. 2150

4. 托运人是凭(　　)向船公司换取正式提单的。

A. 托运单　　　B. 装货单　　　C. 收货单

5. 海关发票及领事发票(　　)。

A. 都是由买方国家有关部门提供的
B. 都是由卖方国家有关部门提供的
C. 前者由买方国家提供,后者由卖方国家提供
D. 前者由卖方国家提供,后者由买方国家提供

6. 商业发票的抬头人一般是(　　)。

A. 受益人　　　B. 开证申请人　　　C. 开证银行　　　D. 卖方

7. 一份 CIF 合同下,合同及信用证均没有规定投保何种险别,交单时保险单上反映出投保了平安险,该出口商品为易碎品,因此(　　)。

A. 银行将拒收单据 B. 买方将拒收单据
C. 应投保平安险加破碎险 D. 银行应接受单据

8. L/C 修改书的内容在两项以上者,受益人(　　)。

A. 要么全部接受,要么全部拒绝 B. 可选择接受
C. 必须全部接受 D. 只能部分接受

二、判断题

1. 信用证修改申请只能由受益人本人提出。(　　)
2. 汇票的抬头人通常是付款人,发票的抬头人是收货人,保险单的抬头是被保险人。(　　)
3. 不符点的出现只要征得议付行的同意并议付完毕,受益人即可不受追索地取得货款。(　　)
4. 《跟单信用证统一惯例》规定商业发票无须签字。(　　)
5. 凡迟于信用证有效期提交的单据,银行有权拒付。(　　)
6. 不清洁提单上的批注是从大副收据上转来的。(　　)
7. 《跟单信用证统一惯例》规定正本单据必须注有"Original"字样。(　　)
8. 海运提单要求空白抬头和空白背书,就是指不填写收货人和不要背书。(　　)
9. 在信用证未有规定的情况下,银行将接受以单独一份作为整套的正本出具的海运提单。(　　)

10. 修改信用证时,可不必经开证行而直接由申请人修改后交给受益人。(　　)

三、简述题

1. 修改信用证应注意哪些问题?
2. 装货单主要有什么作用?
3. 商业发票和海关发票有哪些区别?
4. 制作并审核单据的基本原则有哪些?

子项目二　进口合同的履行

【学习目标】

知识目标:

1. 了解进口合同履行的主要程序、基础知识。
2. 理解规范进口合同有关的法律规则和操作要求。
3. 掌握进口合同发行的业务做法。

技能目标: 能应用进口贸易中的买卖合同履行的实务操作知识,有效解决在工作中遇到的实际问题。

【重点、难点】

重点: 进口合同履行的主要程序。
难点: 进口合同的实务操作。

【任务情景】

我国某企业进口机器一台,合同规定索赔期限在货到目的地30天内。当货到目的港后,由于该企业厂房尚未建好,机器无法安装,待半年后厂房完工,机器安装好进行试车,发现机器不能很好运转,经商检机构检验证明机器是旧货,于是向国外出口方提出索赔,但外商置之不理。请问:我方对此应吸取什么教训?

我国进口货物,大多数是按FOB条件并采用信用证付款方式成交,按此条件签订的进口合同履行的一般程序包括开立信用证、租船订舱、接运货物、办理货运保险、审单付款、报关提货验收与交货、办理索赔等。

任务1　开立信用证

买方开立信用证是履行合同的前提条件,因此,签订进口合同后,买方应按规定办理开证手续,如合同规定在收到卖方货物备妥通知或在卖方确定装运期后开证,我们应在接到上述通知后及时开证;如合同规定在卖方领到出口许可证或支付履约保证金后开证,我方应在收到对方已领到许可证的通知,或银行通知我方履约保证金已付讫后开证,买方向银行办理开证手续时,必须按合同内容填写开证申请书,银行则按开证申请书内容开立信用证,因此,信用证内容是以合同为依据开立的,它与合同内容应当一致。例如品质规格、数量、价格、交货期、装货期、装运条件及装运单据等,应以合同为依据,并在信用证中一一做出规定。

卖方收到信用证后,如要求延展装运期和信用证有效期或变更装运港等,若我方同意对方的请求,即可向银行办理改证手续。

一、开立信用证

开证申请人申请开立信用证时应该办理的手续如下。

1. 递交有关合同的副本及附件

进口商在向银行申请开立信用证时,应向银行递交有关的进口合同副本及附件,如进口许可证、进口配额证、某些部门的批文等。

2. 填写开证申请书

进口商根据银行规定的开证申请书格式,一般填写一式三份,一份留业务部门,一份留财务部门,一份交银行。填写开证申请书,必须按合同条款的具体规定,写明对信用证的各项要求,内容要明确、完整,无词意不清的记载。

3. 缴付保证金或抵押品和开证手续费

按国际惯例,进口人向银行申请开立信用证,应向银行交付一定比例的押金或其他担保金。对开证申请人的资信(包括开证申请人的经营状况、资金实力、经营作风等)做仔细的调查。根据不同开证申请人的资信状况给予不同的授信额度,收取不同比例的保证金或抵押品或第三者出具的担保等,主要为了防止申请人违约、破产或因为市场行情的变动导致申请人无力付款赎单的风险。押金一般为信用证金额的百分之几到百分之几十,根据进口人的资信情况而定。

4. 银行开立信用证

开证行收到进口商的开证申请,立即对开证申请书的内容及其与合同的关系、开证申请人的资信状况等进行审核,在确信可以接受开证申请人的申请,并收到开证申请人提交的押金及开证手续费后,即向信用证受益人开出信用证,同时将信用证正本寄交(有时使用电传开证)受益人所在地分行或代理行(统称通知行),由通知行将信用证通知受益人。

二、信用证的内容

信用证的内容,应与合同条款一致。例如品质、规格、数量、价格、交货期、装货期、装运条件及装运单据等,应以合同为依据,并在信用证中一一做出规定。

三、信用证的开证时间

信用证的开证时间,应按合同规定办理,如合同规定在卖方确定交货期后开证,我们应在接到卖方上述通知后开证;如合同规定在卖方领到出口许可证或支付履约保证金后开证,应在收到对方已领到出口许可证的通知,或银行转知保证金已照收后开证。合同没有规定时,一般在合同规定的装运期前一个月到一个半月期间开证。

四、信用证的修改

对方收到信用证后,如提出修改信用证的请求,经我方同意后,即可向银行办理改证手续。最常见的修改内容有展延装运期和信用证有效期、变更装运港口等。

任务 2　租船订舱

按 FOB 条件签订进口合同时,应由买方安排船舶,派船到对方口岸接运货物,如买方自己没有船舶,则应负责租船订舱或委托货运代理办理租船订舱手续,当办妥租船订舱手续后,应及时将船名及船期通知卖方,以便卖方备货装船,避免出现船等货的情况。

卖方在交货前一定时间内,应将预计装运日期通知买方。买方在接到上述通知后,应及时向运输公司办理租船订舱手续,在办妥租船订舱手续后,应按规定的期限将船名及船期及时通知对方,以便对方备货装船。同时,为了防止船货脱节和出现"船等货"的情况,注意催促对方按时装运。对数量大或重要物资的进口,如有必要,可请驻外机构就地了解、督促对方履约,或派人员前往出口地点检验监督。

进口公司对租船还是订舱的选择,应视进口货物的性质和数量而定。凡需要整船装运的,则需要洽租合适的船舶承运;小批量的或零星杂货,则大都采用洽订班轮舱位。国外装船后,卖方应及时向买方发出装船通知,以便买方及时办理保险和做好接货等项工作。

进口公司在租船订舱时应注意的问题。

1. 班轮订舱

(1) 洽商班轮舱位时,注意与信用证装船日期衔接,保证按时在装运港接运货物。

(2) 应在订舱前查明班轮费率表有无附加费、有无折让回扣、其计价标准是尺码吨或重量吨。

(3) 班轮运输装卸费条件有多种,应注意与进口合同中的费用负担条件相衔接。

(4) 应确实了解所订班轮是否直达目的港、停靠港口多少、中途是否转船等。

2. 租用整船

(1) 应注意运输市场的行情状况。

(2) 必须了解装卸港口的情况。

(3) 应根据实际情况选择船型,以保证货物安全运输和尽可能节约费用。

(4) 应了解各航线港口的习惯、运输契约的格式。

任务 3　办理货运保险

一、进口商(或收货人)办理进口运输货物保险的两种做法

FOB 或 CFR 交货条件下的进口合同,保险由买方办理。进口商(或收货人)在向保险公司办理进口运输货物保险时,有两种做法:一种是逐笔投保方式,另一种是预约保险方式。

1. 逐笔投保方式

进口商(或收货人)在接到国外出口商发来的装船通知后,直接向保险公司提出投保申请,填写"起运通知书",并送交保险公司。保险公司承保后,即在"起运通知书"上签章,进口商(或收货人)缴付保险费后,保险公司出具保险单,保险单随即生效。

2. 预约保险方式

进口商或收货人同保险公司签订一个总的预约保险合同,按照预约保险合同的规定,所有预约保险合同项下的按 FOB 及 CFR 条件进口货物的保险,都有由该保险公司承保。预约保险合同对各种货物应保险的险别做出具体规定,故投保手续比较简单。每批进口货物,在收到国外装船通知后,即直接将装船通知寄到保险公司或填制国际运输预约保险启运通知书,将船名、提单号、开船日期、商品名称、数量、装运港、目的港等项内容通知保险公司,即作为已办妥保险手续,保险公司则对该批货物负自动承保责任,一旦发生承保范围内的损失,由保险公司负责赔偿。

二、支付保险费的时间和方式

1. 预约保险方式

预约保险方式,是以"进口货物装船通知书"或其他具有保险要求的单证为依据,由保险公司每月一次计算保险费后向进口公司收取。

2. 逐笔投保方式

逐笔投保方式,是以"进口货物国际运输预约保险起运通知书"上填明的保险金额为准,由进口公司直接付给保险公司。

任务4 审单付款

一、付汇赎单

进口交易的国外卖方在货物装运后,将汇票与全套货运单据经国外银行寄交我国开证银行。开证银行收到国外寄来的汇票和单据后,根据"单证一致"和"单单一致"的原则,对照信用证的条款,核对单据的种类、份数和内容,如相符,即由开证银行向国外付款,并通知进口商按当日外汇牌价付款赎单。

"单证不符"和"单单不符"的处理方法:

(1) 由开证银行向国外银行提供异议,根据不同情况采取必要的处理办法。
(2) 由国外银行通知卖方更正单据。
(3) 由国外银行书面担保后付款。
(4) 拒付。

二、审单和付汇

进口商收到开证银行通知后,在其付汇之前,首先需要审核卖方凭以议付的全套单据(包括发票、提单、装箱单、原产地证书等)。进口商买汇赎单后,凭银行出具的"付款通知书"通知进口商进行结算。

进口商同开证银行办理付汇赎单的清算手续。

1. 即期信用证项下的清算

清算时,开证银行先行计算汇票金额及自往来银行议付之日起至进口公司赎单期间的垫款利息;扣除保证押金后,向进口公司收回所垫付的外汇款项,然后将单据交给进口公司凭以提货。

2. 远期信用证项下的清算

远期信用证如规定应以进口公司作为付款人而签发汇票的,则开证银行将要求进口公司进行承兑,然后凭信托收据领取进口单据提货。在这一段期间,等于银行贷款给进口公司,所以一般开证银行会要求进口公司提供抵押物,或交纳相当数量的保证金,以保证银行的债权。

任务 5 报关检验

进口货物到货后,由进口公司或委托货运代理公司或报关行根据进口单据填写"进口货物报关单"向海关申报,并随附发票、提单、装箱单、保险单、进口许可证及审批文件、进口合同、产地证和所需的其他证件。如属法定检验的进口商品,还须随附商品检验证书。货、证经海关查验无误,才能放行。

一、进口货物的申报

进口货物申报是指在进口货物入境时,由进口公司(收货人或其代理人)向海关申报、交验规定的单据文件,请求办理进口手续的过程。

我国海关法对进口货物的申报时限做了如下规定:进口货物的收货人应当自运输工具申报进境之日起 14 日内向海关申报。进口货物的收货人超过 14 日期限未向海关申报的,由海关征收滞报金。对超过 3 个月还没有向海关申报进口的,其进口货物由海关依法提取变卖处理。如果属于不宜长期保存的货物,海关可以根据实际情况提前处理。变卖后所得价款扣除运输、装卸、储存等费用和税款后,尚有余款的,自货物变卖之日起一年内,经收货人申请,予以发还;逾期无人申请的,上缴国库。

进口报关时除应提交进口货物报关单外,还应随附进口许可证和其他批准文件、提单、发票、装箱单、减税或免税证明文件,海关认为必要时,应交验买卖合同、产地证明和其他有关单证。如为《商检机构实施检验的进出口商品种类表》内的商品、应受动植物检疫管制的进口货物或受其他管制的进口货物,在报关时还要交有关部门签发的证明。

二、进口货物的查验

海关以进口货物报关单、进口许可证等为依据,对进口货物进行实际的核对和检查,一方面是为了确保货物合法进口,另一方面是通过确定货物的性质、规格、用途等,以进行海关统计,准确计征进口关税。海关查验货物时,进口货物的收货人或其代理人应当在场,并负责搬移货物,开拆和重封货物的包装。海关认为必要时,可以开验、复验或者提取货样。

三、进口货物的征税

海关按照《中华人民共和国海关进出口税则》的规定,对进口货物计征进口关税。货物在进口环节由海关征收(包括代征)的税费有进口货物关税、增值税、消费税、进口调节税、海关监管手续费等。

四、进口货物的放行

进口货物在办完向海关申报、接受查验、缴纳税款等手续以后,由海关在货运单据上签印放行。收货人或其代理人必须凭海关签印放行的货运单据才能提取进口货物。

货物的放行是海关对一般进出口货物监管的最后一个环节,放行就是结关。但是对担保放行货物、保税货物、暂时进口货物和海关给予减免税进口的货物来说,放行不等于办结海关手续,还要在办理核销、结案或者补办进出口和纳税手续后,才能结关。

五、验收货物

进口货物运达港口卸货时,要进行卸货核对。

如发现短缺,应及时填制"短卸报告"交由船方签认,并根据短缺情况向船方提出保留索赔权的书面声明。卸货时如发现残损,货物应存放于海关指定仓库,待保险公司会同商检局检验后做出处理。

对法定检验的进口货物,必须向卸货地或到达地的商检机构报验,未经检验的货物不准投产、销售和使用。如进口货物经商检局检验,发现有残损短缺,应凭商检局出具的证书对外索赔。对合同规定的卸货港检验的货物,或已发现残损短缺有异状的货物,或合同规定的索赔期即将届满的货物等,都需要在港口进行检验。

一旦发生索赔,有关的单证,如国外发票、装箱单、重量明细单、品质证明书、使用说明书、产品图纸等技术资料、理货残损单、溢短单、商务记录等,都可以作为重要的参考依据。

六、办理拨交手续

在办完上述手续后,如订货或用货单位在卸货港所在地,则就近转交货物;对订货或用货单位不在卸货地区,则委托货运代理将货物转运内地并转交给订货或用货单位。关于进口关税和运往内地的费用,由货运代理向进出口公司结算后,进出口公司再向订货部门结算。

任务6 进口索赔

进口商品常因品质、数量、包装等不符合合同的规定,而需要向有关方面提出索赔。根据造成损失原因的不同,进口索赔的对象主要有三个方面。

一、向卖方索赔

凡属下列情况者,均可向卖方索赔。例如,原装数量不足;货物的品质、规格与合同规定不符;包装不良致使货物受损;未按期交货或拒不交货等。

二、向轮船公司索赔

凡属下列情况者,均可向轮船公司索赔。例如,货物数量少于提单所载数量;提单是清洁提单,而货物有残缺情况,并且属于船方过失所致;货物所受的损失,根据租船合约有关条款应由船方负责等。

三、向保险公司索赔

凡属下列情况者,均可向保险公司索赔。例如,由于自然灾害、意外事故或运输中其他事故的发生致使货物受损,并且属于承保险别范围以内的;凡轮船公司不予赔偿或赔偿金额不足抵补损失的部分,并且属于承保险别范围以内的。

【应用案例 4-2-1】

> 某货代公司接受货主委托,安排一批茶叶海运出口,货代公司在提取了船公司提供的集装箱并装箱后,将整箱交给船公司。同时,货主自行办理了货物运输保险。收货人在目的港拆箱提货时发现集装箱内异味严重,经查明该集装箱前一航次所载货物为精萘,致使茶叶受到精萘污染。请问:
> (1) 收货人可以向谁索赔?为什么?
> (2) 最终应由谁对茶叶受污染事故承担赔偿责任?

四、进口业务中,办理对外索赔时应注意事项

1. 索赔证据

对外提出索赔需要提供证件,首先应制备索赔清单,随附商检局签发的检验证书、发票、装箱单、提单副本。其次,对不同的索赔对象还要另附有关证件。向卖方索赔时,应在索赔证件中提出确切的根据和理由,如系 FOB 或 CFB 合同,尚须随附保险单一份;向轮船公司索赔时,须另附由船长及港务局理货员签证的理货报告及船长签证的短卸或残损证明;向保险公司索赔时,须另附保险公司与买方的联合检验报告等。

2. 索赔金额

索赔金额,除受损商品的价格外,有关的费用也可以提出。如商品检验费、装卸费、银行手续费、仓租、利息等,都可以包括在索赔金额内。至于包括哪几项,应根据具体情况确定。

3. 索赔期限

对外索赔必须在合同规定的索赔有效期限内提出,过期无效。如果商检工作可能需要更长的时间,可向对方要求延长索赔期限。

4. 关于卖方的理赔责任

进口货物发生了损失,除属于轮船公司及保险公司的赔偿责任外,如属卖方必须直接承担的责任,应直接向卖方要求赔偿,防止卖方制造借口来推卸理赔责任。

目前,我们的进口索赔工作,属于船方和保险公司责任的一般由货运代理外贸运输公司代办;属于卖方责任的则由进出口公司直接办理。为了做好索赔工作,要求进出口公司、外贸运输公司、订货部门、商检局等各有关单位密切协作,要做到结果正确,证据属实,理由充分,赔偿责任明确,并要及时向有关责任方提出,以挽回货物所受到的损失。

小 结

FOB 交货条件下的进口合同的履行,一般程序包括:开立信用证、租船订舱、接运货物、办理货运保险、审单付款、报关提货验收与交货、办理索赔等。一旦货物出现问题,在

索赔过程中,应提供相应证明性文件,因此,务必在进口环节中,保留好有关货物的各项证明。

综 合 训 练

一、选择题

1. 审核信用证的依据是（　　）。
A. 合同及《跟单信用证统一惯例》的规定
B. 一整套单据
C. 开证申请书
D. 商业发票

2. 信用证修改通知书的内容在两项以上者,受益人（　　）。
A. 只能部分接受　　　　　　　　B. 可选择接受
C. 必须全部接受　　　　　　　　D. 要么全部接受,要么全部拒绝

二、案例分析

某英国商人向中国出口聚苯塑料原料2万吨,价格条件为CIF上海。合同的适用法律为英国法。交货前,海湾事件发生,英国商人如果交货就要通过南非好望角航线,不能走苏伊士运河,故要求中方或提高价格或解除合同。问中方应如何处理?

参 考 文 献

[1] 黎孝先,石玉川.国际贸易实务[M].北京:对外经济贸易大学出版社,2016.
[2] 金鑫.国际贸易实务[M].北京,北京大学出版社,2015.
[3] 姚新超.国际贸易实务[M].3版.北京:对外经济贸易大学出版社,2015.
[4] 余庆瑜.国际贸易实务:原理与案例[M].北京:中国人民大学出版社,2014.
[5] 李画画,顾立汉.国际贸易实务[M].北京:清华大学出版社,2014.
[6] 冯晓玲,李贺.国际贸易实务:案例·技能·实训[M].上海:上海财经大学出版社,2014.
[7] 田运银.国际贸易实务精讲[M].3版.北京:中国海关出版社,2014.
[8] 田运银,胡少甫,史理,等.国际贸易操作实训精讲[M].北京:中国海关出版社,2015.
[9] 陈岩.国际贸易单证教程[M].北京:高等教育出版社,2014.
[10] 张亚芬.国际贸易实务与案例教程[M].3版.北京:高等教育出版社,2013.
[11] 魏翠芬.国际贸易实务[M].北京:北京交通大学出版社,2012.
[12] 李平.国际贸易规则与进出口业务操作实务[M].北京:北京大学出版社,2011.
[13] 徐盛华,郑明贵.进出口贸易实务操作指南[M].北京:清华大学出版社,2012.
[14] 杨宏华,尤璞,陈建新.进出口贸易实务[M].上海:上海财经大学出版社,2011.
[15] 卓乃坚.国际贸易支付与结算及其单证实务[M].2版.上海:东华大学出版社,2011.
[16] 傅龙海.外贸英语函电实务精讲[M].北京:中国海关出版社,2013.
[17] 顾丽亚.国际货运代理与报关实务[M].3版.北京:电子工业出版社,2012.
[18] 龚玉和,齐朝阳.外贸单证实训精讲[M].北京:中国海关出版社,2013.
[19] 丁行政.国际贸易单证实务[M].北京:中国海关出版社,2012.
[20] 覃扬彬.国际贸易实务:合同条款的拟定[M].北京:北京理工大学出版社,2010.